Leonid Lewin

Macht, Intrigen und Verbannung

Welfen und Romanows am russischen Zarenhof des 18. Jahrhunderts

*Deutsch von
Irina Ponomarewa*

*Bearbeitet von
Fabian Damm*

*Matrix*Media Verlag, Göttingen

Impressum:
© *MatrixMedia* GmbH Verlag - Göttingen im Juli 2003
Zweite Auflage - neu überarbeitet
www.matrixmedia.info

Alle Rechte der Verbreitung, auch durch Film, Funk und Fernsehen, fotomechanischer Wiedergabe, Tonträger jeglicher Art, auszugsweiser Nachdruck oder Einspeisung und Rückgewinnung in Datenverarbeitungsanlagen aller Art sind vorbehalten.

Umschlag und Layout: Alexander Lieske
Umschlagbild: Verhaftung der Braunschweiger Familie, Kupferstich 1759
Druck: A. Klose, Jerstedt/Goslar
ISBN: 3-932313-05-4

Dank

Dieses Buch wurde mit freundlicher Unterstützung der
Klosterkammer Hannover
und der
Ritterschaft des ehemaligen Landes Braunschweig
gedruckt.

Inhalt

Vorbemerkungen	9
Vorwort	11
Peter I. der Große und seine Nachfolger	16
Der junge Bräutigam	36
Ein Jahr neben dem Thron	72
Von Gefängnis zu Gefängnis	95
„Cholmogorer Kommission"	126
Mord als letztes Mittel	146
Hoffnung auf Freiheit	178
Abschied aus Russland	200
Vergoldete Ketten	215
Quellenübersicht	226
Ausgewählte Literatur	237
Abbildungsverzeichnis	239
Personenverzeichnis	241

Vorbemerkungen

Zar Peter I. der Große hat im Laufe seines an Reformen reichen Lebens den Beginn des Kalenderjahres vom 1. September auf den 1. Januar verlegt. Trotz dieser Anpassung wurde der julianische Kalender der nach Byzanz orientierten russisch-orthodoxen Kirche beibehalten. Dieser lag gegenüber dem gregorianischen Kalender der christlich-römischen Kirche im 18. Jahrhundert elf Tage zurück. Im folgenden Text werden sämtliche Daten dieser Zeit durch hinzurechnen dieser elf Tage in die Form des gregorianischen Kalender gebracht, der seit 1918 auch in Russland das Mittel der Zeitrechnung ist.

Im Jahr 1721/22 nahm Peter I. der Große offiziell den Titel eines „allrussischen Kaisers" (Imperator) an. Dadurch wollte er die Gleichstellung Russlands als Großmacht mit den führenden Mächten Europas unterstreichen. Der Begriff „Zar" wurde durch den Titel „Kaiser" ersetzt, aber im täglichen Leben häufig weiter verwendet. Im deutschen Sprachraum wird allgemein von den „russischen Zaren" gesprochen und diese Gewohnheit wurde hier beibehalten.

Iwan der Schreckliche war der erste russische Herrscher, der 1547 zum Zaren gekrönt wurde. Die Zählung der Herrscher, die den Namen Iwan tragen, ordnet ihn meist in die Reihe seiner drei Vorgänger als Iwan IV. ein. Ihm folgen dann Iwan V., Halbbruder Peters I. und der hier auftretende Sohn Anton Ulrichs, Iwan VI.. Dieser wird korrekterweise auf einer Münze der Zählung der richtigen Zaren dieses Namens folgend, als Iwan III. bezeichnet.

Prinz Anton Ulrich stammte aus dem Teilfürstentum Braunschweig-Wolfenbüttel, das Bestandteil des Herzogtums Braunschweig-Lüneburg war. Alle Abkömmlinge des Welfenhauses, unabhängig von ihrer Herkunft, tragen den korrekten Namen „Herzog/in von Braunschweig-Lüneburg".

Die Zitate namentlich auftretender französischer, englischer und vor allem russischer Autoren wurden oftmals vor mehr als zweihundert Jahren ins Deutsche in ein schwer verständliches

Idiom gebracht. Dies mag in einigen Fällen daran gelegen haben, dass die Übersetzer nur begrenzte Kenntnisse der deutschen Sprache besaßen. Auch Eile und der missglückte Versuch, sich auf das wesentliche einer Aussage zu beschränken, spielten dabei eine Rolle. Solche Zitate wurden für diese Ausgabe zum besseren Verständnis sprachlich etwas angepasst. Dabei wurde versucht, reizvoll erscheinende stilistische Eigenarten im Interesse des Zeitkolorits beizubehalten. Die Zitate auf deutsch schreibender Verfasser werden so gezeigt, wie sie in den verschiedenen Dokumenten jeweils zu finden sind.

Grundlage dieser Publikation ist das in Russland erschienene Buch „Herzog Anton Ulrich von Braunschweig-Wolfenbüttel in Glanz und Gefangenschaft. Anton Ulrich der Jüngere (1714-1776) und seine Familie in Russland" von Leonid Lewin. Frau Irina Ponomarewa hat davon eine Übersetzung ins Deutsche angefertigt. Dieser Text wurde für den deutschsprachigen Leser von Fabian Damm mit zusätzlichen Informationen versehen und überarbeitet.

Vorwort

Zwei Blatt Papier dokumentieren Anfang und Ende der Biographie der Hauptperson dieses Buches. Sie liegen in den Archivregalen zweier Staaten: ein Bibelblatt, auf dem der Herzog zu Braunschweig-Wolfenbüttel-Bevern einen Vermerk über die Geburt seines Sohnes, Prinz Anton Ulrich (1714-1776) des Jüngeren, gemacht hat; und der halbvermoderte Rapport eines Offiziers der Gefängniswache mit dem Hinweis, die Leiche des namenlosen Arrestanten sei heimlich in der Nacht unweit der Kirche des kleinen Ortes Cholmogory im Norden Russlands begraben worden. Nicht nur die Menschen, auch die Geschichte behandelten den Prinzen ohne Gnade: Das Bibelblatt ging verloren, nur eine Kopie blieb erhalten. Das Grab Anton Ulrichs in fremder Erde trug weder Grabstein noch Kreuz. Sogar die Kirche St. Anna wurde abgebrochen, und man kann nur noch annähernd zeigen, wo der geheime Gefangene beigesetzt wurde.

Das Leben Prinz Anton Ulrichs zerfällt in zwei Teile, als 1741 Elisabeth Petrowna, jüngste Tochter des Zaren Peter der Große, durch einen Staatsstreich auf den Thron gelangte. Im ersten Teil seines Lebens war der Prinz Generalissimus der russischen Armee, Ritter der höchsten Orden des Reiches und Vater des russischen Zaren (Kaisers). In der zweiten Lebenshälfte war er ohne Rang, ohne Vermögen, lebte ohne Recht sich frei bewegen zu dürfen und als er in den Gefängnisberichten „der ältere von gewissen Personen" und später „der Alte" genannt wurde, da hatte er auch seinen Namen verloren. 27 Jahre war er alt, als sein Leben sich dramatisch wendete und noch vierunddreißig lange Jahre in Haft und Elend zu leben stand ihm bevor.

In historischen Standardwerken sind Anton Ulrich der Jüngere in der Regel nur wenige, spärliche Zeilen gewidmet, die sich größtenteils auf Spekulationen gründen oder offensichtliche Fehler enthalten. Von Buch zu Buch wird das Portrait seines berühmten Großonkels, Anton Ulrichs des Älteren (1633-1714), weitergereicht und als sein Bildnis ausgegeben. In mehreren soliden Enzyklopädien und Stammtafeln werden seine Lebensdaten um zwei Jahre gekürzt. Die Umstände seines Lebens und Todes erscheinen sowohl in wissenschaftlichen Abhandlungen als auch in der Belletristik sehr oft verzerrt. Dazu wird Anton Ulrich der Jüngere meistens nur beiläufig erwähnt. Man würdigt ihn einiger verächtlicher Sätze, die den Prinzen als willenlosen, egoistischen, primitiven Menschen darstellen, der weder Achtung noch Mitleid verdient. Und das ist nicht zufällig.

Über ein halbes Jahrhundert saßen zwei Zarinnen auf dem russischen Thron – Elisabeth Petrowna und Katharina II. – die ihre Herrschaft mit bewaffneter Hilfe der Garde usurpiert hatten. Selbstverständlich, wie es unter solchen Umständen in der zivilisierten Welt üblich ist, erklärten sie beide, dass der Sturz ihres Vorgängers allein zum Wohle des Vaterlandes erfolgt war. Daran zu zweifeln, bedeutete noch hundert Jahre später die Legitimität des regierenden Hauses Romanow in Frage zu stellen. Dessen Anspruch, auf rechtmäßige Weise an die Macht gelangt zu sein, und dessen Bestreben, alles, was zur Eroberung dieser Macht beigetragen hatte, zu rechtfertigen, bestimmte das Geschichtsbild bis zum Ende des 20. Jahrhunderts.

Sowohl in der zaristischen als auch in der sowjetischen Historiographie galt die Periode 1730-1741 als die dunkelste und reaktionärste Zeit in der dreihundertjährigen Regierungszeit des Hauses Romanow. Den Leitsatz von der „deutschen Überfremdung", der als Grund aller Misserfolge der russischen Innen- und Außenpolitik angegeben wurde, liest man in den meisten historischen Werken. Als Beleg mag der oft zitierte Ausspruch des bekannten russischen Historikers W. O. Kljutschewski genügen, der Ende des 19. Jahrhunderts geschrieben hatte, unter Anna Iwanowna „rieselten die Deutschen in Russland wie Kehricht aus einem löcherigen Sack, hafteten am Hofe, setzten sich um den Thron herum, und schlichen sich in alle profitablen Dienststellen der Verwaltung ein."

In diesem Zusammenhang wurde der Umsturz von 1741 als Sieg einer russisch-patriotischen Bewegung gewertet, als Sieg einer nationalen Bewegung zur Wiederherstellung des politischen Kurses Peters I., dessen Gestalt auch in der sowjetischen Periode als Teil der ruhmvollen Vergangenheit Russlands galt. Entsprechend blieben die Figuren Anton Ulrichs des Jüngeren und seiner Frau, die Regentin, Anna Leopoldowna unbeachtet. Stillschweigend identifizierte man sich mit den Behauptungen, die Zarin Elisabeth Petrowna 1741 nach ihrer Thronbesteigung aufgestellt hatte.

Auch aus anderen Gründen war es schwierig, das Leben Anton Ulrichs und seiner Familie (der „Braunschweiger Familie", wie man sie in Russland üblicherweise nennt) darzustellen. Der größte Teil der im vorliegenden Buch verwendeten Quellen war lange Zeit der Forschung kaum zugänglich. Die einschlägigen Akten sind in Archiven über mehrere Staaten verteilt, vor allem in Deutschland und Russland. Zudem wurden die meisten der Unterlagen in Russland für geheim erklärt. Es dauerte bis zur Mitte des 19. Jahrhunderts, als der russische Gelehrte W. W. Stasow die Möglichkeit erhielt, die Archivalien in vollem Umfang einzusehen und mit ihrer Kenntnis sein Manuskript „Die Braunschweiger Familie" zu verfassen. Das Manuskript, das allein für Zar Alexander II. (1818-1881) bestimmt war, durfte allerdings bis 1917 nicht veröffentlicht werden.

Noch Ende des 19. Jahrhunderts konnte eine Veröffentlichung diplomatischer Berichte des 18. Jahrhunderts an der Zensur scheitern. Die erste russische Ausgabe des Werkes des Historikers Bilbasow über die Zeit Katharinas II. wurde eingestampft. Im Katalog der ehemaligen kaiserlichen Bibliothek in St. Petersburg ist auf der Verweiskarte seines in Berlin (in russisch) herausgegebenen Buches noch heute zu lesen: „Nicht ausleihen!"

Als nach 1917 an die Stelle des russischen Zarenreichs das sowjetische Imperium trat, wurde die Geschichte sehr bald zu einem Teil der Staatsideologie – eine Erscheinung, die der damalige Historiker Pokrowski mit den oft zitierten Worten zum Ausdruck brachte: „Geschichte ist die in die Vergangenheit gekehrte Politik."

Die Situation änderte sich erst Ende der achtziger, Anfang der neunziger Jahre des 20. Jahrhunderts. Der Autor des vorliegenden Buches konnte mit zahlreicher staatlicher und privater Unterstützung die Archivalien einsehen, die in dänischen und deutschen Archiven liegen, in erster Linie im Niedersächsischen Staatsarchiv in Wolfenbüttel. Diese Akten, die bislang zum überwiegenden Teil weder zitiert noch veröffentlicht wurden, sind nicht nur bedeutsam für die Erforschung der russischen Außenpolitik, sondern auch für die Untersuchung der Lebensläufe einzelner Personen – für die Klärung des Schicksals der mächtigen Lenker der großen Politik sowie ihrer Opfer, als auch der einfachen Teilnehmer der Ereignisse, darunter auch die Mitglieder der „Braunschweiger Familie". Die Masse der Dokumente enthält diplomatische und dienstliche Briefwechsel, Tagebücher, Briefe gekrönter Häupter und anderer Persönlichkeiten. Viele Briefe, die an Anton Ulrich nach Russland gesendet wurden, sowie andere Papiere aus seinem Nachlass liegen heute in Wolfenbüttel. Es ist nicht geklärt, wie und wann diese Dokumente nach der Verhaftung des Prinzen nach Deutschland gelangt sind. Vor diesem Hintergrund wird im vorliegenden Buch der Versuch gemacht, Quellen aus den Archiven dreier Staaten – nämlich Russlands, Deutschlands und Dänemarks – zusammenzufassen und einige Seiten der russischen Geschichte in neuem Licht erscheinen zu lassen.

In diesem Buch versuche ich die Zeilen der Dokumente, die sich in verschiedenen Archiven mehrerer Länder befinden, zu vereinen. Ihr Großteil wurde nie veröffentlicht. Auch möchte ich Nachrichten aus den veröffentlichten, aber schwer zugänglichen Quellen des 18. und des 19. Jahrhunderts ergänzend hinzufügen. Ich hatte das Glück, viele Orte, die mit dem traurigen Schicksal der Braunschweiger Familie verbunden waren, besuchen zu können. Ich sah auf das endlose nördliche Flachland durch das vergitterte Fenster des ehemaligen Gefängnisses der Braunschweiger Familie in Cholmogory; wanderte an den Mauern der Festung in Schlüsselburg – an dem letzten Gefängnis Iwan Antonowitschs –

entlang; berührte die Mauer der Kapelle in Horsens (Dänemark), wo die Kinder Anton Ulrichs ruhen; las die Inschrift auf dem Grabstein Anna Leopoldownas in St. Petersburg. In Wolfenbüttel stand ich am Okerufer nicht weit vom Schloss, das der junge Prinz Anton Ulrich voller Hoffnung verlassen hatte, um nach Russland zu reisen. Und in Russland am Ufer der nördlichen Dwina maß ich mit Schritten die Lage seines Grabes aus.

Der bedeutendste Teil der Materialien für dieses Buch wurde im Niedersächsischen Staatsarchiv und in der Herzog August Bibliothek in Wolfenbüttel, deren Stipendiat zu sein ich 1996 die Ehre hatte, gesammelt. Im Jahre 1997 studierte ich auch die Quellen in Deutschland dank der Unterstützung der Gerhard ten Doornkart-Koolmann-Stiftung. Kollegen aus dem Museum und dem Stadtarchiv Horsens (Dänemark) sowie aus dem Braunschweiger Landesmuseum haben mir mit Rat und Tat geholfen. Die Kollationierung der deutschen Quellen erfüllte sehr liebenswürdig der Direktor des Niedersächsischen Staatsarchivs in Wolfenbüttel, Herr Dr. H.-R. Jarck. Allen diesen Institutionen und den Menschen, die dort arbeiten, möchte ich hier meinen Dank aussprechen. Und zweifellos, dass die Erscheinung dieses Buches zuerst in Russland und jetzt in Deutschland ohne die Hilfe meiner Frau, Dr. Philologie I.B. Ponomarewa unmöglich wäre.

Peter I. der Große und seine Nachfolger

Für Westeuropa war der lange und blutige Spanische Erbfolgekrieg 1701-1714 endlich beendet. Von nun an schaute man wieder nach Osten und entdeckte, dass dort das riesige Territorium, bis jetzt als „Moskowija" bekannt, sich in ein mächtiges Reich mit dem Namen Russland verwandelt hatte.

Zar Peter I. der Große unternahm beharrliche Versuche, Russland in die große europäische Politik einzuführen. Dabei verfolgte er gleich zu Beginn des 18. Jahrhunderts seinen neuen Plan, die Öffnung Russlands nach Westen durch die Heirat des Thronfolgers Aleksej mit einer Prinzessin aus einem westeuropäischen Fürstenhaus zu festigen. Bis dahin war die Ehe eines Mitglieds der Zarenfamilie mit Personen, die nicht dem russisch orthodoxen Glauben angehörten, ausgeschlossen. So hatten die russischen Zaren nur Mädchen aus den besten und ältesten russischen Adelsfamilien geheiratet. Selbst der junge Zar Peter I. machte in diesem Sinne keine Ausnahme. In erster Ehe war er mit der Tochter eines russischen Adligen, Ewdokija Lopuchina, verheiratet. Aus dieser Verbindung stammte Sohn Aleksej, der nach bestehendem Recht als ältester männlicher Nachkomme Thronfolger war.

Gerade die Zeit der Herrschaft Peters I. sollte erweisen, wie sehr sich althergebrachte Regeln und Traditionen durch Reformen grundlegend änderten. Vor allem das Verhältnis von Kirche und Staat im Russland jener Tage war von solchen Veränderungen bestimmt, und es war die Kirche die im Laufe der nächsten Jahre und Jahrzehnte entscheidende Teile ihrer Macht verlieren sollte. Es handelte sich um einen schrittweisen Prozess, dessen Beginn in der Mitte des 17. Jahrhunderts zu erkennen ist, als sich die orthodoxe Kirche unter dem Einfluss gelehrter Männer – insbesondere aus Kiew – durch Veränderungen an Texten und Ritualen wieder auf die byzantinisch-griechischen Ursprünge hin zu reformieren versuchte.

Diese Bewegung wurde von Vielen mit einer westlichen Orientierung gleichgesetzt, die nicht mit den Werten des traditionellen Russland zu vereinbaren sei. Die Auseinandersetzungen führten zu einer Spaltung der orthodoxen Kirche. „Altgläubige" und Reformer standen sich unversöhnlich gegenüber, wobei die Einen sich durch die Unbedingtheit ihrer apokalyptischen Visionen teilweise zu Tausenden in den kollektiven Selbstmord stürzten (in dem sie sich in Kirchen flüchteten und sie anzündeten), sobald sie sich mit der geballten Macht der reformerischen Staatsgewalt konfrontiert sahen, die bei der Durchsetzung der neuen Ideen kein Pardon kannte. Diese Kämpfe dauerten an bis ins 18. Jahrhundert.

Peter I. war der engstirnigen Befangenheit seiner Frau in der alten Tradition bald überdrüssig. Mit ihrer Verbannung 1698 ins Kloster handelte er wie kein Zar vor ihm. Bald lebte er zunächst in wilder Ehe mit einer Ausländerin zusammen, die nicht seines Glaubens und von einfacher Herkunft war, die Martha Skawronskaja hieß und unter dem Namen Katharina zum orthodoxen Glauben übertrat.

All dies wäre unter einem mächtigen Patriarchen in einer starken Kirche nicht auszudenken gewesen. Als 1700 mit Hadrian der letzte Patriarch starb, berief der Zar keinen Nachfolger. Auch dies eine weitere Etappe auf dem Weg zur Säkularisierung, dem Primat der weltlichen gegenüber der geistlichen Macht. Unter Peter I. wurde die Kirche mehr und mehr zum Diener des Staates. Es galt in Russland nur ein Gesetz – der Wille des absoluten Monarchen.

Von da an beginnt auch die ununterbrochene Kette der Ehebünde zwischen den Romanows und angehörigen regierender Häuser lutherischen Glaubens aus Westeuropa. Die Eheschließung der Nichte Peters I., Anna Iwanowna, stand am Anfang dieser neuen Zeit. Als Tochter Iwans V., dem älteren Halbbruder und – bis zu seinem frühen Tod – Mitregenten Peters I., war sie im politischen Kalkül ein Pfand, das ihr Onkel klug zu setzen beabsichtigte. Durch eine Verheiratung Anna Iwanownas mit Herzog Friedrich Wilhelm von Kurland, dem Neffen von König Friedrich I. in Preußen, sollte

Russland ein weiterer Zugang zur Ostsee gesichert werden. Dieser war über kurländisches Territorium zu erhalten, welches auf dem Gebiet des heutigen Lettlands gelegen war.

Die Hochzeit wurde am 11. November 1710 in St. Petersburg glanzvoll gefeiert. Zwei Monate später begab sich das junge Paar auf die Reise Richtung Kurland, nach Mitau, der Hauptstadt des kleinen Herzogtums. Nur wenige Kilometer von St. Petersburg entfernt fühlte sich der achtzehnjährige Herzog plötzlich krank und starb. Die junge Witwe kehrte zunächst nach St. Petersburg zurück.

Zur gleichen Zeit beschloss Peter I. auch seinen Sohn Aleksej zu verheiraten. Im Jahre 1709 schickte er ihn zu Studien nach Deutschland und ließ ihn während dieser Zeit die Braut unter den deutschen Prinzessinnen wählen. Das entsprach keineswegs dem Wunsch des Zarewitschs, er wagte jedoch nicht, dem Zaren zu widersprechen. Der Zarewitsch entschied sich für die welfische Prinzessin Charlotte Christine, die zweite Tochter des Herzogs Ludwig Rudolf von Braunschweig-Wolfenbüttel. Aleksej schrieb an seinen Beichtvater: „Die Prinzessin ist ein guter Mensch, und es ist kaum möglich, eine bessere als sie hier zu finden." Peter I. war mit dieser Wahl hoch zufrieden, denn die älteste Schwester der Braut, Elisabeth Christine, war mit König Karl III. von Spanien, Erzherzog von Österreich, dem Bruder des Römischen Kaisers, verheiratet. So verband sich das Haus Romanow im Jahre 1711 mit dem Haus der Welfen und den Habsburgern.

Prinz Aleksej teilte in vielen Punkten nicht die Anschauungen seines Vaters und stand vielen Ideen distanziert und argwöhnisch gegenüber. Der Zar schätzte seinen Sohn nicht sehr hoch und betrachtete ihn – wie so viele Andere – mit Misstrauen. Auch die Beziehung Aleksejs zu seiner Frau, die zu heiraten ihm aus Gründen der Staatsraison mehr oder weniger aufgedrängt worden war, endete schon bald in einer Atmosphäre aus Fremdheit und Unbehagen.

Die Prinzessin starb bei der Geburt des zweiten Kindes 1715 mit einundzwanzig Jahren und das Verhältnis des Prinzen

Aleksej zu seinem Vater verschlechterte sich von Jahr zu Jahr. 1718 erreichten die Spannungen ihren Höhepunkt. Peter I. vermutete in seinem Sohn den heimlichen Führer einer Oppositionsbewegung, was diesen zur überstürzten Flucht nach Westen veranlasste. In Neapel wurde er von seinen Verfolgern gestellt, zurück gebracht und in einem zweifelhaften Prozess wegen Hochverrats zum Tode verurteilt. Die Umstände seines Todes liegen im Dunklen, vermutlich starb er an den Folgen von Schlägen die man ihm mit einer Knute beigebracht hatte.

Peters I. sehnlichster Wunsch war es, einen Sohn von Katharina zu haben, aber alle Jungen die sie geboren hatte starben bereits im Säuglingsalter. So wurde der Sohn Aleksejs, Peter Aleksejewitsch, (er war dem Großvater zu Ehren so genannt worden), gemäß der bestehenden Regelung der Thronfolge durch den Tod seines Vaters zum ersten Anwärter auf den Zarenthron. Diese Entwicklung kam Peter I. gänzlich ungelegen. Er wollte sein Lebenswerk nicht in die Hände des Enkels gelegt wissen, wo dieser leicht unter den Einfluss der Anhänger Aleksejs, verbissener Feinde der Reformen, geraten könnte. Aus diesen Gründen verabschiedete er 1722 ein „Statut der Thronfolge", worin unter anderem verfügt wurde, dass der jeweilige Monarch von nun an das Recht habe, seinen Thronfolger nach freiem Willen, unabhängig vom Grad der Verwandtschaft und der Geburtsfolge zu bestimmen.

Aber Zar Peter I. benannte seinen Nachfolger nicht. Vordringlicher war es, die Ehen seiner Töchter Anna Petrowna und Elisabeth Petrowna zu arrangieren. Dem Versuch, die Jüngere, Elisabeth Petrowna, mit König Ludwig XV. von Frankreich zu verheiraten und so mit Frankreich ein Bündnis zu schließen, war kein Erfolg beschieden. Anna Petrowna jedoch wurde im November 1724 mit Herzog Karl Friedrich von Holstein-Gottorp, dem Bruder der Königin Ulrice Eleonore von Schweden verlobt. Damit war die Absicht verbunden, drei Jahre nach dem Ende des Nordischen Krieges, den Frieden durch verwandtschaftliche Bindung zwischen den beiden Ländern zu festigen.

Die Hochzeit jedoch musste verschoben werden, denn Ende des Jahres 1724 erkrankte Peter I. auf einmal schwer. Er starb nach qualvollem Leiden am 8. Februar 1725. Er hinterließ kein Testament und so blieb es dem Kreis ihm nahe stehender Persönlichkeiten, namentlich des Fürsten Alexander Danilowitsch Menschikow vorbehalten, die Witwe des verstorbenen Zaren als Katharina I. zu inthronisieren. Die eigentliche Regierungsgewalt übte der Oberste Geheime Rat („Werchowniki") aus. Katharina I. die aus einfachen Verhältnissen stammte, wäre kaum im Stande, sich gegen dieses Gremium der sechs mächtigsten Personen des Reiches durchzusetzen. Sie starb zwei Jahre nach Peter I. und bestimmte testamentarisch, dass die Herrschaft an den Enkel Peters I., den elfjährigen Peter Aleksejwitsch, übergehen sollte. Ihre Verfügung blieb auf der Linie der seit jeher bestehenden Regelung der Nachfolge.

Fürst Menschikow, zu dieser Zeit schon Generalissimus und damit Oberbefehlshaber aller russischen Truppen, wollte seine Position weiter festigen. Es gelang ihm, eine Verlobung des neuen Zaren Peters II. mit seiner Tochter herbeizuführen. Er verwendete seine Macht, um mit seinen Widersachern abzurechnen, aber im Obersten Geheimen Rat bildete sich eine starke Opposition. Innerhalb weniger Tage wurde er all seiner Würden entkleidet seines Reichtums entledigt und mit samt seiner Familie nach Beresow, einer kleinen Siedlung in Westsibirien, verbannt. Dort starb er bald. Fürst Wassilij Wladimirowitsch Dolgorukow, der inzwischen Menschikows Stelle eingenommen hatte, gelang es, seine Tochter am 22. Dezember 1729 mit dem jungen Zaren zu verloben. Doch dann schlug der Tod den Bräutigam aus dem Leben. Aus allen Teilen Russlands war der Adel angereist Hochzeit zu feiern und fand sich nun zu einem Begräbnis versammelt.

Die Thronfolge wurde allein durch das Testament Katharinas I. geregelt. Sollte Peter II. kinderlos sterben, müsste der Thron entsprechend an die Töchter Peters I., an Anna Petrowna und Elisabeth Petrowna übergehen. Anna war bald nach der Geburt

Zar Peter I. der Große

eines Sohnes 1728 gestorben. Den gerade einmal zweijährigen Prinzen Karl Peter Ulrich von Holstein-Gottorp zum Zaren zu bestimmen, hätte eine lange Regentschaft gebracht, die niemand wollte.

Aus ihrem eigenen Kreis wollten die Mitglieder des Obersten Geheimen Rates keinem allein die Macht antragen. Dies hätte die Erhebung einer adligen Familie über die anderen bedeutet, so wie es Fürst Menschikow vor kurzem versucht hatte. Keiner der „Werchowniki" wollte das erlauben, und überhaupt wollten sie zu Gunsten einer Person nicht mehr auf die Macht verzichten. Begründungen, weshalb auch die zwanzigjährige Elisabeth Petrowna nicht als Zarin in Frage komme, hatten zufälligen oder konstruierten Charakter. Einigen war sie zu leichtsinnig, anderen zu jung (wo Eheschließungen aus politisch dynastischen Gründen schon für elfjährige erwogen werden), wieder andere argumentierten scheinbar tiefgründig staatstragend, dass Elisabeth Petrowna von zweifelhafter Herkunft sei, da sie vor der Eheschließung zwischen Peter I. und Katharina I. geboren wurde. Dass eine solche Folgerung mehr noch auf die vorausgeborene Anna zuträfe und das Argument daher seinen speziell Elisabeth disqualifizierenden Sinn verlöre, interessierte wohl nicht zu sehr. Von ähnlicher Qualität einer rechtlichen Begründung war am Ende die Entscheidung, das Testament Katharinas I. zu vergessen.

Fürst Golizyn erklärte, da die männliche Linie des Zaren Peter I. erloschen sei, solle man die weibliche Linie des Zaren Iwan V., des älteren Bruders Peters I., an die Macht kommen lassen und von Iwans Töchtern diejenige wählen, „... die sich für uns am besten eignet."

Die „Werchowniki" beanspruchten für sich das Recht, mit der zukünftigen Zarin die Macht zu teilen. Fürst Golizyn äußerte als erster auf einer Besprechung diesen Wunsch: „Wir sollten auch uns ein bisschen Macht zuteilen." Fürst Golizyn glaubte, dass zur Rolle der Zarin die kinderlose Witwe des Herzogs von Kurland, Anna Iwanowna am besten tauge. Sie würde mit beliebigen Einschränkungen ihrer Macht einverstanden sein.

Die Einladung zur Macht kam für Anna Iwanowna, die an den russischen Thron niemals zu denken gewagt hätte, wie ein Geschenk zu ihrem Geburtstag. Am 8. Februar wurde sie 37 Jahre alt. Beinahe 20 Jahre hatte sie in Mitau verbracht, in Armut gelebt, war nie Herrin ihres Schicksals gewesen. Nach dem Tod ihres Gatten gehörte das Herzogtum von Kurland formal dessen Onkel, Herzog Ferdinand. In Wirklichkeit jedoch übte eine Adelskorporation die Macht aus.

Jetzt wollten die „Werchowniki" die gealterte Anna Iwanowna aus diesem abgelegenen europäischen Winkel direkt auf den russischen Thron heben. Die Ereignisse der nächsten zwei Monate sollten zeigen, dass sie ihre Macht überschätzt und die Person Anna Iwanowna unterschätzt hatten. Vorläufig war sie mit allen Forderungen einverstanden und unterschrieb ein Dokument, das die absolute Macht des Monarchen wesentlich beschränkte.

Schon vor ihrer Abreise nach Moskau hörte sie, dass die von ihr unterzeichneten „Konditionen", in weiten Kreisen der russischen Aristokratie Erstaunen und Empörung ausgelöst hatten. Man war dort nicht bereit, die Beteiligung der „Werchowniki" an der Macht zu akzeptieren. Auf diese Weise hätte man sich außer der Zarin sechs weiteren Herrschern beugen müssen. Als Anna Iwanowna nach Moskau kam und sich davon überzeugte, dass die Ansprüche der „Werchowniki" beim Adel keine Unterstützung fanden, zerriss sie die „Konditionen" und erklärte sich zur absoluten Herrscherin.

Die arme, kinderlose Anna Iwanowna erbte ein riesiges Territorium, das sich von Westen nach Osten über zehntausend Kilometer und von Norden nach Süden über anderthalb bis zweitausend Kilometer erstreckte. Fast die gesamte Bevölkerung konzentrierte sich auf den europäischen Teil des Landes. Die Zahl der Untertanen betrug beinahe 15 Millionen, von ihnen waren mehr als 90% Bauern. Die größte Stadt Russlands blieb Moskau mit 150.000 Einwohnern, die Bevölkerung der neuen Hauptstadt St. Petersburg war halb so groß. Alle anderen Städte zählten in der Regel nur einige tausend Einwohner. Während der Regentschaft Peters II. 1727-1730 übersiedelte der Hof nach Moskau und St. Petersburg verlor stark an Bedeutung. Auf den Straßen wucherte bereits das Unkraut und auf dem Newski-Prospekt schlichen Wolfsrudel umher, Räuberbanden organisierten sich in den Wäldern bei der Stadt, die von flüchtigen Bauern und Soldaten immer neuen Zulauf erhielten. Das Gleiche spielte sich in den Wäldern um Moskau ab.

Zu allen Zeiten war die Politik Peters I. durch seine Orientierung nach dem Westen bestimmt und von der Idee geprägt, Russland einen Zugang zur Küste der Ostsee zu verschaffen. Auch der Krieg gegen das mächtige Schweden, der 1700 begann, war von diesen Gedanken geleitet. Im Verlauf der Auseinandersetzungen gewann Russland Dänemark, Sachsen/Polen und Preußen zu Verbündeten. Erst nach vielen Schlachten und taktischen Allianzen kam es 1721 zur Beendigung des Nordischen Krieges. Bei den Feierlichkeiten zu diesem Anlass nimmt Peter I. den Kaisertitel an. Während der folgenden Periode von zehn Jahren Frieden wurde die Armee nicht vermindert und zählte mehr als 200.000 Mann.

Das Lieblingskind Peters I., die russische Flotte, war dem Verfall preisgegeben. Nur noch wenige Schiffe waren seefähig, die Takelage und ganze Schiffsrümpfe waren reparaturbedürftig, Besatzungen waren nicht komplett. Unterhaltskosten für Armee und Flotte machten die Hälfte des Staatshaushaltes aus. Als Einkommensquelle diente hauptsächlich die Kopfsteuer, die trotz strenger Maßnahmen nicht leicht einzutreiben war. Die steuerlichen Lasten wogen unerträglich schwer, und die Bauern verließen oftmals ihre Höfe, manchmal auch ihre Familien und flüchteten vor ihren Gutsherren in alle Gegenden des Landes.

Die außenpolitischen Schwierigkeiten der neuen Zarin waren kaum geringer. Sie ließen sich erschöpfend charakterisieren, wenn man alle im Osten und im Süden von Russland liegenden Nachbarstaaten aufzählte. Probleme mit dem Osmanischen Reich, die die Lage an den Ufern des Schwarzen und des Kaspischen Meeres bestimmten, standen dabei an erster Stelle.

Anna Iwanowna hatte keine Erfahrung in staatlichen Dingen. In den nächsten zehn Jahren ihrer Herrschaft folgte sie dem Rat der zwei ersten Männer ihrer Regierung (Ostermann und Münnich) und wurde von ihrem Günstling Ernst Johann Graf von Biron stark beeinflusst. Sie verstand es sehr gut, das Gleichgewicht der Kräfte dieser ganz unterschiedlichen Persönlichkeiten, eher Konkurrenten als Mitarbeiter, zu balancieren.

Zarin Katharina I.

Dies zeugte von ihrer Lebenserfahrung, von ihrer Fähigkeit, passende Leute auszusuchen und mit ihnen umzugehen. Die Gewohnheit Anna Iwanownas, in jedem Zimmer ein geladenes Gewehr aufzubewahren, spricht für ihren kämpferischen Überlebensinstinkt. Sie schoss ausgezeichnet und keine Krähe konnte sich auf Schussweite vom Palast sicher fühlen.

Nach dem Tod Peters I. 1725 steuerte der in Bochum geborene Vizekanzler Heinrich Johann Friedrich Graf von Ostermann den außenpolitischen Kurs Russlands. Er hatte an der Universität Jena seine Ausbildung bekommen, trat 1703 in den russischen Dienst und übersiedelte nach Russland. Nachdem er als Dolmetscher seine Karriere am Hof begonnen hatte (Ostermann beherrschte einige europäische Sprachen und lernte auch schnell russisch), rückte er bald auf. Bei den Friedensgesprächen auf den Åland-Inseln 1711 und 1721 beim Frieden von Nystad war er führend beteiligt. Dank seiner überaus geschickten Verhandlungsführung wurde der Nordische Krieg zu für Russland günstigen Bedingungen beendet. Dies wirkte sich auch förderlich auf seine Karriere aus. Peter I. bedachte Ostermann mit dem Titel eines Barons, dem Rang des Geheimrates und mit Geld und Dörfern. Er verheiratete ihn mit Marfa Iwanowna Streschnewa, um diesen Fremden mit einer der vornehmsten Familien Russlands, die mit den Romanows in verwandtschaftlichem Verhältnis stand, zu verbinden. In der kurzen Regierungszeit Katharinas I. wurde Ostermann Vizekanzler und Mitglied des Obersten Geheimen Rates. Ihm wurde auch die Erziehung Peters II. anvertraut.

Obwohl Ostermann unter Druck der übrigen „Werchowniki" die nach Mitau geschickten „Konditionen" unterschrieben hatte, trat er nach Ankunft der neu ernannten Zarin Anna Iwanowna sofort auf ihre Seite. Er bewegte den Adel zum Widerstand gegen den Versuch, die Allmacht der Zarin zu begrenzen. Bald erhielt er von ihr den Grafentitel und ein Landgut in Livland. Er wurde Mitglied des neuen, nach seinem Entwurf gebildeten Ministerkabinetts.

Seiner außenpolitischen Überzeugung entsprechend setzte Graf von Ostermann die Linie der Regierung Peters I. fort. Als größte Bedrohung sah er die expansiven Bestrebungen der Türkei an, denen er durch die Stärkung einer präventiven Allianz mit Österreich zu begegnen suchte. Außerdem tat er alles in seiner Macht stehende, eine Zuspitzung der Lage zu vermeiden, indem er sich einer Allianz mit Frankreich widersetzte, da diese eine unbedingte Teilnahme an der Beilegung der osteuropäischen Probleme erzwungen hätte. Er bezweifelte, dass Russland nach dem erschöpfenden Nordischen Krieg imstande wäre, zu diesem Zeitpunkt einen neuen Krieg mit einem starken Gegner zu führen.

Das Bestreben, einen Krieg zu vermeiden, begreifen die Generäle häufig nicht. Ein solcher Falke, nach heutiger Terminologie, war der gebürtige Oldenburger, Feldmarschall Burchard Christoph Graf von Münnich. Münnich trat erst 1721 in russische Dienste. Zu dieser Zeit hatte er schon einiges hinter sich. Teilnahme am Spanischen Erbfolgekrieg (dabei hatte er reichlich Kampferfahrung erworben, wurde stark verwundet und bekam den Rang eines Oberst), Dienst in der polnischen Armee und endlich Ankunft in Russland, um hier sein Glück zu suchen. Acht Jahre lang leitete er den Bau von Straßen, Kanälen und Befestigungsanlagen. Als Anna Iwanowna 1730 den Thron bestieg, führte er schon das Kommando über die Truppen in Ingermanland. Den Grafentitel hatte er schon erhalten. In den ersten Jahren der neuen Regierung wurde Münnich mit Ostermann und Biron vertraut. Dies verschaffte ihm den Vorsitz im Militärkollegium, den Einstieg ins Ministerkabinett und durch den Rang des Feldmarschalls verfügte er über die gesamte militärische Stärke Russlands. Er brannte darauf diese Kraft ins Feld zu führen.

Der Dritte im Umkreis der Zarin war der bereits genannte Oberkammerherr Ernst Johann Graf von Biron. Seine Herkunft beschäftigte zuerst die Zeitgenossen und dann im Laufe von zweieinhalb Jahrhunderten Historiker und Schriftsteller. Je nach Gutdünken bewiesen sie, dass einer der mächtigsten Männer Russlands im 18. Jahrhundert aus der Familie eines Schuhmachers stamme oder ein Abkömmling französischer Herzöge sei. Auf alle Fälle begann die Karriere des armen und unbekannten Kurländers 1718 in Mitau, am Hofe der Herzogin Anna Iwanowna. Durch ihren damaligen Günstling, Oberhofmeister Bestushew, genoss er eine nicht unerhebliche Protektion und heiratete nach fünf Jahren das Hoffräulein Benigna Gottlieb Trotta von Treyden. Einige Jahre später verdrängte er Bestushew aus dem Herzen Anna Iwanownas, was seinen ehemaligen Gönner schrecklich beleidigte.

Einige Monate nach der Thronbesteigung Anna Iwanownas wurde Biron Oberkammerherr, Ritter der höchsten russischen Orden, Graf des heiligen römischen Reiches und Besitzer eines Landgutes in Schlesien. Er bekleidete kein Amt, aber nach den Worten des spanischen Gesandten „Diente [er] treu ihrer Majestät und erfüllte zugleich die Pflichten des Gatten." Zeugnisse vom Charakter des Grafen sind in vielen Erinnerungen seiner Zeitgenossen enthalten und widersprechen einander nicht. Die Ehefrau des britischen Botschafters, Lady Rondeau, zeichnete nicht nur ein psychologisches Portrait Birons, sondern sagte ihm auch seine Zukunft voraus. Nach ihren Worten war Biron sehr stolz und hitzig, alsdann heftig in seinen Reden: „Wenn er eine Neigung zu jemandem bekommt, so überhäuft er ihn mit Lob- und Gunstbezeugungen, aber er ist nicht standhaft; er ändert sich bald ohne Ursache und bekommt einen so starken Widerwillen, als er vorher Gefallen gehabt hatte, und sobald das ist, so kann er sich nicht verstellen, sondern gibt es auf eine kränkende Art zu erkennen. [...] Er verachtet die Russen, und lässt es den Großen bey aller Gelegenheit so öffentlich sehen, dass ich befürchte, das dieses einmal sein Verderben sein wird."

Anna Iwanowna war also von Leuten umgeben, auf die sie sich verlassen konnte. Aber von den ersten Tagen ihrer Regierung an bestand ein Problem, das sie nur selbst lösen konnte – die Frage der weiteren Thronfolge.

Theoretisch hätte die 37-jährige Anna Iwanowna noch heiraten und ein Kind, den Thronerben, gebären können. Doch dieser Möglichkeit stand ihr Verhältnis zu Biron entgegen. Zeitgenossen bezeugten, dass die Beziehung zwischen diesen zwei Menschen sehr liebevoll und fest sei. Die Zarin würde eher auf die staatlichen Interessen verzichten, als sich von ihrem lieben Oberkammerherrn Biron zu trennen. Nach den Worten Ernst von Münnichs, einem Sohn des Feldmarschalls „gab es sonst kaum anderswo in der Welt noch ein in besserer Eintracht lebendes Paar, das Freud und Leid miteinander so einig teilen könnte." Den Thron dem Prinzen von Holstein-Gottorp, dem Witwer der ältesten Tochter Peter I. oder der Prinzessin Elisabeth Petrowna zu vermachen, kam gar nicht in Frage: in diesem Fall könnte das Recht Anna Iwanownas auf den Thron selbst in Zweifel gezogen werden, und das Testament Katharinas I. könnte wieder auftauchen. In diesem Dokument wurden die Nichten Peters I. gar nicht erwähnt, denn der Thron sollte ja in direkter Linie Peters I. vererbt werden. Um den Thron für die Linie des Zaren Iwan V. zu erhalten, hatte die Zarin Anna Iwanowna nur die Möglichkeit ihn ihrer einzigen Nichte Elisabeth Katharina Christine zu übergeben. Die Prinzessin war die Tochter der älteren Schwester der Zarin, Katharina Iwanowna und des Herzogs Karl Leopold von Mecklenburg-Schwerin.

Dieser Ehebund war 1716 geschlossen worden und entsprach völlig den Wünschen sowohl Peters I. als auch Herzog Karl Leopolds. Der Herzog von Mecklenburg-Schwerin, der ständig mit seinen Ständen in Konflikt geriet, wollte sich den militärischen Beistand Russlands sichern. Außerdem erhoffte er sich als Mitgift Peters I., bei der Aufteilung der eroberten schwedischen Gebiete die Stadt Wismar zu bekommen, die Mecklenburg durch den westfälischen Frieden im Jahr 1648 verloren hatte. Von dieser Absicht getragen, bat er im Januar 1716 Peter I. zunächst ihm die verwitwete Herzogin Anna Iwanowna, eine Nichte des Zaren, zur Frau zu geben. Später erweitert er seinen Antrag und bat den Zaren, ihm überhaupt eine seiner Nichten zur Braut zu geben. Der Zar erklärte Katharina Iwanowna zur Braut des Herzogs.

Die Hochzeit fand am 19. April 1716 in Danzig statt. Die Ehe erwies sich jedoch als unglücklich. Kein Biograph hat jemals ein gutes Wort über den Charakter des Herzogs verloren. Er sei unberechenbar, „ein unerzogener und geradezu gewissenloser Fürst."

Die politische Lage des Herzogs wurde durch die Eheschließung nicht besser, sondern noch schlimmer. Wismar wurde den

Schweden entrissen, aber die russischen Truppen nahmen daran nicht teil, weshalb Zar Peter I. dem Herzog von Mecklenburg die in Aussicht gestellte Mitgift nicht übertragen konnte. Die Kriegslasten waren für den mecklenburgischen Adel zu schwer. Sie hassten Herzog Karl Leopold schon lange, und verjagten ihn ins Ausland. Den Konflikt wollte Kaiser Karl VI. von Wien aus schlichten. Ende 1718 sandte er gegen den Wunsch Karl Leopolds die hannoversch-braunschweigische Exekutionstruppe nach Mecklenburg. Katharina Iwanowna wandte sich auf dringende Bitte ihres Mannes mit einem Anliegen um Hilfe an Peter I. Aber der Zar zog es vor, sich nicht in diese Angelegenheiten einzumischen.

Während dieser Unruhen gebar Katharina Iwanowna am 7. Dezember 1718 in Rostock ein Mädchen, das nach lutherischem Brauch auf den Namen Elisabeth Katharina Christine getauft wurde. Vier Jahre später reiste Katharina Iwanowna mit ihrer Tochter nach Russland. Der unmittelbare Anlass für die Reise war eine Einladung ihrer Mutter – der Zarin Praskowja, Witwe Iwans V., – die ihre einzige Enkelin schon lange sehen wollte. Es kann gut sein, dass Katharina Iwanowna zugleich einen diplomatischen Auftrag ihres Mannes ausführen sollte: Der Zar möge vermittelnd dazu beitragen, den Herzog mit Kaiser Karl VI. zu versöhnen. Nie mehr kehrte Katharina Iwanowna aus Russland zu ihrem Mann zurück.

In jenen Januartagen des Jahres 1730 beobachtete sie die Ereignisse keineswegs passiv. Im Gegenteil, sie half mit allen ihr gebotenen Kräften der Schwester, die Pläne der „Werchowniki" zu zerstören und uneingeschränkt herrschende Zarin zu werden. Folgende Episode ist bekannt: „die in Moskau zusammengekommenen Adligen, die mit dem Vorhaben der „Werchowniki" unzufrieden waren, wandten sich an die noch nicht gekrönte Anna Iwanowna mit der Bittschrift, die von ihr in Mitau unterschriebenen „Konditionen" abzuändern." Dieser Bittschrift zuzustimmen, kam einer Kriegserklärung an den „Werchowniki" gleich. Alle warteten wie gebannt darauf, was Anna Iwanowna in dieser Situation tun würde. Katharina Iwanowna bemerkte, dass ihre Schwester zögerte, brachte ein Tintenfass und Feder und nötigte sie durch schriftliche Anordnung zu verfügen: „Es sei!"

Nach der Krönung vergaß Anna Iwanowna weder ihre Schwester noch ihre Nichte, die sie, von jeher, sehr liebte. Schon aus Kurland schrieb sie an das Kind: „Meine liebe Nichte, schreibe, mein Lichtlein, Briefe an mich, was ich vom ganzen Herzen wünsche." Seit Beginn ihrer Regierung teilten die ausländischen Diplomaten in ihren Korrespondenzen mit, dass die junge Prinzessin von Mecklenburg zur Thronfolgerin erklärt werden würde. Anna Iwanowna nahm die Nichte unter ihre Fittiche, und die Zeitgenossen fassten es als „Adoption" auf. Obwohl die Prinzessin Lutheranerin war und ihren Namen offiziell nicht wechselte, nannte man sie Anna. So unterschrieb sie auch ihre Briefe an den Vater. Unter der Hand wurde davon gesprochen, dass der Wechsel der Prinzessin zur russisch-orthodoxen Kirche bevorstehe. Feofan Prokopowitsch, Bischof von Nowgorod, als Geistlicher und Staatsmann in der kirchlichen Rangordnung hoch angesehen, unterrichtete sie in der Glaubenslehre. Die Prinzessin liebte Bücher und las russische, französische und deutsche Literatur. Sie bevorzugte Romane, las aber auch gern Reisebeschreibungen, Memoiren und historische Werke. Auf Einladung der Zarin kam Ende 1730 die Witwe eines Generals, Frau von Aderkas, um der Prinzessin eine gute mondäne Erziehung angedeihen zu lassen. Lady Rondeau charakterisierte sie als eine „in jeder Beziehung ausgezeichnete Frau."

Ein Jahr nach ihrer Thronbesteigung bestätigte Anna Iwanowna das von Peter I. im Jahr 1722 deklarierte Recht eines Monarchen, den Thronfolger seinem Wunsch entsprechend zu nominieren. Jeder Untertan des Reiches sollte „den Eid der Treue schwören", und „dero hohen Erben", der „... zu Besteigung des souverainen russischen Throns denominieret worden, ein getreuer, redlicher und gehorsamer Diener und Untertan sein." Um den Willen der Zarin anzuerkennen, sollte das gemeine Volk das Kreuz in der

Kirche küssen. Adlige und Geistliche unterschrieben Eidlisten. Unter eine solche Liste schrieben auch Prinzessin Elisabeth Petrowna, Tochter Peters I., und Prinzessin Elisabeth Katharina Christine von Mecklenburg-Schwerin ihre Namen, wobei letztere dieses Dokument mit Namen „Anna" unterschrieb.

Der erste Bewerber um die Hand und das Herz der Prinzessin Anna erschien in St. Petersburg schon im Sommer 1730. Es war der Bruder des Königs von Portugal, Prinz Emanüel. Wie es der französische und der sächsische Botschafter meldeten, finde sich der Prinz bereit, entweder die Prinzessin von Mecklenburg (11 Jahre alt) oder Prinzessin Elisabeth Petrowna (20 Jahre alt) oder sogar die Zarin (37 Jahre alt) zu heiraten. Bei allen drei hatte er keinen Erfolg, und die kleine Prinzessin Anna wurde von ihm so sehr erschreckt, dass sie bittere Tränen weinte und sagte: „Wenn der Prinz seinen Antrag wiederholt mache, so gehe sie lieber ins Kloster."

Die Ereignisse der letzten Jahre hatten gezeigt, wie gefährlich es war, die Frage der Eheschließung unbeantwortet zu lassen. Die Grafen von Ostermann und Karl Gustav von Löwenwolde machten den Vorschlag Prinzessin Anna mit einem ausländischen Prinzen zu vermählen, ihr Kind sollte nach Nominierung durch die Zarin den Thron erben. Durch Graf von Biron ist bekannt, dass Anna Iwanowna in dieser Frage keinen Beschluss fasste, sondern sagte: „Es ist noch Zeit, die Prinzessin ist noch zu jung zum heiraten." Ein halbes Jahr, nachdem sie ihr Recht, einen Thronfolger zu wählen, durchgesetzt hatte, schickte sie Graf von Löwenwolde nach Deutschland, einen Bräutigam zu suchen.

Die Abreise des Grafen versetzte die ausländischen Diplomaten in Unruhe. Ihre Briefe aus dieser Zeit sind voll von widersprüchlichen Gerüchten und Spekulationen. Zuerst fuhr Löwenwolde nach Berlin, weshalb unter den möglichen Auserwählten zunächst der Erbprinz Friedrich von Preußen, dessen jüngerer Bruder Prinz August Wilhelm und der Prinz Karl von Brandenburg-Bayreuth genannt wurden. Ein Bündnis Russlands mit Preußen beunruhigte England und Frankreich; der polnische

Gesandte Graf von Potozkij äußerte sich verzweifelt gegenüber dem englischen Diplomaten Klaudius Rondeau in Russland: „Wenn die geplante Ehe zum Unglück des ganzen Europa stattfinden soll, so wird Polen wie noch kein anderer Staat in Mitleidenschaft gezogen." Rondeau selbst versicherte der Regierung in Polen, er werde auf jede mögliche Weise diese Ehe verhindern. Dabei hoffe er auf die Hilfe sowohl ausländischer Botschafter, als auch des russischen Hochadels. Er klagte auch darüber, dass er nichts erfahren könne, weil die von Löwenwolde erhaltenen Berichte nur die Zarin, Ostermann und Biron kennen würden.

Nachdem Löwenwolde Berlin und Wien besucht hatte, kehrte er nach Russland zurück; im engsten Kreis fand eine konfidentielle Beratung statt (die Zarin, Ostermann und Löwenwolde selbst). Besonders anziehend waren zwei Anwärter. Einer von ihnen war wirklich der Prinz Karl von Brandenburg-Bayreuth, wie alle vermutet hatten. Der Name des anderen war im diplomatischen Briefwechsel noch nie genannt worden. Das war Prinz Anton Ulrich der Jüngere von Braunschweig-Wolfenbüttel-Bevern.

Eine Denkschrift, deren Urheberschaft dem Grafen von Ostermann zugeschrieben wird, beinhaltet „Gedanken ... über die Einladung in Sankt-Petersburg" betreffend „den Prinzen von Brandenburg und den Prinzen von Bevern, um einen von ihnen zum Ehemann für die Prinzessin Anna zu wählen."

In diesen „Gedanken" wurde bis ins einzelne die Möglichkeit durchgespielt, eine „Bräutigamschau" der Prinzen einzurichten, damit die Zarin „selbst den wählen könnte, wer, nach der Meinung Ihrer Kaiserlichen Majestät, des Glückes höchst würdig wäre." Graf von Ostermann ging davon aus, dass die Ankunft der beiden auserwählten Prinzen in Russland entweder heimlich oder öffentlich sein könnte. Im ersten Fall sollten sie beide an Riga und Narva vorbei in einen Ort unweit von St. Petersburg fahren, wo die Zarin sie heimlich sehen könnte. Aber es würde nicht leicht sein, das Geheimnis zu wahren. Darum wäre die zweite Variante, die offizielle Ankunft der beiden Prinzen aus Deutschland vorzuziehen.

Der Prinz von Brandenburg-Bayreuth könnte unter folgendem Vorwand ankommen: „er möchte angeblich seinen Dank für die Gnaden, die die Zarin seiner Mutter gegenüber gezeigt hatte, ausdrücken." (Maria Dorothea, die Schwester des verstorbenen Ehemannes Anna Iwanownas erhielt aus Russland eine alljährliche Pension von 10.000 Rubel.)

Der Prinz von Braunschweig-Wolfenbüttel-Bevern könnte mit der Absicht kommen, hier „in Militärdienst zu treten und den so schön blühenden russischen Staat zu besichtigen." Kompliziert wurde die Situation weil nur einer der beiden Prinzen zum Bräutigam gewählt werde, sodass „der andere sich darüber erbosen könnte." Darum sollte man sie beide nach der „Bräutigamschau" zurück in ihr Land fahren lassen, keinem sollte man ein Versprechen geben, und erst später sollte der „Auserwählte" wieder nach St. Petersburg eingeladen werden.

Doch fand die geplante „Bräutigamschau" so nicht statt. Nach längerer Diskussion mit ihren Beratern Ostermann und Löwenwolde fiel die Wahl der Zarin auf den welfischen Prinzen Anton Ulrich. Die Entscheidung wurde bis zur Ankunft des Prinzen in Russland erfolgreich geheim gehalten. Welche Vermutungen die Diplomaten nach der Rückkehr von Löwenwolde auch hegen mochten, so wurde doch der Name Anton Ulrichs in keiner ihrer Mitteilungen genannt. Der französische Gesandte Magnan schrieb, dass der Wiener Hof der Zarin die Kandidatur des Prinzen Karl, des Bruders des Herzogs von Lothringen, angeboten habe. Der sächsische Botschafter Le Fort teilte mit, dass den Gerüchten nach, die Verlobung der Prinzessin Anna mit dem Erbprinzen von Preußen schon stattgefunden habe, jedoch sogar ihre Mutter in dieses Geheimnis nicht eingeweiht sei! Er empfahl seiner Regierung, Ostermann und Biron eine Summe Geldes für die Mithilfe bei dieser Eheschließung zu versprechen. Der britische Botschafter meinte, dass als Bräutigam der Prinz Karl von Brandenburg-Bayreuth gewählt werden sollte. Im Dezember 1732 gab Le Fort Nachricht von der eben erfahrenen Neuigkeit: „Der russische

Gesandte in Polen, Graf von Wratislaw, soll einen Bräutigam für die Prinzessin unter den deutschen Fürsten aussuchen."

Aber Anna Iwanowna hatte dieses Problem schon gelöst. Zu der Zeit, da Le Fort den Umschlag seines Briefes zuklebte, packten Diener in Wolfenbüttel die Koffer des Prinzen Anton Ulrich für seine Abreise ins ferne Russland.

Der junge Bräutigam

Im Fürstentum Braunschweig-Wolfenbüttel herrschte schon fast dreißig Jahre Herzog Anton Ulrich der Ältere, einer der aufgeklärtesten Monarchen seiner Zeit. Sein Name hatte nicht nur in der politischen Geschichte, sondern auch in der Geschichte der europäischen Barockkultur einen guten Klang. Im Europa seiner Zeit galt er als Gönner von Wissenschaften und Kunst, als großer Sammler von Gemälden, Skulpturen, Büchern, Manuskripten und Raritäten; er gründete das Opernhaus in Braunschweig und die Ritterakademie in Wolfenbüttel, wo junge Adlige aus ganz Europa – sogar aus Russland – studierten. Anton Ulrich der Ältere, der geistreiche Gesprächspartner und Briefschreiber, stand mit vielen Berühmten in Korrespondenz. Leibniz, der große Philosoph, war ein guter Freund, dessen wertvollen Ratschläge er in akademischen und politischen Fragen gern folgte. Zwei große Romane, Klassiker der Barockliteratur, stammen aus Anton Ulrich des Älteren Feder. Damit nicht genug, schrieb und vertonte er geistliche Lieder, er zeichnete und fertigte Architekturskizzen an. In diesem Jahr, 1714, in seiner liebsten Sommerresidenz Salzdahlum, schloss der einundachtzigjährige Herzog für immer die Augen. In aller Stille wurde er in Beatae Mariae Virginis (der Hauptkirche in Wolfenbüttel) begraben.

Nicht allein deshalb war dieses Jahr 1714 für das Haus der Welfen von großer Bedeutung. Zum ersten Mal streckte sich ein Zweig des Hauses über den Kanal hinweg nach Britannien, als Kurfürst Georg Ludwig von Hannover dort den Thron bestieg. Auch war der lange Spanische Erbfolgekrieg beendet. Endlich schwiegen die Kanonen und auf den Schlachtfeldern Europas, die mit Leichen dicht besät waren, kam der lang erwartete Frieden zurück. Schließlich brachte dieses an Ereignissen nicht arme Jahr noch die Geburt des Jüngeren Anton Ulrich, Prinz von Braunschweig-Wolfenbüttel. Er stammte von der „Bevernschen Linie" ab, die so benannt wurde, weil sein Großvater, der jüngere

Bruder Anton Ulrichs des Älteren, Erbe von Schloss Bevern war. Die Geburt seines Sohnes beschrieb Herzog Ferdinand Albrecht II. von Braunschweig-Wolfenbüttel-Bevern in der Familienbibel mit folgendem Eintrag: „Im Jahre Christi 1714 den 28ten Augusti Abends ohngefehr ¾ vor 8 Uhr, ist meine hertz innigst geliebte Frau Gemahlin abermals eines jungen Prinzen, in der Stadt Braunschweig, in dem Mir, von meines Groß-Schwieger Herrn Vaters, Herzog Anthon Ulrichs Hochseeligen Andenkens, vermachten Hause durch eine Testamentalische Disposition, genehsen und welchen folgenden Tages darauf, nemlich zwischen 3 und 4 Uhr Nachmittags, der Nahme Anthon Ulrich nach dessen Elter-Herrn Vater, als welchen solches auf den Todt Bette habe zu sorgen mußen, in der heiligen Tauffe ist beygeleget worden." Prinz Anton Ulrich erhielt also den Namen zu Ehren seines verstorbenen Großonkels Herzog Anton Ulrich des Älteren. Nach der Geburt übersiedelte die Familie ins Prinzenpalais nach Wolfenbüttel. Dort verbrachte er seine Kindheit und die ersten Jahre seiner Jugend.

Dokumente aus dieser Zeit geben Einblick in Erziehung und Unterricht, wie Anton Ulrich sie zusammen mit seinem ein Jahr älteren Bruder Karl erhalten hat. So wurde 1725 ein Lehrer („Informator") namens Friedrich Ernst Werner eingestellt, der „in der Furcht Gottes auch in der lateinischen Sprache allerley freyen Künsten und Wissenschaften, sonderlich aber denjenigen, welche einen fürsten vor andern anständig nöthig und nützlich seynd, informieren und unterweisen" sollte.

Im Jahr 1731 stirbt Herzog August Wilhelm, Nachfolger Anton Ulrichs des Älteren, und die Regierung geht auf seinen jüngeren Bruder Ludwig Rudolf über. Da dieser keine Söhne hatte (er hatte aber drei Töchter, von denen die Jüngste, Antoinette Amalie, die Mutter Anton Ulrichs des Jüngeren war), sollte sein Vetter Ferdinand Albrecht II. aus der „Bevernschen Linie" beziehungsweise dessen männliche Nachkommen regierende Herzöge von Braunschweig-Wolfenbüttel werden. So war die Nachfolge für die weitere Zukunft geregelt, doch 1735 bereits starb Herzog Ludwig Rudolf und wenige Monate später auch Ferdinand Albrecht II. (Bevern) und Karl I. (Bevern) wurde der dritte regierende Herzog von Braunschweig-Wolfenbüttel innerhalb eines Jahres. War dem Prinzen Karl das Fürstentum Braunschweig-Wolfenbüttel in nächster Zukunft vorgeschrieben, bot das Schicksal seinem Bruder Anton Ulrich im Jahr 1732 die Chance, sich dem Thron des russischen Reiches zu nähern und dieses riesige Land ins Gestirn der Welfen einzuführen.

Die Vorbereitungen zur Abreise verliefen im Stillen. Legationsrat von Kniestedt, der schon früher in Russland gewesen war, wurde beauftragt den Prinzen zu begleiten. Die Route und der Reiseplan wurden vom Oberstallmeister, Graf von Löwenwolde, ausgearbeitet. Danach plante man die Abreise am 27. Dezember 1732. Von Königsberg ab sollte Anton Ulrich von einem russischen Offizier begleitet werden. Der Adjutant des Prinzen, Major von Heimburg, traf bereits eine Woche früher in St. Petersburg ein, um das von der Zarin Anna Iwanowna bestimmte Haus vorzubereiten.

Am vierten Reisetag schrieb Anton Ulrich aus Demmin mit jugendlicher Begeisterung an seinen Bruder Karl: „Das Geheimnis kann ich Ihnen nicht länger verbergen, nämlich dass ich nach Russland gehe und dort ein Regiment kriege …" Alle Details der Reise sind im Reisejournal und in den Briefen Kniestedts beschrieben. Der Weg ging durch Wismar, Demniz, Stettin, Libau und Königsberg. Bis zur kurländischen Grenze fuhr der Prinz unter dem Namen des Grafen von Stolberg, doch war es unmöglich seine Identität weiterhin geheim zu halten. So war es nicht verwunderlich, dass Herzog Karl Leopold von Mecklenburg-Schwerin aus Danzig Nachricht erhielt, dass der Prinz von Bevern mit bestimmten Absichten nach Russland fahre. Der Herzog folgerte richtig, dass die Vermählung seiner Tochter Elisabeth Katharina Christine – in Russland unter dem Namen Anna bekannt – mit Anton Ulrich der plausibelste Grund der Reise des jungen Prinzen sei. Seit nunmehr fünfzehn Jahren stand sein Herzogtum unter Okkupation braunschweigischer und hannoverscher Truppen und wurde durch den Niedersächsischen Reichskreis verwaltet. Voller Zorn darüber, dass während all dieser Jahre jede Unterstützung aus Russland ausgeblieben war, hätte er eine Verbindung des braunschweiger Prinzen mit der Großenkelin Peters I. allzu gern verhindert.

Inzwischen rollten mehrere Braunschweiger Kutschen immer weiter und weiter nach dem kalten Nordosten. An der Grenze zu Kurland kamen dem Prinzen ein Wachtmeister mit 6 Mann entgegen, in Mitau wurde die Eskorte um 24 Mann, durch einen Offizier befohlene Dragoner, erweitert und aus St. Petersburg brachte ein Unteroffizier Geschenke. Der Oberkammerherr, Graf von Biron, und Graf von Löwenwolde schickten dem Prinzen „nebst einem Kompliment ein Präsent von allerhand Pelzwerk zu der Reise, so eine Samtmütze mit Zobel befranst, eine Decke, Fußsack und dergleichen Bestande."

Nicht weit von Riga hielt der ganze Tross zur Nacht bei einem Gasthaus an. Früh am Morgen fuhren zwei Sechsergespanne vor und brachten Oberst von Boyer, Schwiegersohn des Gouverneurs, mit einem starken Kommando russischer Dragoner zur weiteren Eskortierung, sowie eine Ehrenabordnung der Bürger von Riga. Derart begleitet fuhren der Prinz und seine Suite in die Stadt ein, wo sie „eine gar unbeschreibliche Menschenmenge, die seine Durchlaucht zu sehen begierig [war]", erwartete. Die nächsten Tage waren mit Visiten, Gegenvisiten, Empfängen, Mittags- und Abendtafeln ausgefüllt.

Am Morgen des 10. Februar machte sich der Prinz mit seiner Suite und Eskorte wieder auf den Weg. Erneut kam eine große Menschenmenge zusammen, um die Abreise des hohen Gastes zu verfolgen. Die erste Meile wurde „unter Begleitung vieler Generals und Offiziers" sowie einer Truppe von Grenadieren zurückgelegt. Alle Posthöfe, die jeweils 3 Meilen voneinander entfernt waren, hatten aus St. Petersburg den Befehl erhalten, dem Prinzen die Pferde zu wechseln, Nachtquartiere zur Verfügung zu stellen und Essen und Trinken bereit zu halten.

Nach zwei Tagen kam der Kammerjunker von Treyden „welcher ... mündlich anzeigen musste, wie Ihro Kaiserliche Majestät gerne sähen würden, wann Sie Ihro Durchlaucht noch auf Ihren der Zarin Nahmens-Tag zu Petersburg eintreffen könnten." Von Treyden brachte auch ein paar Schlafschlitten, damit es möglich sei, zur Übernachtung nicht absteigen zu müssen. Jetzt ließ der Prinz fast alle seine Diener hinter sich, überholte seine seit Riga vorn beförderten Gepäckschlitten, blieb nur für den Pferdewechsel und zum Mittagessen stehen und kam um 2 Uhr in der Nacht am 14. Februar 1733 in der russischen Hauptstadt St. Petersburg an.

Dem Prinzen wurde der Palast von Tschernyschow zur Verfügung gestellt, der sich unweit des Zarenpalastes an der Newa befand. Nach kurzer Erholung begab sich der Gast in der Zarenequipage, die ihm zu Ehren vorgefahren war, in den Winterpalast, um sich bei Zarin Anna Iwanowna vorzustellen. Nach Aussagen mehrerer Zeitgenossen wurde er wohlwollend empfangen und machte durch sein Betragen einen guten Eindruck: „Ihro Durchlaucht machten derselben ein nicht gar langes aber doch sehr sublimisses Compliment ... und küssten Ihro Majestät beydes den Rock und die Hand." Die eigentliche Feier des Namenstages der Zarin fand am Abend mit einer großen Tafel statt. Nicht weit von Anton Ulrich entfernt, der bei der Zarin saß, war Prinzessin Elisabeth Petrowna, Cousine der Zarin, Tochter des Vorgängers, Peter I., platziert. Die Nichte der Zarin, die vierzehnjährige Elisabeth Katharina Christine, Anna Leopolowna genannt, der einzige und wahre Grund für Anton Ulrichs weite Reise, saß ihm gegenüber. Beide Frauen sollten in seinem künftigen Leben eine fatale Rolle spielen.

In den nächsten Tagen machte der Prinz Visite. Er besuchte die einflussreichsten Personen – den Vizekanzler Graf von Ostermann und den Kanzler, Fürst Tscherkasskij. Selbstverständlich hätte er auch den einflussreichen Günstling der Zarin, Ernst Johann Graf von Biron, besuchen müssen. Aber, wie Kniestedt mit unverholenem Stolz berichtete, machte Biron selbst dem Prinzen Visite und verbrachte bei ihm ungefähr eine Stunde. In einem Brief nach Wolfenbüttel erklärte Kniestedt, dass der hochmütige Biron sonst eigentlich niemandem Visite mache. Über die Prinzessin von Mecklenburg, die vermutlich künftige Ehefrau des Prinzen, schrieb Kniestedt, dass sie „meistens erwachsen, schön von Gesicht und von einem gütigen Wesen und sehr wohlerzogen" [sei,] so, dass man daher wohl hoffen könnte, es würden auch die Gemüter zwischen beiden wohl harmonieren."

In den ersten Monaten sind die Briefe Kniestedts an den Hof in Wolfenbüttel voll von Begebenheiten, die die Atmosphäre des Wohlwollens um den Prinzen bestätigen. Begeistert beschreibt der Legationsrat, wie die Zarin den Prinzen „gnädigst auf die Schultern geschlagen" habe, wie Graf von Biron beim Abschied den Prinzen bis zur Eingangstür begleitet habe und Graf Ostermann sogar bis zur Equipage.

Den Tag begann der Prinz gewöhnlich in der Manege, wo er sich im Reiten übte. Für diese Übungen und auch für die Fahrten war es ihm erlaubt, Pferde aus den kaiserlichen Ställen zu nehmen, was ihm eine große Einsparung des eigenen Budgets garantierte. Anfangs hatte man die Absicht gehabt, Pferde aus Braunschweig nach St. Petersburg zu schicken. Jetzt war das nicht mehr nötig. Kniestedt bat jedoch, einige Pferde als Geschenk für Graf von Biron zu übersenden, der ein großer Pferdekenner sei.

Ein anderes oft besprochenes Thema in den Briefen Kniestedts war das Sprachstudium. „Es sei eine zwingende Notwendigkeit für den Prinzen, die russische Sprache zu erlernen", schrieb Kniestedt in einem Brief nach Wolfenbüttel. Als Antwort auf diesen Brief, sandte Ferdinand Albrecht II. an seinen Sohn eine ausführliche Belehrung. Der Vater riet Anton Ulrich, jeden Morgen, bevor der Lehrer kommt, eine halbe Stunde aus der russischen Chrestomathie zu lesen und möglichst oft mit der Prinzessin von Mecklenburg während der Spiele und Spaziergänge russisch zu sprechen. Der Herzog fügte dabei hinzu, dass die Prinzessin früher selbst nach der Übersiedlung von Mecklenburg nach Russland die russische Sprache habe lernen müssen. Zuerst lehrte den Prinzen der Legationssekretär Professor Christian Friedrich Groß, dann bestimmte die Zarin Anna Iwanowna für Anton Ulrich einen Lehrer, der nicht nur Deutsch und Russisch, sondern auch Französisch und Latein beherrschte. Zu dieser Zeit, am 24. März, teilte Kniestedt mit, dass der Prinz schon auf russisch lesen und schreiben konnte – das war vielleicht etwas übertrieben.

Unter den Archivalien ist auch der Lehrplan des Prinzen erhalten. Dieser war eine exakte Kopie des Planes, den Graf Ostermann für den gestorbenen Zaren Peter II. verfasst hatte, und enthielt „alle nothige Staats-, Kriegs-, und Friedenswissenschaften", die in zwei Gruppen erteilt wurden. Dies waren „an und vor sich selbst nöthige Wissenschaften (den neuern Staatsgeschichten jeden Reichs, dem Jure Naturae et Gentium, der Kriegskunst)" und „die Hülfs- und Vergnügunswissenschaften (Arithmetic und Geometrie, Cosmographie oder der Naturwissenschaft, der bürgerlichen Baukunst, Heraldic, Genealogie und Numismatica)." Der Stundenplan sollte so sein, „dass Seine Durchlaucht von 10 bis halbzwölf Uhr auf der Manege, von 8 bis 10 Uhr bey Herrn Trediakowskij mit [Erle]rnung der Russischen Sprache und von halb sieben bis 8 Uhr mit Erlernung dieser Wissenschaften" zubringen sollte. Es sei hier erwähnt, dass viele Jahre später der an seine Gelehrtenverdienste zurückdenkende Dichter und Philologe, W. K. Trediakowskij, schrieb, dass er im Laufe von zwei Jahren einen Prinzen in der russischen Sprache unterrichtet habe.

In den Papieren aus dieser Zeit blieb ein Blatt, ohne Datum und Unterschrift, aber eigenhändig von Anton Ulrich geschrieben, erhalten. Der Prinz gab hier einem Menschen, aller Wahrscheinlichkeit nach sogar sich selbst, das Versprechen, vom nächsten Morgen an „ein gantz ander Leben und Wandel zuführen, und solcher in folgenden Handelungen bestehen nemlich: von 6 Uhr bis Mittag die Russische Sprach [studieren]; 2. will ich denen ... divertissanten und intructiten Bücher lehsen, welche mir der H.

v. Keyserlingk vorschlagen wird; 3. will ich auch die Fortification treiben." Nach dem Mittagessen beabsichtigte der Prinz, das vorher Durchgenommene zu repetieren, auch auf französisch zu lesen, und nach dem Abendessen das Lesen seines Kammerdieners zu hören.

Wir wissen nicht, ob der Prinz diesen Plan genau erfüllte, aber schon nach zwei Jahren teilte Keyserlingk, der im Herbst 1733 an Kniestedts Stelle getreten war und seither den Prinzen betreute, Herzog Ferdinand Albrecht II. mit: „Zu Hause bringt er [Anton Ulrich] die Zeit mit Erlernung der Russischen Sprache und moralischer Erkenntnisse zu ..." Und noch nach Verlauf von einem Jahr, am 25. Juni 1735 berichtete Keyserlingk in Wolfenbüttel: „Prinz Anton Ulrich beschäftigt sich zuweilen vormittags mit Reiten auf der Kaiserlichen Reitbahn, um an anderen Tagen aber solche Zeit auf die Russische Sprache und Fortifications-Übungen zu verwenden …"

Im Archiv der St. Petersburger Akademie der Wissenschaften gibt es eine Liste der von Anton Ulrich gekauften Bücher. Das waren Wörterbücher, vielbändige historische Werke, geographische Karten. Außerdem erhielt er Bücher aus Wolfenbüttel (im schon zitierten Brief bestellte der sorgsame Gebhard Johann Graf von Keyserlingk nach dem Katalog Bücher für Anton Ulrich. Im Jahre 1741 zählte die Bibliothek des Prinzen über 500 Bände, darunter Wörterbücher, theologische, politische und historische Werke, geographische Atlasse, Kriegskunstbücher und Reisebeschreibungen. Die schöne Literatur wurde durch den Roman Anton Ulrichs des Ältern „Octavia" und den berühmten „Robinson Crusoe" repräsentiert. Fast alle Bücher waren in deutscher und französischer Sprache, auch in Latein; russische Ausgaben gab es nur wenige.

Für laufende Ausgaben ließ die Zarin dem Prinzen 2000 Rubel auszahlen. Aber bis April wurde dennoch die Höhe seines jährlichen Gehaltes nicht bestimmt, was Kniestedt Sorgen machte. In seinen Briefen beschrieb er die üppige Pracht des petersburgschen Hofes, die so große Ausgaben verlange, dass „damit schier bald allen Vorrates erschöpft werde."

Anton Ulrich trat als Oberst in den russischen Dienst ein, mit einem Gehalt von 12.000 Rubel, wie er es seiner Familie nach Wolfenbüttel mitteilte. Selbstverständlich wollte der Prinz möglichst schnell über sein eigenes Regiment den Befehl übernehmen. Das ihm zu Ehren benannte Bevernsche Kürassierregiment, war aber noch nicht aufgestellt. Die kräftigen Pferde für schwer gepanzerte Reiter waren schon in Preußen gekauft, aber noch nicht nach Russland geliefert. Sogar der Bestand an Offizieren muss ergänzt werden. Die vom Feldmarschall Münnich angelegte Regimentsliste sollte 34 Offiziere zählen. Tatsächlich enthielt sie aber nur 6 russische und 11 deutsche Namen und 17 vakante Stellen. Der Prinz blieb aber von diesen Sorgen verschont, denn mit der Formierung des Regiments waren Oberst Jeropkin und die Majore von Spingel und Sherebtzov beschäftigt. Um die Ungeduld des Prinzen etwas zu stillen, lud Münnich den Prinzen ein, das Exerzieren eines anderen Regiments zu besichtigen. Es wurde zu dieser Zeit schon ein Kürassierregiment aufgestellt, und dieses war dem künftigen Bevernschen ganz ähnlich.

Truppenbesichtigungen wurden zum Trost des neugebackenen Obristen arrangiert. Vor jedem neuen Manöver meldete sich der Kommandeur des Regiments bei dem Prinzen. An der Truppenschau nahm Münnich als einfacher Offizier selbst teil. Nach der Beendigung der Truppenschau lenkten alle Offiziere ihre Pferde zum Prinzen und brachten aus schnellem Ritt die Pferde zum Stand. Damit dankten sie ihm für die hohe Ehre, die er dem Regiment erwiesen hatte. Gerührt erklärte der Prinz, dass er „wohl nichts schöners als eben dieses Regiment hätte sehen können."

Kniestedt sandte jede Woche einen Brief an den Hof nach Wolfenbüttel. In seinen ausführlichen Berichten teilte er untern anderem mit, dass alle Mitglieder der Heiligsten Synode den Prinzen zu Ostern besucht hätten, und dass er im Theater und auf dem Landgut der Zarin zur Jagd gegangen sei.

Anton Ulrich wurde aber langsam nervös, weil er immer noch kein eigenes Regiment führen durfte. Kniestedt habe, wie er nach

Wolfenbüttel schrieb, Biron und Ostermann gefragt, wann sich des Prinzen sehnlichster Wunsch erfüllen werde, und er vor seinem eigenen Regiment reiten würde? Und beide haben, laut Kniestedt, absolut gleich geantwortet: „das soll schon geschehen, lassen Sie uns hiermit nicht eilen, es ist dieses die „Hauptsache" nicht." Kniestedt wusste natürlich auch selbst sehr gut, wegen welcher „Hauptsache" der Prinz Anton Ulrich nach Russland gekommen war.

Nach Kniestedts Mitteilungen stand es um die „Hauptsache" sehr gut. Der Prinz mache mit seinen galanten Manieren einen ausgezeichneten Eindruck auf alle Menschen, von denen sein Schicksal abhinge. Die Zarin spreche lange und oft mit dem Prinzen, empfange ihn in intimen Kreisen als einen Verwandten und klopfe ihm manchmal sogar liebkosend auf die Schulter. Der hochmütige und stolze Biron begegne ihm mit Wohlwollen. Die Mutter der Prinzessin, die Herzogin von Mecklenburg, sei krank, aber sie würde den Prinzen Anton Ulrich oft einladen, führe mit ihm lange Gespräche, bitte ihre Tochter mit dem Prinzen nur russisch zu sprechen und versprach ihm sogar einmal, dass sie selbst sein „Sprachmeister" sein werde. Was die junge Prinzessin beträfe, so teilte Kniestedt fast in jedem Brief mit, dass sie viel Zeit mit dem Prinzen verbringe, mit ihm Karten spiele, im Garten spazieren gehe, und ihm sogar einen Sessel geschenkt habe.

Anfang Juni 1733 trat die Prinzessin Elisabeth Katharina Christine von Mecklenburg vom lutherischen zum griechisch-orthodoxen Glauben über. Dadurch wurde „eine besorgliche Hindernis bey der damaleinstigen Succession aus dem Weg" entfernt. Ab diesem Zeitpunkt führte sie nur noch den Namen Anna Leopoldowna.

Hinter dem Rücken des Prinzen besprach man fortwährend diese „Hauptsache". Alle einflussreichen Leute bei Hofe versprachen Kniestedt ihre Hilfe. Schon im April erzählte Ostermann dem Legationsrat Kniestedt aus Braunschweig, dass die drei mächtigsten Personen des Reiches, die Zarin, Graf von Biron und Graf von Ostermann selbst in geheimer Konferenz beschlossen: „Ihro Durchlaucht solten schon in diesen Sommer den gewünschten Ausschlag davon erleben, und er [Ostermann] hatte müssen seine Meynung noch mahls schriftlich darüber von sich geben." Und wirklich zeigte Ostermann ihm bei einem neuen Treffen „... auch mit ein paar Worten einen Aufsatz... 4 Bogen lang, welchen er über das sujet des Prinz Anton Ulrich und der Prinzessin von Mecklenburg machen muss."

In der Tat war Ostermann der aktivste Anhänger dieser Eheschließung und versicherte Kniestedt, dass er keine Hindernisse sehe: „... es kriegt die Prinzess von Mecklenburg kein anderer und soll auch kein anderer haben als ihr Prinz Anton Ulrich." Er meinte auch, die Deklaration oder die Verlobung sollen noch im selben Sommer sein, weil jede weitere Verzögerung gefährlich wäre.

Seitens der Prinzessin von Mecklenburg erwartete Kniestedt keine Behinderung. Im Gegenteil werde sie Anton Ulrich bei der Erfüllung seiner Absichten helfen, weil sie mit ihm sympathisiere. Der Legationsrat bemerkte und beschrieb jede Kleinigkeit, zum Beispiel, dass die Prinzessin von einmal „dem Prinzen ... nicht nur allein die Hand, sondern auch den Mund zu küssen darreichten." Er war von dem Erfolg ganz überzeugt oder wollte zumindest sich selbst und den Hof in Wolfenbüttel davon überzeugen, und ging in seinen Meldungen auf verschiedene Einzelheiten ein. So erklärte er, dass das Haus des Feldmarschalls von Münnich, nach dessen Übersiedlung, der Prinzessin von Mecklenburg gehören solle. Und weil das Haus des Prinzen sich nebenan befände, wäre es möglich, später eine Verbindungstür zu schaffen, um die beiden Häuser zu vereinen.

Kniestedt glaubte zurecht, die Pläne würden dem Vater der zukünftigen Braut nicht gefallen. Es wurde deshalb beschlossen, ihn von den für den Sommer festgesetzten Plänen nicht zu unterrichten. Herzog Karl Leopold von Mecklenburg-Schwerin war in der Tat sehr erregt durch die Ankunft und den Aufenthalt des Prinzen Anton Ulrich in Russland. Von St. Petersburg aus verbreitete sich sehr schnell das Gerücht über eine zukünftige

Verlobung des welfischen Prinzen mit Anna Leopoldowna von Mecklenburg. Aus Schwerin war scharfer Protest gegen die Ehe seiner Tochter mit dem Prinzen Anton Ulrich zu vernehmen. Der Herzog erklärte, dass diese Ehe sein Ehrgefühl beleidige, weil das Haus Braunschweig ihn „vielmalig verdrossen und gekränkt habe."

Ende Mai schickte Herzog Ferdinand Albrecht II. dem Sohn seinen väterlichen Segen zur Heirat. Der Herzog teilte ihm mit, dass die Zarin die gegenseitige Neigung des Prinzen und der Prinzessin bemerkt habe und zum Entschluss gekommen sei, sie durch das Band der Ehe zu vereinen. Aus diesem Grund ersuche sie jetzt um seine väterliche Zustimmung.

In Wirklichkeit stand es um die Anbahnung der Ehe wohl nicht so günstig, wie es Kniestedt immer darstellte. Davon zeugen die Berichte mancher Zeitgenossen. Bei Hof verbreitete man Gerüchte, dass der Prinz an der von seiner Mutter ererbten Fallsucht leide. Als der englische Botschafter Forbes seine Regierung davon benachrichtigte, fügte er hinzu, dass die Russen vor dieser Krankheit eine besondere Furcht haben. Der französische Gesandte Magnan gab in seiner Meldung die Worte der Herzogin von Mecklenburg über den künftigen Bräutigam wieder, die den lebhaften Verstand des Prinzen nur nebenbei erwähne, aber deutlich Kritik an seinen wackligen Beinen und seiner schwachen Konstitution übe. Der britische Botschafter in St. Petersburg, Klaudius Rondeau, bekam offene Vorschriften von seiner Regierung, diese Eheschließung zu verhindern, weil sie zur Stärkung Russlands beitrage. Nach Rondeau war der ganze russische Hof, samt Biron, schockiert vom kleinen Wuchs und der zierlichen Gestalt des Prinzen.

Rondeau verheimlichte vor seiner Regierung jedoch nicht, dass er für den Prinzen menschliche Sympathien hege. Dennoch versäumte er keine Gelegenheit, den russischen Adeligen einzureden, dass der kleine Prinz dem Anspruch – Vater des russischen Zaren zu werden – nicht genüge. Ein geborener Russe sei dafür viel besser geeignet und der Prinz wäre außerdem von schwacher Gesundheit.

Die junge Prinzessin empfände, so wusste Rondeau mitzuteilen, darüber hinaus für Anton Ulrich keine Zuneigung.

Am 25. Juni verschied Katharina Iwanowna, Herzogin von Mecklenburg-Schwerin. Sie war schon ein halbes Jahr krank gewesen. Als Prinzessin Anna Leopoldowna die Nachricht vom Tod ihrer Mutter vernommen hatte, fiel sie in tiefe Ohnmacht. Man musste sie zur Ader lassen, um sie wieder zu Bewusstsein zu bringen.

Die gewünschte Verlobung jedoch fand im Sommer nicht statt. So viele Menschen versprachen Kniestedt ihren Beistand, aber die Angelegenheit wollte nicht vorangehen. Kniestedt verlor sich darüber in Vermutungen. Er verdächtigte Biron ein Doppelspiel zu treiben. In einem Gespräch mit Ostermann meinte er, dass die ganzen Intrigen vom englischen Botschafter Rondeau geschmiedet wären. Vizekanzler Ostermann glaubte dagegen, der preußische oder der sächsische Botschafter seien in diese Intrigen verwickelt. Biron zeigte sein Verhalten gegenüber Kniestedt deutlich. Er verspottete ihn offen, und äußerte sich geringschätzig über ihn. Kniestedt begriff, dass seiner Mission kein Erfolg beschieden war. Mit der Zeit fiel es ihm auch immer schwerer, die Sticheleien Birons zu ertragen. Ziemlich verzweifelt bat er den Hof von Wolfenbüttel, ihn aus Russland abzuberufen. Er war davon zu überzeugen, dass alle Intrigen gezielt gegen den Prinzen Anton Ulrich gerichtet seien.

Legationsrat von Kniestedt wurde abberufen, aber seine Abreise verzögerte sich. Im August erkrankte Anton Ulrich schwer, und wurde durch zwei Ärzte, Akademiker Weitbrecht und vom Hofmedicus Azaretti behandelt. Aus dem medizinischen Bericht geht hervor, dass der Prinz an einer Magenkrankheit litt, und eineinhalb Monate das Bett hüten musste. Im Oktober war der Prinz gesund, und Kniestedt reiste für immer ab. Jetzt vertrat Legationsrat Gebhard Johann von Keyserlingk die Interessen des Braunschweiger Hofes. Aber mit der „Hauptsache" ging es nicht besser.

Der Hof in Wolfenbüttel wollte sofort eine Klarstellung der Situation in St. Petersburg. Anton Ulrich wurde in mehren Briefen seines Vaters darüber aufgeklärt, dass die Ehe die „Hauptsache" der Grund seines Aufenthalts in Russland sei. Alles andere hätte hinten anzustehen. In seinen Briefen gebraucht Anton Ulrich jetzt oft Worte, wie Pflicht, Befehl und Schuldigkeit. Immer wieder erwähnt er allerdings das Wohlwollen der Zarin und Prinzessin Annas. Er meldete in einem Brief an den Vater, dass er seine „Zeit so anwendet, wie solche vor Gott und Menschen zu verantworten seien", in einem anderen spricht er von der „pflichtmässige [n] Arbeit" zu der ihn „Eure Gnade Befehl und Exempel" verpflichtet.

Anfang 1735 schied Herzog Ludwig Rudolf von Braunschweig-Wolfenbüttel aus dem Leben. Die Regierung im Fürstentum übernahm der Vater des Prinzen Anton Ulrich, Ferdinand Albrecht II. von Braunschweig-Bevern. Ein halbes Jahr später starb auch er. Auf diese Weise verlor der Prinz nicht nur zwei ihm liebe Verwandte, sondern auch seine beiden wichtigsten Ratgeber aus der Heimat. Nachdem der Prinz die Nachricht vom plötzlichen Tod seines Vaters erhalten hatte, schickte er seiner Mutter, Herzogin Antoinette Amalie, einen Brief, aus dem zu sehen war, wie sehr ihn die Ungewissheit seines Schicksals bedrückte. „Da [ich] indessen aber doch einige Hundert Meilen von allen denen Meinigen entfernet, unter einer fremden Nation wohne, kann es nicht anders sein, als das zuweilen mit einiger unruhiger Besorgnis an mein künftiges Schicksal gedenke."

Zu dieser Besorgnis gesellte sich einen Art von Skandal, als Anna Leopoldowna eine anscheinend allzu schwärmerische Beziehung zu Moritz Karl Graf von Lynar entwickelte. Möglicherweise beruhte alles nur auf Gerüchten, die im Interesse zu intrigieren gesteuert worden waren. Neben vielen Titeln war Lynar sächsischer Gesandter am Hofe von 1733-1736. Immerhin erhielt die Geschichte derartige Bedeutung, dass sie die langatmige Bewerbungsprozedur in die Anton Ulrich immerhin schon drei Jahre eingesponnen war, empfindlich störte. Als dann auch noch

Anna Leopoldownas Erzieherin, Frau von Aderkas, für Lynar Partei nahm, war es für die Zarin Anna Iwanowna an der Zeit einzugreifen. Im Juni 1735 wurde Frau von Aderkas aufgefordert, binnen achtundvierzig Stunden das Land zu verlassen. Ein Jahr später kam es auf Drängen des russischen Hofes auch zur Abberufung Lynars.

Der Prinz begab sich im Frühjahr des Jahres 1737 auf seinen ersten Feldzug. Wieder einmal führte Russland von 1735-1739 Krieg gegen das Osmanische Reich. Das Bevernsche Regiment gehörte noch immer nicht zum Bestand der russischen Armee. Anton Ulrich diente als Freiwilliger und war dem Feldmarschall Graf von Münnich unterstellt. Dem Prinzen folgte eine kleine Truppe, die aus Kavalieren, Pagen, Lakaien, Köchen, Ärzten, Pferdepflegern, Stallknechten und anderen Helfern bestand und beinahe vierzig Mann stark war. All dies von der Staatskasse durch eine Summe von 10.000 Rubel unterstützt. Ostermann empfahl dem Prinzen, sich durch die Teilnahme an diesem Feldzug einen guten Ruf zu verdienen, auch alte Beziehungen zu festigen und neue zu erwerben, wofür er „bey der Armee ohne Affectation einiger maßen Figur machen möchte, um dadurch Ansehen, so wie durch kluge Führung sich Liebe und Hochachtung zu erwerben."

Auch der jüngere Bruder Anton Ulrichs, Prinz Ludwig Ernst, machte sich aus Wolfenbüttel auf, um auch gegen die Türken zu Felde zu ziehen. Er führte das Kommando über das Infanterieregiment Alt-Wolfenbüttel, das der Armee des römischen Kaisers Karl VI. angehörte. In den Kirchen des Fürstentums Braunschweig-Wolfenbüttel betete man zu Gott, für den Sieg im Kampf gegen den „Erbfeind des Christlichen Namens" und um „allmächtige Beschirmung" für die beiden Brüder.

Am 14. März verließ Anton Ulrich St. Petersburg mit seinem Gefolge. Von der Reise schrieb er wie gewöhnlich viele Briefe an seinen ältesten Bruder, Herzog Karl, und an seine Mutter Herzogin Antoinette Amalie nach Wolfenbüttel, und auch an Keyserlingk nach St. Petersburg. Seine Briefe an die Verwandten waren meist kurz und halboffiziell. An Legationsrat von Keyserlingk schrieb der Prinz viel ausführlicher und vertraulicher. Aus diesen Briefen kann man erfahren, dass der Weg zum Feind sehr schwer war. Die Schlitten, auf denen man die Wagen gestellt hatte waren bereits beim ersten Pferdewechsel zerbrochen und man musste sie trotz des Schnees wieder auf die Räder stellen. Natürlich gingen diese dann auch kaputt. Damit nicht genug, wurden unterwegs ungewöhnlich viele Diener krank. Der Prinz zog auf schlechten Landstraßen von Moskau nach Kiew, fuhr dabei mit dem Feldmarschall zusammen und ging, weil die Pferde erschöpft waren, weite Strecken zu Fuß. Über diese Geschehnisse berichtete er seinem Bruder nicht ohne Humor. Er fühlte sich gesund und klagte nur über das langsame Vorwärtskommen zur Festung Otschakow, die man von der türkischen Besatzung befreien wollte.

In Erwartung der Begegnung mit dem Feind richtete Anton Ulrich seine Gedanken auf ein Problem, das ihm wichtig zu sein schien. Er grübelte darüber, welche Tressen und Handschuhe die Offiziere seines künftigen Regiments tragen sollten. Er besprach dieses Thema mit Feldmarschall Münnich und schrieb an Keyserlingk. Münnich habe ihm ein Paar Handschuhe geschenkt! Damit Keyserlingk alles richtig verstehe, erläuterte Anton Ulrich, es handele sich nicht um ein gewöhnliches Geschenk, sondern um Offiziershandschuhe des Braunschweiger Kürassierregiments, die Muster der Handschuhe seines künftigen Regiments sein sollten.

Anfang Juni 1737 hatte sich die siebzehntausend Mann starke russische Armee am südlichen Bug konzentriert. Nachdem sie ihn in geordneter Formation überquert hatten, bildeten die Regimenter drei Karrees und marschierten gegen Otschakow. Am 11. Juli standen sie dort einer zehntausend Mann starken türkischen Garnison gegenüber. Von Süden her wurde die Festung vom Dnepr umspült, an den übrigen Seiten durch einen tiefen, trocknen Doppelgraben begrenzt.

Der türkische Feind steckte die Vorstadt in Brand und begann die Russen, die sich im steinigen Boden nicht verschanzen konnten, zu beschießen. Die ersten Angriffe der türkischen Kavallerie wurden abgewehrt. Aber die Lage der russischen Armee war nicht leicht. Die schwere Belagerungsartillerie die durch die Flotte herangebracht, Verstärkung bringen sollte, war noch nicht angekommen. Es mangelte an Holzblöcken für den Belagerungsbau, an Brennholz und Verpflegung. In dieser schon verzweifelten Lage bekam Feldmarschall von Münnich die Nachricht, dass eine zehntausend Mann starke türkische Truppe durch die Steppe in Richtung Otschakow schnell vorankomme, um den Belagerten zu Hilfe zu eilen. Augenblicklich beschloss der Feldmarschall, auf die Belagerung Otschakows zu verzichten und die Festung unverzüglich einzunehmen. Gegen Morgen des 12. Juli rückte er mit seinen Truppen an die feindliche Befestigung auf Schussweite heran, nahm die Festung unter Beschuss und versuchte sie danach im Sturm zu nehmen. Aber die Soldaten konnten den Festungsgraben nicht überwinden. Ein Augenzeuge, der österreichische Oberst Berenklau, beschrieb diese Situation folgendermaßen: „Ich glaube, dass in dem Sturm die Hälfte mehr geblieben sein muss, wie alles dieses so übel ginge, nahm der Feldmarschall wie ein rasender Mensch eine Fahne in die Hand, ging an den Graben, es wollte ihm aber niemand folgen, außer der Prinz von Wolfenbüttel und seine Suite; er wollte sich tot schießen lassen, so desperat war er ..."

Der Angriff schien zu scheitern. Der Feldmarschall war völlig verzweifelt. Nur die plötzliche Explosion der Pulverkammern und der darauf folgende Brand, der die Festung zum riesigen Scheiterhaufen machte, zwang die Belagerten zur Kapitulation. Über den Mauern der brennenden Festung wurde eine weiße Fahne gehisst, ein türkischer Vertreter bat um einige Stunden Waffenstillstand. Feldmarschall von Münnich aber forderte die bedingungslose Kapitulation. Nur unter dieser Bedingung versprach er, die Gefangenen am Leben zu lassen. Das in der Festung wütende Feuer und weitere Explosionen zwangen die am Leben gebliebenen 4500 Türken die Bedingung des Feldmarschalls anzunehmen. Es war ein großer Sieg. Die Russen eroberten 93 Geschütze, 18 Galeeren und große Proviantvorräte. Die eigenen Verluste beliefen sich auf beinahe eintausend Gefallene und dreitausend Verwundete. Die in die Festung hineinstürmenden Soldaten nahmen den Toten und den Gefangenen Uhren, teure Blankwaffen und Schmuckstücke ab. Viele kostbare Beutestücke, mit Brillianten und Gold geschmückte Säbel, Dolche, Pferdgeschirre, schickte der Feldmarschall der Zarin und Biron als Geschenk.

Von Otschakow aus schrieb Anton Ulrich an seinen Bruder, Herzog Karl I. von Braunschweig-Wolfenbüttel. Der kurze Brief wurde vom Prinzen noch vor dem Sturm mit deutlicher Handschrift geschrieben. Der Prinz teilte kurz und bündig mit, dass er sich vor Otschakow befinde und dass der erste Angriff des Feindes abgeschlagen sei. Das Postskriptum an der Rückseite des Blattes wurde nach dem Sturm auf die Festung geschrieben. Aber die Handschrift sieht hier ganz anders aus: zügig und kaum zu lesen. Man kann sich leicht vorstellen, das der Prinz nach der Schlacht noch sehr aufgeregt war: „Wir haben Otschakoff in 4 Tagen, Gott Lob, ein bekommen und ich befinde mich, Gott recht, wie auch die andern, ausgenommen, daß der Page Pok … der ein wenig plessieret, wie auch Heimbourg plessiret ist."

Nach einer Woche beschreibt der Prinz im Brief an Keyserlingk sowohl das erste Gefecht mit dem Feind – dabei fügte er eine Zeichnung mit den Stellungen der russischen Regimenter hinzu – als auch den Sturm selbst, mit Angaben über die feindlichen Verluste: zwanzigtausend Gefallene und Gefangene. In fünf Stunden hätten sich die Gefechtsverluste der Türken auf zehntausend Mann belaufen!

Sofort nach der Eroberung der Festung meldete Feldmarschall Graf von Münnich der Zarin, dass Prinz Anton Ulrich ständig neben ihm in der Mitte der Schlacht gewesen wäre und außerordentliche Tapferkeit gezeigt hätte. Im Verlustregister der russischen Armee, gleich nachdem der Feldmarschall die Gefallenen und

Verwundeten aufgezählt hatte, unter ihnen waren fünf Generäle, verzeichnete er insbesondere die Blessuren Anton Ulrichs: eine Kugel hatte seinen Kaftan durchschossen, einem seiner Pferde wurde das Ohr verwundet, der Page Bock wurde totgeschlagen, der zweite Page verwundet und ein Pferd wurde getötet. Münnich erwähnte auch seine eigenen Verluste: der Hut, der Kaftan und die Schabracke wurden durchschossen und zwei seiner Pferde wurden getötet. Schon nach zwei Wochen schlug der Feldmarschall Anton Ulrich für den Dienstgrad des Generalmajors vor und beschrieb dabei sein militärisches Verhalten während des Feldzuges und der Schlacht ausführlich. Er hob hervor, dass der Prinz trotz schwerer Bedingungen, alle Schwierigkeiten standhaft gemeistert habe und nie in der Karosse gefahren, sondern immer geritten sei, „so – wie es sich einem alten Soldaten gebührt." Während des Feldzuges sei der Prinz stark geworden, und sogar sein Äußeres habe sich verändert. Münnich betonte oft, dass er persönlich immer für den Prinzen gesorgt habe, und fügte auch hinzu, dass der Prinz die Militärkunst praktisch begriffen habe. Er habe Sitzungen des Kriegsrates beigewohnt, sich mit allen Gefechtsbefehlen vertraut gemacht und er habe mit Münnich zusammen an den wichtigsten Inspektionsreisen teilgenommen. Von seiner Tapferkeit zeugt der heldenhafte Sturm auf die Festung Otschakow. „Er hat dort wie ein alter erfahrener General gehandelt." Der Feldmarschall lobte auch die Offiziere aus der Suite des Prinzen – den Oberstleutnant von Heimburg und den Major von Keyserlingk. Und die Zarin selbst benachrichtigte Herzogin Antoinette Amalie, dass ihr Sohn sich während der Kampagne ruhmvoll und tapfer hervorgetan habe.

Die Militärkarriere Anton Ulrichs fing also glänzend an. Wie der weitere Werdegang in Russland auch sein möge, der gute Ruf als kühner Krieger war ihm für immer sicher. Viele Teilnehmer des Feldzuges bestätigten seinen Mut.

Am 31. Oktober kehrte der Prinz nach St. Petersburg zurück. Er stand jetzt im Ruf eines furchtlosen Kriegers und erhielt dafür in ganz Russland hohe Anerkennung. Die Zarin äußerte ihm gegenüber ihre gnädige Gewogenheit mit dem allerhöchsten Kuss, und ließ über Biron dem Prinzen erklären, dass er „nahe an der Person Ihro Majestät vor allen anderen am Hofe halten möchte."

Ernst Johann Graf von Biron, der seit dem 24. Juli 1737 Herzog von Kurland war, machte Anton Ulrich seine Aufwartung und verbrachte beinahe zwei Stunden in seinem Haus, was als Zeichen seiner höchsten Verehrung galt. Was die Prinzessin Anna Leopoldowna betraf, so blieb ihr Verhältnis zu Anton Ulrich scheinbar unverändert. Legationssekretär Groß meldete eine Woche nach der Rückkehr des Prinzen: „Die Prinzessin ist noch immer von sehr wechselhaftem Humor und dem Prinzen nicht abgeneigt, aber es ist weiter nichts vorgefallen, was in der „Hauptsache" einen Ausschlag geben konnte."

Anfang 1738 begann der Prinz sich auf einen neuen Feldzug vorzubereiten. Kurz davor an ihrem Geburtstag zeichnete die Zarin Prinz Anton Ulrich mit dem Höchsten, so lange ersehnten Orden des Reiches, mit dem Andreasorden, aus. Gleichzeitig hatte sie Anton Ulrich zum Premier-Major des Ssemjonowski Garderegimentes ernannt. Mit Stolz schrieb er darüber dem Bruder. (Der Rang des Premier-Major der Garde entsprach dem Rang des Generalmajors der Armee.) Anfang März machte sich der Prinz auf den Weg. Diesmal bestand sein Tross aus 14 Schlitten mit Bagage und Lebensmitteln. Für die Reisekosten bewilligte die Zarin wie im vorigen Jahr 10.000 Rubel und ließ in die Suite auch Hofmedicus Jacmin aufnehmen.

Aller Wahrscheinlichkeit nach war der Prinz in Begleitung seines neuen Pagen, Karl Hieronimus von Münchhausen, der später aufgrund seiner lustigen unwahrscheinlichen Geschichten als Lügenbaron weltbekannt wurde. Der siebzehnjährige Münchhausen kam mit einem weiteren Pagen in Russland an, nachdem zwei der Vorgänger im Sturm gegen die türkische Festung Otschakow gefallen waren. Der Prinz hatte seinen Bruder, Herzog Karl, gebeten, ihm zwei neue Pagen zu schicken. Es dauerte einige Zeit bis zwei Freiwillige, die ins unbekannte kalte

Russland fahren wollten, gefunden wurden. Die zwei Freiwilligen verließen Wolfenbüttel am 2. Dezember 1737 – die Erzählungen Münchhausens fangen mit den Worten an: „Ich trat meine Reise nach Russland von Haus ab mitten im Winter an …" – und kamen in St. Petersburg Ende Januar 1738 an.

Der Prinz, der im vorjährigen Feldzug schon einige Erfahrungen gemacht hatte, führte jetzt das Kommando über eine Truppe, die aus drei Regimentern bestand. Im Fürstentum Braunschweig-Wolfenbüttel ging man jetzt davon aus, dass Prinz Anton Ulrich durch seine hohe Stellung in der russischen Armee das höchste Vertrauen der Zarin genieße, so dass einer Ehe mit Anna Leopoldowna nichts mehr im Weg stünde.

Der Feldzug von 1738 war besonders beschwerlich und brachte nicht das gewünschte Ergebnis. In der Schlacht am Fluss Bilotsch, den 14. August, schützten die Regimenter des Prinzen die rechte Flanke der Artillerie, die ihre Stellung nicht zur rechten Zeit beziehen konnte. Gerade an dieser Stelle setzte der entscheidende Schlag der türkischen Kavallerie an. Die Truppe des Prinzen wehrte diesen Angriff der Türken ab. Dann wurden Kanonen eingesetzt und der Feind, mit den Worten Münnichs, wurde „wie Raff geworfelt", und das bedeutet wohl nach heutigem Sprachgebrauch „zerfetzt".

In einem Brief an Keyserlingk beschrieb der Prinz kurz einen erfolgreichen Gegenangriff der russischen Armee und bedauerte, dass er sich daran nicht beteiligte, weil seine Truppe eine andere sehr schwierige Aufgabe habe lösen müssen. Anton Ulrich sprach die Hoffnung aus: „Es werde mir Gott Gelegenheit geben, mich in dieser Campagne zu distinquiren." Auf diese ehrgeizigen Zeilen, die, mit der Hand seines Sekretärs oder Adjutanten geschrieben wurden, folgte ein eigenhändiger, sehr offenherziger und vertraulicher Zusatz ganz nach der Art, wie er sich nur Keyserlingk anvertraute: „… der Feind ist von uns geschlagen worden! Ich hätte aber kaum diesen schrecklichen Kampf überstanden, wenn ich nicht die Vorstellung gehabt hätte, dass ich die Zuneigung der tugendhaften Prinzessin bekomme."

Anfang des Jahres 1739 wurde endlich die Vermählung beschlossen. Seit November 1738 wurde die größte Aufmerksamkeit im Briefwechsel zwischen Groß und Geheimrat August Adolph von Cramm den Eheplänen eingeräumt, und seit Februar sind alle Briefe des Legationssekretärs Groß mit Spekulationen über die so gewünschte Eheschließung ausgefüllt. Biron stand den braunschweiger Interessen, wie schon immer im Wege. Entweder konnte Groß dessen Verhalten nicht durchschauen oder Biron konnte sich selbst nicht entscheiden. Vermutlich wollte er seinen eignen Sohn, Prinz Peter, mit Anna Leopoldowna oder mit einer anderen Braunschweiger Prinzessin verheiraten, vielleicht seine Tochter, Hedwige Elisabeth, mit einem der Braunschweiger Prinzen zu vermählen.

Was Prinzessin Anna Leopoldowna betraf, so dachte niemand je daran, sie nach ihren Wünschen zu fragen. Die Ehe war ein Teil der Staatspolitik, und ihre Zustimmung brauchte man nur „pro forma". Groß erwähnte mehrmals, dass eine Weigerung Anna Leopoldownas die Zarin schrecklich erzürnen würde. Biron fand wohl Vergnügen daran, die „Partei des Prinzen Anton Ulrich" zu necken. Nachdem er dem Prinzen seine Hilfe versprochen hatte, versetzte er eines Tages den Hof von St. Petersburg in Erstaunen, als sein eigner Sohn auf einem Ball in einem Anzug aus demselben Stoff und der gleichen Farbe wie das Kleid der Prinzessin Anna Leopoldowna erschien. Groß schrieb, dass alle auswärtigen Minister erstaunt, „Wichtige Persönlichkeiten von Russland" empört, und sogar Lakaien „entsetzt" gewesen seien.

Nach diesem Vorfall spekulierte Groß darüber, ob Biron für sein Verhalten die Zustimmung der Zarin und der Prinzessin eingeholt hätte. In seinem Schreiben nach Braunschweig an Geheimrat von Cramm äußerte sich Legationssekretär Groß über die Familie des Grafen von Biron: „Hass der ganzen Russischen Nation steht jetzt hinter dem Namen Biron." Nach all diesen undurchschaubaren Ehespekulationen, schickte der Wiener Hof einen energischeren Minister nach St. Petersburg, den Marquis

Botta d'Adorno, der möglicherweise auf die russische Regierung größeren Druck ausüben könnte und der geplanten ehelichen Verbindung endlich mehr Anschub geben sollte. Graf von Ostein wurde nach Wien abberufen.

Wichtige Informationen über die wahren Absichten der Zarin sollte d'Adorno in Zukunft von einer dem Grafen Biron nahe stehenden Person erhalten. Nach Groß habe Keyserlingk immer die Interessen des Prinzen Anton Ulrich befolgt, er habe alle Informationen über Biron an den Grafen von Ostermann weitergegeben. Mit diesem Mann also teilte der neu angekommene Botta d'Adorno seine Bemühungen, die „Hauptsache" voranzutreiben. Russland sollte nun endlich über das Welfenhaus von Braunschweig her in die österreichische Politik eingebunden werden. Anfang März nahm sich die Zarin der Sache an. Während der Abschiedsaudienz des Grafen von Ostein erklärte sie ihm gegenüber, dass sie für das Glück des Prinzen Anton Ulrich persönlich sorgen werde. Der erfreute Groß schrieb darüber sofort an den Hof in Wolfenbüttel, aber auch darüber, dass eine Verzögerung wegen des Eigensinns der Prinzessin möglich wäre.

Unter dem Druck der Ereignisse begab sich Biron zur Prinzessin, um sich davon zu überzeugen, dass ihre Abneigung gegen den Prinzen nicht verflogen sei. Prinzessin Anna Leopoldowna machte sofort eine hysterische Szene und bat Biron unter Tränen, für Anton Ulrich keine Fürsprache einzulegen. So war sich Biron seiner Sache gewiss und ließ Prinz Peter, seinen Sohn, der Prinzessin einen Heiratsantrag machen. Diese wollte nur, dass man sie in Ruhe ließe und jagte den fünfzehnjährigen Prätendenten grob hinaus. Birons Stolz war verletzt. Nicht gewohnt Beleidigungen hinzunehmen, gedachte er Anna Leopoldowna derart zu bestrafen, dass sie ihr ganzes Leben daran leiden sollte. Voller Wut ging er zur Zarin und erklärte, es sei höchste Zeit Anna Leopoldowna mit Anton Ulrich zu verheiraten, wie es schon seit langem geplant wäre.

Die Zarin unterrichtete Herzog Karl Leopold von Mecklenburg-Schwerin von der bevorstehenden Hochzeit und bat ihn, der Tochter seinen väterlichen Segen zu geben. In seiner Antwort aber zählte der Herzog, wie 6 Jahre zuvor, alle ihm vom Haus Braunschweig zugefügten Beleidigungen auf und verkündete, seine Einwilligung zu dieser Ehe nur dann zu geben, wenn der ihm entstandene territoriale und materielle Schaden kompensiert werde. Durch ein letztes Schreiben forderte die stark verärgerte Zarin den Herzog auf, der Tochter, die an seinem Unglück nicht schuld sei, doch seinen Segen zu geben. Was seine Forderungen betreffe, so könne Russland ihm nur mit gutem Rat zur Seite stehen.

Aber Karl Leopold gab seinen Segen nicht. Er verlangte die Erneuerung des im Jahre 1716 mit Peter I. geschlossenen Bündnisses, welches Militärhilfe von Russland garantierte. Damit war klar, dass sich Anna Leopoldowna ohne den Segen ihres Vaters trauen lassen musste.

In St. Petersburg begann man mit den Vorbereitungen zur Hochzeit. Die Zarin setzte das Datum auf den Mai fest, und äußerte den Wunsch, die Braut mit der eigenen Equipage in die Kirche zu bringen, und danach den Bräutigam auf die gleiche Weise abzuholen. Legationssekretär Groß schrieb darüber nach Braunschweig, es wäre „sehr viel vorteilhafter und wichtiger ... vor den Augen aller hiesigen hohen Ministern und vornehmsten Standes Personen", dass Anton Ulrich mit der Festtagsequipage des Braunschweiger Hofes in Begleitung seines Bruders, des regierenden Herzogs Karl, käme. Außerdem gab er den Rat, apfelgraue Schimmel einzuspannen, weil die Zarin Pferde dieser Farbe liebe. Also begann man die Braunschweiger Paradekutsche zum Transport nach St. Petersburg vorzubereiten. Im Archiv gibt es eine „Rechnung über die von des Prinzen Anton Ulrichs Durchlaucht reparierte Große Staatskarosse."

Aus Wolfenbüttel wurden Hochzeitsgeschenke nach St. Petersburg geschickt. Da waren Ringe, Armbänder, Haarnadeln, Tabaksdosen, Ohrringe – insgesamt für 145.550 Reichsthaler;

darunter gab es „ein Paar Ohrgehänge mit großen Brillianten und in jedem 3 kostbare Birnperlen." Auf dem Gemälde, dass sich in Schloss Marienburg bei Hannover befindet, ist Anna Leopoldowna mit eben diesen Ohrgehängen dargestellt. Ein Teil des Schmucks und der Kleidung, im Wert von 100.000 Gulden, wurde in Wien bestellt. Im Mai war man mit den Vorbereitungen noch nicht fertig, und die Vermählung wurde auf den Sommer verschoben. Herzog Karl I. von Braunschweig-Wolfenbüttel kam jedoch nicht nach St. Petersburg, sondern schickte Geheimrat von Cramm als seinen bevollmächtigen Vertreter.

Die Brautwerbung fand im Rahmen einer Zeremonie am 13. Juli 1739 im großen Saal des Palastes in Anwesenheit des ganzen Hofes und des diplomatischen Korps statt. Im Namen des Kaisers des Heiligen Römischen Reichs, Karl VI., bat Botschafter Botta d'Adorno, die Zarin Anna Iwanowna um die Hand der Prinzessin Anna Leopoldowna für den Prinzen Anton Ulrich. Anna Iwanowna gab ihre gnädige Einwilligung. Daraufhin betrat Anton Ulrich den Saal und wandte sich an die Zarin mit der Bitte, ihm Prinzessin Anna „zu ... Gemahlin allergnädigst zu widmen", mit dem Gelöbnis: „sie lebenslang mit zärtlichster Liebe und Hochachtung zu verehren." Der Zettel mit dem von Anton Ulrich eigenhändig geschriebenen Entwurf dieser Bitte, befindet sich noch heute unter seinen nachgelassen Papieren.

Lady Rondeau, die der Feier im Thronsaal beiwohnte, beschrieb einer Freundin die ganze Zeremonie sehr ausführlich: „Der Bräutigam trug ein weißes mit Gold gesticktes Kleid, sein eigen schönes langes Haar, in Locken und ganz loshängend, und ich konnte nicht umhin, zu denken, dass er wie ein Schlachtopfer aussähe. Hierauf führten der Oberhofmarschall und der Prinz Czercaßkoi die Prinzessin herein, die dicht vor Ihrer Majestät stille stund. Die Zarin verkündete ihr, dass sie ihre Einwilligung zu ihrer Vermählung mit dem Prinzen gegeben hätte. Hierauf schlug die Prinzessin die Arme um den Hals ihrer Tante, und fing an zu weinen. Ihre Majestät blieben einige Zeit in einer gesetzten

Ernsthaftigkeit, endlich aber flossen ihre Tränen auch. Ihre Majestät fasste sich, zog einen Ring von dem Finger der Prinzessin, und einen von dem Finger des Prinzen, tauschte sie, und gab ihr den seinigen und ihm den ihrigen. Dann kam Prinzessin Elisabeth Petrowna, die Braut zu küssen, und umarmte sie unter einen Strom von Thränen. Die Zarin riss sie weg, und die Prinzessin trat zurück, anderen zum Handküsse Platz zu machen. Sie weinte die ganze Weile. Der Prinz unterstützte sie und sahe wirklich über ihre so Heftige Betrübniß ein wenig einfältig aus."

Am nächsten Tag fand in der Kasaner Kirche die Trauung statt. Am Newa-Ufer und den Prospekt entlang wurden Garde- und Armeeregimenter aufgestellt. Der Bräutigam kam in seinem eigenen Wagen, die Braut wurde von der Zarin geleitet.

Die Jungvermählten hörten die Begrüßungsrede „ihres treuesten Dieners und Beters" Amwrosij Bischof von Wologda, der alle großen Vorfahren des Bräutigams und der Braut hochachtungsvoll aufzählte und beinahe bei Adam und Eva begann. Dabei erwähnte er, dass die Herzöge von Mecklenburg von slawischer Herkunft seien. Diesem Geschlecht gehöre „Pribyslav II., der letzte König der Vandalen und der erste von den Strahlen der Christlichen Glaube beleuchtete Prinz" an. „Und was war deine Mutter?", richtete sich der Bischof an die Braut, „darüber braucht man nicht zu sprechen, weil sie einem jeden es bekannt ist." Bischof Amwrossij schloss seine Gratulation mit der Hoffnung, dass dieser Ehe „große Gunst für das Vaterland nachfolgt." Die Hochzeitsrede wurde von Trediakowskij ins Lateinische übersetzt und erschien später in einer Auflage von 300 Exemplaren.

Nach der Ehezeremonie salutierte die Artillerie und die Soldaten auf dem Prospekt eröffneten Lauffeuer. Am Abend wurde im Palast ein Ball gegeben, die Straßen, die Paläste und Häuser waren festlich illuminiert, „vor dem Pallais des Herrn Ambassadeurs extraordinaire waren außer einem großen Illumination-Gerüste, drei große Fontainen ausgeführt, aus welchen weißer und rother Wein sprang."

Die Feier dauerte eine Woche lang, und jeder der sieben Tage und Nächte war mit Banketten, Saluten, festlichen Beleuchtungen, Bällen, Konzerten und Maskeraden ausgefüllt. Am letzten Abend begannen Fontänen von Wein zu fließen, „welches nebst einem gebratenen Ochsen dem Volk Preis gegeben wurde."

In der Dämmerung der petersburgischen Sommernacht flimmerten die Lichter des grandiosen Freuden-Feuers. Man hat „in der Ausziierung des heutigen Feuerwercks den Nahmen Gottes in seinem Glantz fürgestellt, von welchem der beyden Hohen Vermahlten in einander gewundene Nahmenszuge (die ein Engel mit einem Myrtenkrantz umgiebet) erleuchtet werden; zu beiden Seiten stehen Rußland und Teutschland in weiblichen Figuren", mit der Überschrift: „Gott füget Sie zusammen". Unten wurde Venus dargestellt, die in einer Muschel durch die Wellen von zwei Schwänen getragen wurde, von Putten und Nereiden umgeben. Das Venus-Gesicht hatte Ähnlichkeit mit dem Anna Leopoldownas.

Der Professor der St. Petersburger Akademie der Wissenschaften, Jakob Stählin, dichtete zum Tag der Eheschließung eine Ode in deutscher Sprache. Wie Bischof Amwrossij in seiner „Gratulationsrede", zählte der Poet zuerst die großen Welfen auf. Danach lobte er den Mut Anton Ulrichs, den dieser auf den Schlachtfeldern gezeigt hatte: „Mein Prinz ... scheut sich nicht vor Feind und Blute, Indem er auf der Türcken Blut den Angriff an der Spitze thut ..." Auch Anna Leopoldowna wurde hoch geehrt „diese schönste Blume auf dem höchsten Zweig", wurde nach Gebühr gewürdigt: „Fort, Venus, fort ...!" In der letzten Strophe wurde das Ziel dieser Ehe formuliert: „Durchlauchtes Haus, brich in erwünschten Zweigen aus!" Um den Kreis der Leser zu erweitern, wurde daneben die russische Übersetzung in Prosa gedruckt.

Auch in Deutschland nahmen sich die Dichter dieses Themas an. Der junge Christian Gellert veröffentlichte schon im Juli eine Ode, in der er seine Genugtuung darüber äußerte, dass „Braunschweigs wärmend Licht bis zum vereisten Don gedrungen ist." In der vorletzten Strophe von insgesamt 19 Strophen hieß es: „Aus deiner Ehe tritt ein Held, ein anderer Peter, in die Welt."

Nachwuchs war aber sobald nicht unterwegs, was den Hof in Wolfenbüttel einigermaßen beunruhigte. Im Oktober teilte Groß mit, dass die Prinzessin noch nicht schwanger sei. In einem weitern Brief bat er sogar um Entschuldigung, weil er die freudige Nachricht noch nicht übermitteln konnte, ganz so, als ob er sich mit dem jungen Paar zugleich verantwortlich fühlte. Über die Ursache „der Schwachung" des Prinzen schrieb Groß delikat: „Ewer Excellenz wissen selbsten die Folgen derer fatiquen neuen Ehe Mannes, besonders nach den Umständen des Prinzes Anton Ulrichs." Zur Hilfe wurde der treue Keyserlingk herbeigerufen, der dem Prinz Anton Ulrich eine heylsame Instruction über die Pflichten einer Ehe geben sollte.

Zu allem Ärgernis entstand noch ein weiteres Problem, das so nicht voraus zu sehen war. Anna Leopoldowna schenkte Prinz Peter von Biron, der im Winter noch als Bräutigam abgelehnt worden war, immer mehr Aufmerksamkeit. Groß meldete immer öfter, die Prinzessin tanze mit dem Prinzen Peter, fahre mit ihm Schlitten, und er verbringe „einige Stunden allein bei ihr." Das alles ärgerte die Zarin, die möglichst schnell einen Thronfolger zu sehen wünschte. Mit Verdruss schrieb Groß auch über diverse Taktlosigkeiten des Prinzen Anton Ulrich. So kam er beispielsweise in schwarzer Kleidung in den Palast, obwohl ein jeder wissen sollte, dass die Zarin diese Farbe nicht mochte. Der Prinz stürzte sich außerdem in hohe Schulden. Von seiner Sparsamkeit, über die Münnich einstmals geschrieben hatte, war nichts mehr zu erkennen. Die Bankiers in St. Petersburg, denen er 20.000 Rubel schuldig war, wollten ihm keinen weiteren Kredite gewähren. Und als sich der Prinz einmal eine Pelzmütze nähen lassen wollte, verweigerte der Kürschner den Auftrag, es sei denn, der Prinz bezahle im Voraus. Wie immer half der treue Keyserlingk seinem Prinzen aus der Klemme.

Es entstand Zwietracht in der Ehe des jungen Paares. Anton Ulrich versuchte sich nichts anmerken zu lassen, aber der rachsüchtige Biron ließ die Zarin darüber nicht im Ungewissen. Zarin Anna Iwanowna bestellte den Prinzen zu sich und machte ihm seine Verschlossenheit zum Vorwurf. Er sei mit fremden Leuten aufrichtiger als mit ihr, der Zarin, die ihn wie einen Sohn liebe. Der schadenfrohe Biron erzählte von Keyserlingk, dass Anna Iwanowna die Absicht habe, das junge Paar nicht mehr an ihre Tafel einzuladen. Dies bedeutete höchste Ungnade.

Der Besuch des holsteinischen Oberkammerherrn, von Bredel, versetzte Groß und den Braunschweiger Hof erneut in ziemliche Aufregung. Groß vermutete, dass dieser Besuch mit dem plötzlichen Interesse der Zarin an dem jungen Prinzen von Holstein, Karl Peter, dem Sohn Anna Petrownas und dem Enkel Peters I., verbunden sei. Falls Prinzessin Anna Leopoldowna kinderlos bliebe, sollte dieser Zweig der Zarenfamilie wohlmöglich den Thron erben. Zu den einzigen Vertretern dieser Linie zählten Prinzessin Elisabeth Petrowna in Russland und Prinz Karl Peter in Holstein. Aufgeregt meldete Groß nach Braunschweig, wie sich der Holsteinische Gesandte in Petersburg mit Lobreden eingeschmeichelt habe, indem er Karl Peter als einen „Fürsten von großer Genie" charakterisierte. Groß schrieb auch, dass die Zarin Anna Iwanowna die verstorbene Herzogin von Holstein, Anna Petrowna, immer hoch geachtet habe. Anna Petrowna habe der Zarin viel Gutes erwiesen, als sie noch als arme Witwe in Kurland lebte. Und jetzt fühlte sie sich dem zwölfjährigen Waisenkind, das im Säuglingsalter seine Mutter und in diesem Jahr 1739 auch den Vater verloren hatte, verpflichtet.

Alle Besorgnisse verloren jeden halt, als sich die Hoffnung der Zarin erfüllte. Am 13. August 1740 gebar Anna Leopoldowna den ersehnten Sohn. Zarin Anna Iwanowna benachrichtigte erfreut Herzog Karl I. in Wolfenbüttel. In ganz Russland wurde anlässlich dieses Ereignisses Dankgottesdienste abgehalten und Kirchengeläut befohlen. Voller stolz erhielt der Neugeborene den Namen Iwan, zu Ehren des Urgroßvaters.

Alles schien seinen gewünschten Gang zu gehen, als sich neue Betrübnisse ankündigten. Legationssekretär Groß erwähnt in einem Brief vom 27. September zum ersten Mal, dass die Zarin schon seit längerem an Krampfanfällen leide. Die Ärzte hatten sie untersucht und waren schließlich zu der Überzeugung gelangt, dass diese Anfälle von harmloser Natur seien und sich bald legen würden. Aber schon im nächsten Schreiben musste Groß von Ohnmachtsanfällen Anna Leopoldownas berichten. Diese Anfälle seien „d´une passion histerique", also hysterischer Natur, und dazu passt, dass der Hofmedicus der erschreckten Zarin nichts besseres zu melden wusste, als dass die Prinzessin „auf den Tod krank sei, und die letzte Ölung verlange."

Biron, seit seiner missglückten Intrige gegen die Hochzeit ein geradezu natürlicher Feind des Paares, konnte seine Freude über diese Nachricht kaum verbergen und vertrat öffentlich die Meinung, dass an der Nervenkrankheit die Abneigung der Prinzessin gegen ihren Gemahl schuld sei. Groß setzte alles daran dieses böse Gerücht zu vertreiben. Er versicherte dem Hof in Wolfenbüttel, die Prinzessin sei mit dem Prinzen sehr vertraut, küsse ihn in Anwesenheit von Zeugen und lasse auf jede Weise ihre Liebe merken. Die wahre Ursache ihrer Anfälle sei vielmehr ihre Betrübnis über das Leiden der Tante und die Krankheit ihrer lieben Freundin, dem Hoffräulein Juliane von Mengden, sowie eine allgemeine Frauenunpässlichkeit. Auf alle Fälle verschlimmerte sich der Gesundheitszustand von Anna Leopoldowna glücklicherweise nicht. Der Zarin hingegen ging es von Tag zu Tag schlechter. Am 16. Oktober hatte sie einen so schweren Anfall, dass sie in Ohnmacht fiel. Durch diesen Vorfall erkannte sie, wie ernst ihr Zustand und wie kompliziert die Lage ihres Reiches war.

Ohne zu zögern fragte sie Vizekanzler Graf von Ostermann, den einzigen, den sie in Angelegenheiten von so hoher staatspolitischer Bedeutung Vertrauen schenkte, was zu tun sei. Der riet ihr eindringlich, die Nachfolge mit aller Entschiedenheit zu regeln, alle weiteren Probleme seien nachrangig, aber diese Frage hatte schon die Gedanken Peters I. in seinen letzten Lebensjahren beschäftigt. Eine Krise wie die nach seinem Tod sei unbedingt zu vermeiden. Diesen Rat befolgend, wurde ein Manifest veröffentlicht und in allen Kirchen St. Petersburgs und weit in die Provinz verlesen und bekannt gemacht.

„Wir ... verordnen nach uns zum rechtmäßigen Erben unsers Russisch-Kayserlichen Thrones und Kayserthums, unsern geliebtesten Enkel den Prinzen Iwan (Johann), so von unserer leiblichen Nichte, Ihro Hoheit der Prinzessin Anna Leopoldowna, aus ihrer Ehe mit dem Durchlauchtigsten Prinzen Anton Ulrich von Braunschweig-Wolfenbüttel. Und im Fall nach dem Willen des Allerhöchsten, dieser unser geliebter jugendlicher Enkel und Groß-Fürst Iwan ohne rechtmäßige Leibes-Erben sterben sollte, so verordnen wir dann zum Nachfolger im Reiche seinen Bruder und im Fall auch dieser mit Tode abgehen sollte, die andern aus dieser Ehe entsprossenen Prinzen."

Aufmerksamen und nachdenklichen Beobachtern unter den Zeitgenossen konnte nicht entgehen, welche Konsequenzen mit dem Verweis auf die „aus dieser Ehe entsprossenen Prinzen" verbunden waren: Sie banden den russischen Thron derart mit dem Welfenhaus zusammen, dass auch im Falle einer Scheidung und neuer Verheiratung Anna Leopoldownas, alleine die männlichen Nachkommen aus dieser Ehe mit Anton Ulrich Anspruch auf den Zarenthron, beziehungsweise die Nachfolge hatten. Gleiches galt auch im Falle des Todes Anton Ulrichs, und überhaupt war durch dieses Manifest, die durch den braunschweiger Prinzen und seine mecklenburgisch-russische Frau begründete Linie, Träger des künftigen Zarengeschlechts geworden.

Es ist anzunehmen, dass Ostermann den Text verfasst hat. Ausgeschlossen, dass ihm, einem Mann von größter politischer Erfahrung, unübertroffen im redigieren offizieller Dokumente, die ganze Tragweite dieser Bestimmung entgangen wäre. Der tragische Aspekt hingegen, den die Nachfolgeverfügung für die Geschwister Iwan Antonowitschs bereit hielt, war zu diesem Zeitpunkt in seiner

Dramatik nicht erkennbar – der Umstand, dass er sie automatisch allen Personen, die im Laufe der nächsten Jahrzehnte durch das Recht des Stärkeren den Thron bestiegen, zu erklärten Feinden machte, die es um jeden Preis zu kontrollieren galt.

Die Lage wurde inzwischen kritisch. Die Ärzte konnten die schweren Leiden der Zarin nicht mehr lindern. Das Problem, wer nach ihrem Tod an die Regierung kommen sollte, stand weiterhin zur Diskussion. Große Männer, von denen die Entscheidung abhing, teilten sich in zwei Parteien. Die eine Partei wurde von Ostermann angeführt der seiner Krankheit ungeachtet, von morgens bis abends in einem tragbaren Sessel im Winterpalast zu Gesprächen weilte. Seine politische Nähe zu den Höfen in Wien und Wolfenbüttel ließ vermuten, dass er eine Regentschaft Anton Ulrichs unterstützte. Groß bezeichnete Ostermann und dessen Parteigänger als „Wohlgesinnte". Die andere Partei wurde von Feldmarschall Graf von Münnich geführt. Dieser fühlte sich von Wien übergangen, weil der Friedensschluss bei Belgrad (1739) seine Siege gegen die Türken entwertet hätte. Der Feldmarschall rechnete darauf, dass er bei Hofe die erste Geige spielen werde, falls statt des Prinzen seine Gemahlin Regentin würde. Der Sohn Münnichs war mit Aurora von Mengden, der Schwester der liebsten Freundin der Prinzessin liiert. So hatte von Münnich die Möglichkeit, mit Anna Leopoldowna ohne Mühe heimlich zu verhandeln. Diese Partei bezeichnete Groß natürlich als „Übelgesinnte". In seinem Bericht nach Braunschweig steht besorgt: „Es ist Wahrscheinlich, dass nach dem Todesfall Ihro Majestät die beiden Parteien die Sache nicht anders als durch Gewalt werden lösen können."

Es mangelte auch offenbar an gutem Einvernehmen zwischen den Eltern des kleinen Thronfolgers Iwan. Gewöhnlich behauptete Groß in seinen Briefen, dass die Gerüchte vom kühlen Verhalten, gar vom Hass der Prinzessin gegen ihren Ehemann, von „Übelgesinnten" geschürt wurden. Jetzt musste er in seinen Briefen die rosige Farbe weglassen und endlich die Wahrheit reden: „So viel ist gewiss, dass alle Kabinett-Minister und Graf von

Münnich schon bei Ihro Hoheit der Prinzessin Anna Leopoldowna gewesen sind und Ihro Hoheit haben dem Prinzen Anton Ulrich nicht erlaubt beizuwohnen, was natürlich Unruhe stiftet." Weiter schrieb Groß in seinem Bericht, dass der Prinz keinen freien Zutritt zu Anna Leopoldowna habe, nicht einmal bei Verhandlungen. Seit langem schlafe er nicht mehr im Schlafzimmer seiner Ehefrau. Prinz Peter von Biron aber speise häufig mit Prinzessin Anna Leopoldowna. „hingegen seit einem Jahr hatten sie nicht mit ihrem Gemahl gespeiset." Zur sterbenden Zarin wurde Anton Ulrich auch nicht gelassen, doch sie selbst dachte an ihn, lies ihn zu sich kommen und „hat sehr wohl und gnädig Seine Durchlaucht Glückwunsch angenommen und seine Danksagung wegen des neuen Großfürsten."

Ungeachtet aller Schwierigkeiten hatte Anton Ulrich wohl fast keine Chance einmal Regent zu werden. Groß verstand das sehr gut. „Es ist bekannt welches Talent Anton Ulrich hat und welches nicht. Die Prinzessin Anna Leopoldowna bekommt von ihm alle Geheimnisse heraus ohne dass die Prinzessin die Ihrigen zu sagen braucht." Das stimmte ganz mit dem Bericht des französischen Gesandten, von Chetardie, überein, der schrieb, dass Prinzessin Anna das Vertrauen des Prinzen von Braunschweig missbrauche.

Geheime Unterhaltungen einiger Minister mit Anna Leopoldowna weckten bei Groß Verdacht: „Ihro Hoheit die Prinzessin werden zur Regentin von Russland erklärt werden, allein, und mit Ausschließung des Prinzen Anton Ulrich." Gleichzeitig äußerte er seine Hoffnung: „Wenn der Tod Jhro Majestät der Zarin erfolgt, dann wird der Hass der russischen Nation gegen Graf von Biron, Herzog von Kurland ausbrechen und der Prinz Anton Ulrich kann davon profitieren."

Biron begriff sehr gut, dass seine Position nach dem Ableben der Zarin wanken könnte. Ohne Unterstützung der russischen Adligen und ohne einen wichtigen Staatsposten bekleidet zu haben, wäre der mächtige Günstling auf verlorenem Posten. Das verstanden auch alle Kabinettsminister und auch Feldmarschall

Graf von Münnich. Keiner von ihnen wünschte Biron als neuen Regenten Russlands. Aber alle legten paradoxerweise das Schicksal des Reiches, und auch ihr eigenes Schicksal, gerade diesem Mann in die Hände. Zum Herzog von Kurland gab es keine Alternative. Schon damals schien verwunderlich, dass die Eltern des minderjährigen Thronfolgers als Regenten nicht in Erwägung gezogen wurden. Immerhin war Anna Leopoldowna noch immer krank, und vor drei Wochen waren die Ärzte noch überzeugt gewesen, dass sie sterben müsse. Die Regentschaft in die Hände Anton Ulrichs zu legen, hätte eine unermessliche Steigerung des Einflusses Ostermanns bedeutet. Eine solche Wendung wäre Münnich ganz und gar unerwünscht gewesen, weil er schon lange in Opposition zum Vizekanzler stand.

Zu guter Letzt kam es dazu, dass fast alle Kabinettsminister mit Unterstützung Münnichs sich mit der Bitte an die Zarin wendeten, im Fall ihres Ablebens Biron zum Regenten zu machen. Sie wurden dabei von vielen anderen Höflingen unterstützt – vom Fürsten Kurakin, vom Generalprokurator Fürst Trubezkoj und vom Chef der Geheimkanzlei, General Uschakow. Der vorsichtige Graf von Ostermann hielt sich bedeckt.

Die sterbende Zarin Anna Iwanowna gab ihre Einwilligung nicht gleich. Letztendlich aber blieb ihr keine Wahl. Also unterschrieb sie den Erlass der die Regentschaft Birons regelte. Am nächsten Tag, den 28. Oktober 1741, gegen 10 Uhr am Abend schloss die Zarin Anna Iwanowna ihre Augen für immer. Die Obduktion der Leiche ergab, dass die Todesursache nicht ihre Krampfanfälle, sondern ein Nierenstein war.

Wie auch Chetardie seiner Regierung in Frankreich mitteilte, haben Anna Leopoldowna und Anton Ulrich nach dem Tod der Zarin die ganze Nacht an der Wiege ihres Sohnes verbracht. Am nächsten Tag wurde der Säugling, Zar Iwan VI., in den Winterpalast geholt. Hohe geistliche und weltliche Persönlichkeiten leisteten dem neuen Zar den Treueid, indem sie das Kreuz küssten und eine so genannte „Treueliste" unterschrieben. Anton Ulrich unterschrieb die „Eidesformel" als Oberstleutnant des Garderegiments. Schon zum zweiten Mal, in dreißig Jahren, befand sich ein Kind auf dem Thron des russischen Reiches, ein Spross der Welfenfamilie, die im 18. Jahrhundert bereits in viele andere regierende Häuser Europas eingeheiratet hatte.

Der Regent Graf von Biron, Herzog von Kurland, begann seine Regierung mit einer Amnestie für einige Verbrecher und mit der Herabsetzung einiger Abgaben. Damit versuchte er sich beliebt zu machen, aber das sollte ihm nicht gelingen. Viele Adlige fühlten sich beleidigt, die Macht in Russland auf die nächsten siebzehn Jahre (bis zur Volljährigkeit des Zaren) in die Hände eines Mannes gelegt zu sehen, dessen einziges Verdienst in einer Liebesbeziehung zur verstorbenen Herrscherin bestand. Gardeoffiziere zeigten offen ihre Empörung und bedauerten, dass nicht Anton Ulrich, der bei ihnen große Autorität besaß, an die Regierung kam. In Unterhaltungen, die auch auf den Straßen von St. Petersburg geführt wurden, wollten Gerüchte nicht verstummen, dass das Testament der Verstorbenen gefälscht sein müsse. Anders konnte man eine so sonderbare Verfügung nicht erklären, durch die Graf von Biron in den Besitz grenzenloser Macht gelangte, der Vater des jungen Iwan VI. aber einfach übergangen wurde. Eine Gruppe von Offizieren sprach gegenüber Fürst Tscherkassij offen den Wunsch aus, Anton Ulrich anstelle Birons als Regent einzusetzen. Ein solches Auftreten konnte sich Biron nicht gefallen lassen. Er ließ die Offiziere sofort verhaften und der Folter übergeben. Dann bestellte er Anton Ulrich zu sich ein und beschuldigte ihn des Staatsstreiches. Der preußische Botschafter Axel Baron von Mardefeld hat darüber berichtet, dass es zwischen beiden zu einer lautstarken Auseinandersetzung kam, in der Anton Ulrich nicht nachgab. Mardefeld raisonierte in seiner Schilderung mit Bedauern darüber, wie anders sich manches hätte entwickeln können, wenn der Prinz sich schon zwei Tage vor dem Tod Anna Iwanownas so standhaft und entschlossen gezeigt hätte. Vielleicht wäre er dann testamentarisch zum Regenten bestimmt worden.

Graf von Biron geriet vollkommen außer sich, bedrohte den Prinzen und befahl ihm, auf alle seine militärischen Ränge zu verzichten. Auch dürfe er den Palast zur eigenen Sicherheit nicht verlassen, was einem Hausarrest gleichkam. Biron war erst eine Woche im Amt, als kaum jemand daran zweifelte, dass sich hier ein gefährlicher Diktator neben Russlands Thron zu etablieren im Begriff stand. Leicht könnte das neun Wochen alte Kind Iwan VI. zur „rechten Zeit" sterben, und dem Regenten den Weg auf den Thron freigeben. Mardefeld fügte diesem Schreckensszenario aber eine noch ganz andere Vorhersage über Graf von Birons Regentschaft hinzu: Biron „… war möglichst hoch zur Macht gestiegen, um dann umso tiefer zu fallen. Vielleicht werde sein Sturz viel eher als alle glauben, geschehen. Man versichere mich, dass die Prinzessin und der Prinz von Braunschweig sich nicht beruhigen würden. Mit Hilfe eines guten Ratgebers würden sie dem Regenten die Macht rauben."

Zwei Wochen später stellte sich der gewünschte Ratgeber in Person des Feldmarschalls von Münnich ein, der seiner Entmachtung durch Biron zuvorkommen wollte. Personen, die vor kurzem keineswegs Gleichgesinnte waren, vereinten sich gegen den gefürchteten Regenten. Prinzessin Anna Leopoldowna, Anton Ulrich und Münnich schmiedeten ein Komplott. Noch am Abend speiste der erfahrene Stratege Münnich mit dem Regenten, um in der folgenden Nacht mit einer 80 Mann starken Truppe kaltblütig und entschlossen den Grafen von Biron samt seiner Familie zu verhaften. Am nächsten Tag wurde Biron, nachdem er von den Soldaten ordentlich Prügel bezogen hatte, in die Festung Schlüsselburg, nahe St. Petersburg, verschleppt.

Ein Jahr neben dem Thron

Nach Birons Sturz am 1. Dezember 1740 übernahm Generalfeldmarschall von Münnich als neuer starker Mann die Führung der Staatsgeschäfte. Anna Leopoldowna erhielt den Titel einer „Großfürstin" und wurde Regentin im Namen ihres Sohnes Iwan VI.. Anton Ulrich wurde der zweite (nach A. D. Menschikow) Generalissimus in der Geschichte der russischen Armee. In dem Befehl, mit dem diese Rangerhöhung begründet wurde stand geschrieben, dass eigentlich Graf von Münnich für seine großen Verdienste um die Heimat diesen Rang verdient hätte, jedoch wegen des großen Respekts vor seiner Durchlaucht, Prinz Anton Ulrich, diese große Ehre abgelehnt habe. Das klingt wohl nicht nur aus heutiger Sicht ziemlich eigenwillig.

Graf von Ostermann wurde aus der Politik entlassen und bekam den Ehrentitel des Großadmirals. Fürst Tscherkaskij wurde Kanzler, Graf Golowkin wurde Vizekanzler. Die Nachricht vom Umsturz und der erfolgreichen Absetzung von Birons erreichte Wolfenbüttel 11 Tage danach. Als von Cramm die erfreuliche Botschaft aus St. Petersburg empfangen hatte, schickte er diese mit folgendem enthusiastischem Kommentar an den braunschweiger Premierminister von Münchhausen: „Sit nomen Domini benedictum! Victoria! Bona causa triumphavit. Deo sit laus et gloria! Der Kurländer mit samt seiner Familie sitzt im Arrest in der Festung Schlüsselburg. Die Prinzessin ist Regentin, Prinz Anton Ulrich ist Generalissimus!"

Eine ausführliche Beschreibung der Ereignisse in St. Petersburg sendete Legationsrat Groß an den Wolfenbütteler Hof. Er zeigte sich allerdings auch besorgt, dass Graf von Münnich sich mit dem Rang des Premierministers nicht begnügen werde, in Zukunft vielleicht bestrebt sei, die ganze Macht an sich zu reißen. Da Graf von Ostermann nach Deutschland zurückgekehrt sei, fehle dem Prinzen Anton Ulrich in St. Petersburg eine wichtige Vertrauensperson. Groß bat in seinem Schreiben an den Hof in

Wolfenbüttel, man möge doch einen Bruder des Prinzen in Kurland an die Stelle des gestürzten Grafen von Biron wählen lassen. Ein Braunschweiger Prinz als Herzog von Kurland, würde die Stellung des Generalissimus Anton Ulrich in Russland festigen. Groß hatte dabei den jüngeren Bruder Anton Ulrichs, Prinz Ludwig Ernst im Sinn.

In St. Petersburg führte eine Spezialkommission den Prozess gegen Graf von Biron. Der gestürzte Regent wurde wegen vieler Vergehen angeklagt. Er sollte für alles büßen! Im ersten Punkt der Anklage wurde von den griechisch-orthodoxen Mitgliedern der Kommission geschrieben, dass der lutheraner Graf von Biron die Kirche nie besucht habe. Außerdem habe Graf von Biron den vorzeitigen Tod Anna Iwanownas dadurch zu verantworten, dass er ihr viel zu häufiges Reiten in der Manege noch gefördert habe, anstatt dieses gesundheitsschädliche Amüsement zu verhindern. Weitere Vorwürfe waren, dass Graf von Biron mit der Ankunft Anton Ulrichs in Russland diesen immer gedemütigt, dessen Kriegsverdienste gemindert, und Prinzessin Anna Leopldowna in den Augen der Zarin zu verleumden versucht habe. Überhaupt sei er sehr grob und vulgär gewesen. Durch seine gemeinen Belustigungen, seine unflätigen Spielereien und schändlichen Orgien habe die Autorität der Zarin und deren Macht Schaden erlitten. Den Gipfel seiner Verfehlungen stellten die Nötigung der sterbenden Zarin dar, ihn, Graf von Biron zum Regenten zu machen sowie der Versuch, Prinz Anton Ulrich zum Duell zu fordern.

Sofort nach der Verhaftung wurde sein gesamter Besitz konfisziert. Der Reichtum des Mannes, den die Zarin geliebt und den das ganze Reich gefürchtet hatte, war nicht gering. Ein Teil seiner Schätze war dem Fiskus, ein Teil der neuen Regentin, Prinzessin Anna Leopoldowna und deren lieber Freundin Juliane von Mengden zugefallen. Sie bekam die goldbestickte Kleidung des Grafen von Biron. Die Goldstickerei wurde abgetrennt und zu Schatullen, Leuchtern und Schmucksachen umgearbeitet.

Der Hauptreichtum Graf von Birons, eines leidenschaftlichen Kenners, waren seine Pferde. Frankreichs Botschafter Chetardie berichtet, sie seien dem Prinzen Anton Ulrich angeboten worden, der aber nichts von der Habe seines gestürzten Beleidigers nehmen wollte. Graf von Biron wurde zur Vierteilung verurteilt, schließlich begnadigt und mit seiner Familie nach Sibirien verbannt. In der westsibirischen Kleinstadt Pelym sollte man für ihn, nach einem Entwurf den von Münnich skizziert hatte, ein hölzernes Haus bauen.

Drei Monate nach Biron war auch die Karriere des Premierministers von Münnich zu Ende. Entscheidend war wohl seine mangelnde Bereitschaft, sich der in Machtfragen empfindlichen „Großfürstin" Anna Leopoldowna, die politisch eher desinteressiert war, unterzuordnen. Nachdem von Biron in Sibirien erfahren hatte, dass von Münnich nicht mehr im Amt war, ließ er eine Schmähschrift verbreiten, mit der er von Münnich als Initiator jenes Erlasses der sterbenden Zarin Anna Iwanowna denunzierte, der ihn, von Biron, zum Regenten des gerade geborenen Iwan VI. gemacht hatte. Das brachte ihm zwar keinen Nutzen, aber das Ansehen seines Feindes und vieler hoher Beamter und Personen des höfischen Lebens war ruiniert.

Es wurde ein Prozess gegen all diejenigen angestrengt, die mit der Übertragung der Regentschaft auf von Biron zu tun gehabt hatten. Dies waren außer dem Generalfeldmarschall Kanzler Fürst Tscherkaskij, Präsident des Kommerzienkollegiums von Mengden und viele andere. Nach ihrer Verurteilung wurde ihnen durch ein Manifest vom 25. April 1741, „dank der angeborenen Hochherzigkeit Ihrer Kaiserlichen Majestät und wegen der Berücksichtigung ihrer vorherigen Verdienste" die Strafe erlassen. Für seinen Eifer und geleistete Dienste blieben von Münnich am Ende Demission und öffentliche Demütigung als Dank.

Seit März 1741 war der an den Hof zurückgekehrte Graf von Ostermann der politisch wichtigste Akteur im Staat. Als erfahrener Diplomat und Verwalter empfahl er der Prinzessin das Regierungssystem zu reorganisieren, nicht weniger als viermal in der Woche den Rat unter Teilnahme der höchsten Beamten einzuberufen, Einnahme- und Ausgabenteil des Budgets streng zu regeln.

Anna Leopoldowna besaß zwar eine gewisse Bildung, aber Lebenserfahrung und Menschenkenntnis waren bei der 22-jährigen nicht sehr weit entwickelt. So fehlte ihr auch die Gabe, sich mit energischen und kompetenten Beratern zu umgeben oder sich zur Durchsetzung politischer Ziele Verbündete zu suchen.

Ihren nächsten und stetigen Kreis bildeten Menschen, die in Regierungsfragen keine Hilfe waren: Fräulein Juliane von Mengden, der Wiener Botschafter Botta d'Adorno, Oberhofmeister Ernst von Münnich (der Sohn des Feldmarschalls), und der nach St. Petersburg zurückgekommene Graf von Lynar. Die Regentin verkehrte mit diesen Menschen freundschaftlich und mit Vergnügen, verwandte immer weniger Zeit darauf, sich mit den verschiedenen Staatsproblemen ernsthaft zu beschäftigen. Nach einigen Monaten hatte sie sich fast vollständig vom politischen Geschäft distanziert und beschränkte sich auf das Unterschreiben der ihr vorgelegten Dokumente, die meist unwichtig waren. Anton Ulrich nahm seine Aufgabe als Generalissimus und Vorsitzender des Militärkollegiums besonders zum Anfang sehr ernst. Er wohnte den Sitzungen des Militärkollegiums bei, brachte Gesetzentwürfe in den Senat ein, und versuchte aktiv die Struktur der Truppenteile zu modernisieren. Den Garderegimentern wurden zum ersten Male Regimentlazarette gestiftet, und um die Ausbildung der Offiziere zu verbessern wurde die Kadettenschule seinem direkten Befehl unterstellt.

Regelmäßig inspizierte Anton Ulrich den Bau der neuen Kasernen, wozu er auch Angehörige des Garderegiments abkommandiert hatte. Der französische Gesandte Chetardie berichtete nach Hause darüber, dass die Gardisten, eine an solche Arbeit nicht gewöhnte Elitetruppe, darüber sehr zornig gewesen seien. Auch Anton Ulrich verstand, dass sich mit den in St. Petersburg stationierten Garderegimentern eine politische Gewalt verband, weshalb er einen Leitungsstab einrichtete, dem er präsidierte.

Dem Mangel an politischer Erfahrung suchte Anton Ulrich zu begegnen, indem er fast jeden Tag mit Graf von Ostermann beratschlagte. Nach Chetardie habe Ostermann alles unternommen, die Autorität des Prinzen zu erhöhen. So bereitete er auch die Konversion des Prinzen zum griechisch-orthodoxen Glauben vor. Aber vorläufig hatte der Prinz nirgendwo – nicht in der Armee und nicht in seiner eigenen Familie – reale Macht. All seine Vorschläge brauchten vor allem die Bestätigung der Regentin Anna Leopoldowna. Sie entfremdete sich aber ihrem Mann immer mehr und bei Hofe ging das Gerücht, dass, wenn Anna Leopoldowna im Garten mit Graf Lynar und Juliane von Mengden spazieren gehe, die Torwache den Herrn Gemahl nicht hineinlasse.

Graf von Biron war nicht nur in Verbannung geschickt worden, sondern er war auch seiner Rechte und Würden als Herzog von Kurland verlustig gegangen. So war im Herzogtum ein Machtvakuum entstanden, das es auf irgendeine Art zu füllen galt. Nach wie vor bestand die Idee, einen der jüngeren Brüder Anton Ulrichs zum Herzog von Kurland wählen zu lassen. In diesem Sinne schrieb er an den ältesten, Herzog Karl I. von Braunschweig-Wolfenbüttel: „Nach der Ordnung der Geburt hat unser Herr Bruder Ludwig Ernst, Liebden, den Vorzug." Er bat Karl, alles für die Abreise des Bruders nach Riga, wo die Wahlen zum Herzog stattfinden sollten, vorzubereiten. Offiziell musste aber die Ankunft Ludwig Ernsts in Riga wie ein kurzer Aufenthalt auf dem Wege nach St. Petersburg aussehen. Nach einem Monat wiederholte Anton Ulrich von neuem seine Bitte. Er schrieb eindringlich, dass es mit Biron bald zu Ende ginge. Keyserlingk, der die Lage im Herzogtum Kurland sehr gut kenne, müsse dort Ludwig Ernst Beistand leisten. Aber in der Außenpolitik Russlands spielte das Herzogtum Kurland vorerst keine Rolle.

Im Winter 1740/1741 besetzte der preußische König Friedrich II. das österreichische Schlesien. Es geschah genau zu der Zeit, als der erfahrene Außenpolitiker Ostermann nach der Absetzung Birons durch den ehrgeizigen Feldmarschall von Münnich verdrängt worden war. Dieser Umstand wirkte sich folgenreich auf die russische Außenpolitik aus, als von Münnich durch den Abschluss eines russisch-preußischen Beistandpaktes noch im Dezember 1740, einen Schritt genau in die falsche Richtung ging. Stattdessen hätte er Preußen zur Rückgabe der besetzten Gebiete an Österreich drängen müssen, verbunden mit der Aufforderung, sich wieder in das vor allem gegen Frankreich gerichtete Bündnissystem einzugliedern. So erreichte er das Gegenteil, indem er mit Österreich Russlands wichtigsten Verbündeten der letzten Jahrzehnte im Stich ließ, was die Möglichkeiten für Frankreich, im russischen Vorfeld – namentlich auf Polen – Einfluss zu nehmen, erheblich verstärkte. Anton Ulrich schätzte die Lage dagegen ganz richtig ein, als er zu einer bedingungslosen Unterstützung Maria Theresias von Österreich gegen Preußen riet.

Anton Ulrich benachrichtigte seinen Bruder Herzog Karl I. in Wolfenbüttel von einem Plan, wonach der englische König Georg II., zur Zeit auch Kurfürst von Hannover, unweit von Magdeburg seine Armee aufstellen und sie mit zwei Regimentern – dänischen und hessischen – verstärken müsse. Der polnische König, Friedrich August II., Kurfürst von Sachsen, solle seine Armee in Richtung Brandenburg in Bewegung setzen, und Russland sollte seine Armee von Osten an die preußische Grenze heranrücken und durch die Galeerenflotte die nördliche Küste sperren. Natürlich wurde dieser Plan nicht ohne Beteiligung Ostermanns aufgestellt, und vielleicht sogar von Graf von Ostermann gänzlich erarbeitet. Denn genau diesen Plan wiederholte Ostermann im Gespräch mit dem britischen Botschafter Finch. Es ist aber nicht entscheidend, wer der Urheber war. Wichtiger ist die Tatsache, dass sich der Generalissimus Prinz Anton Ulrich an der Lösung dieser komplizierten politischen Frage aktiv beteiligte.

Nicht weniger als Preußen war Frankreich daran interessiert, Russland zu neutralisieren. Noch im Juli 1739 wurde dem französischen Botschafter Marquis Chetardie eine Instruktion überreicht, in der klar und deutlich geschrieben stand: „Was das Gleichgewicht der nördlichen Staaten betrifft, so hat Russland einen zu hohen Grad seiner Macht erreicht; und in Bezug auf sowohl heutige als auch zukünftige Pläne des Reiches scheint die Vereinigung Russlands mit Österreich sehr gefährlich zu sein."

Russland war seit dem Ende des Nordischen Krieges und dem darauf folgenden Frieden von Nystad im Jahre 1721 zur Großmacht aufgestiegen und kontrollierte die Ostsee. Schweden wollte so wie Frankreich einen weiteren Einfluss Russlands im Baltikum verhindern. Dadurch spitzte sich das Verhältnis zwischen Schweden und Russland ab 1740 mehr und mehr zu, und ein Wiederaufflammen des Krieges stand unmittelbar bevor.

Es gab aber noch eine andere Möglichkeit, den außenpolitischen Kurs Russlands zu beeinflussen. Dabei brauchte man keinen Krieg zu provozieren, es genügte, den Herrscher auf dem Thron und dessen Umgebung zu vertreiben. Seit dem Frühjahr 1741 fand sich in diplomatischen Korrespondenzen immer wieder der Name Prinzessin Elisabeth Petrownas. In einer Mitteilung aus London an den britischen Botschafter Finch vom 28. März 1741, war zu lesen, dass es in Russland eine Partei gäbe, die bereit wäre, die Tochter Peters I., falls nötig mit Waffengewalt, auf den Thron zu bringen. Diese Partei setzte auf eine schwedische Intervention und auf die französische Subsidien von zwei Millionen Kronen.

Nach den Worten des schwedischen Gesandten in Russland, Nolcken, wäre dieser Plan mit Hilfe des französischen Botschafters Chetardie und des Leibarztes der Prinzessin Elisabeth Petrowna, L'Estocq, schon vereinbart. In der Tat begann Chetardie bereits im Herbst 1740 mit eingeweihten Personen mögliche Änderungen in der Regierung Russlands zu besprechen. Dabei versicherte der Arzt, dass der dreimonatige Zar Iwan VI. von Geburt an einer „Nervenverkürzung" leide und bald sterben werde.

Die französisch-schwedischen Intrigen blieben auch Anton Ulrich nicht verborgen. Tag und Nacht ließ er den Palast von Elisabeth Petrowna durch Spione beobachten. Im Sommer 1741 erzählte er dem britischen Botschafter Finch, dass die Regierung schon lange gegen Chetardie, Nolcken und L'Estocq Verdacht hege: „Der französische Botschafter besucht Elisabeth Petrowna oft, sogar nachts, verkleidet. Wenn ihr Benehmen weiter auch schlüpfrig bleibt, so droht ihr Klosterhaft."

Aus vielen Quellen ist bekannt, dass Anton Ulrich die Gefahr richtig einschätzte und zu Maßnahmen bereit war. Dadurch aber, dass er sich mit seiner Frau, der Regentin nicht verstand, mussten seine Bemühungen scheitern. Anna Leopoldowna war in der Außenpolitik zu unsicher und schwankte zwischen den Verpflichtungen, die sich aus der Verbindung mit Österreich ergaben und der Angst, in einen Krieg gegen Preußen verwickelt zu werden. Der preußische Gesandte Mardefeld versuchte sie auf die Seite seines Königs zu ziehen. Dazu nutzte er Fräulein von Mengden, die für ihre Vermittlung teure Geschenke bekam. Den Warnungen zur inneren Sicherheit, stand Anna überrraschend sorglos gegenüber, und obwohl Hinweise von vielen Seiten kamen, reagierte sie so gut wie gar nicht.

Es hatte den Anschein, als ob die Regentin in diesen schwierigen Zeiten überfordert wäre und sich langweile. Die Rückkehr ihres früheren Vertrauten, des sächsischen Botschafters Graf Lynar trug ebenfalls dazu bei, sie von ihren Pflichten abzulenken. Auch körperlich fühlte sie sich unwohl, weil sie in den letzten Wochen einer neuen Schwangerschaft stand.

Die Beziehung der Eheleute blieb ein Thema in den zahlreichen diplomatischen Korrespondenzen. Je nach Standpunkt wechselte dabei die Bewertung. Frankreichs Botschafter Chetardie berichtete seiner Regierung vom Hass Anna Leopoldownas gegen ihren Mann. In einem anderen Brief ging er noch weiter und schrieb über die Verachtung „des ganzen russischen Volkes" gegenüber dem Prinzen. Es ging Chetardie darum, Anton Ulrich als Vertreter einer „deutschen" Politik, die aus dem Blickwinkel Frankreichs in diesem Fall „preußische Politik" war, als vom restlichen Hof isoliert darzustellen. Auf diese Weise wollte er, so wie die meisten Diplomaten dieser Zeit, der eigenen Regierung nach dem Munde reden. Ganz in diesem Sinne übertreibt Chetardie die Dissonanzen des Ehepaares um zu suggerieren, es gäbe am russischen Hof eine vehement pro französische Partei. Legationsrat Groß dagegen, der den Hof in Wolfenbüttel nicht betrüben wollte, teilte mit: „... das gute Einverständnis zwischen der Regentin und dem Prinzen Anton Ulrich ist durch den Grafen Ostermann wiederhergestellt."

Allein der britische Botschafter Finch war in seinen für London bestimmten Schreiben um ein einigermaßen ausgewogenes Urteil bemüht. Er sprach von den guten Begabungen der Regentin, von Gutmütigkeit und Menschlichkeit, allerdings falle ihrem zurückhaltenden Wesen große Gesellschaft schnell zur Last. Am liebsten verbringe sie viel Zeit in den Zimmern Fräulein von Mengdens. Der Prinz sei ohne Zweifel sehr tapfer, habe den Ruf eines peinlich redlichen Menschen und sei sehr liebenswürdig. Es mangele ihm jedoch an Selbstvertrauen und Auftreten, sowie an Erfahrung im praktischen Leben. Als der Krieg mit Schweden nicht mehr zu vermeiden war, wurde im Sommer 1741 der Gesandte aus St. Petersburg abberufen. Vor seiner Abreise führte er ein vertrauliches Gespräch mit Prinzessin Elisabeth Petrowna. Er versuchte sie zur Abgabe einer schriftlichen Garantie zu überreden, dass im Falle ihrer Regierungsübernahme Schweden die durch Zar Peter I. eroberten Gebiete zurückbekäme. Dafür wollte Schweden ihre Eroberung des Thrones durch militärische Kräfte unterstützen. Die Prinzessin war vorsichtig und lehnte den Vorschlag ab. Allzu leicht konnte ein solches Dokument, Nolcken hatte den Text zur Unterschrift sogar schon vorbereitet, für sie zu einer großen Gefahr werden.

Am 11. Juli kam Ludwig Ernst, der jüngere Bruder Anton Ulrichs, in St. Petersburg an. Wie geplant, war er bereits von

Prinz Ludwig Ernst

den kurländischen Adligen zum Herzog von Kurland gewählt worden. Reise und Aufenthalt in Russland sind von Martin Albert Hänichen, dem Sekretär des Prinzen, in einem Tagebuch beschrieben. Die Zeit in St. Petersburg war für Prinz Ludwig Ernst mit Spaziergängen durch die Stadt, mit Truppenbesichtigungen, Einladungen zu Essen mit Empfängen, Festen und Bällen ausgefüllt. Außerdem verbrachte er viele Stunden in Gesprächen mit seinem Bruder. Der Prinz war, wie Hänichen schreibt, wenigstens zweimal in der Woche „mit Schreiben occupiert." In den ersten vier Monaten sandte Prinz Ludwig Ernst allein an seinen Bruder, Herzog Karl, vierzig Briefe nach Braunschweig ab, und jeder dieser Briefe begann mit der ausführlichen Beschreibung des mondänen Lebens in Russland und endete mit einer oder zwei chiffrierten Seiten, die nur der Hof in Wolfenbüttel entschlüsseln konnte. In diesen Briefen analysierte Ludwig Ernst die Situation nicht allzu optimistisch.

Darin unterscheidet sich das von ihm gezeichnete Bild stark von den beschönigenden Schilderungen, die Legationsrat Groß durch die Hoffnung getragen, weitergab, dass sich die Dinge gewiss zum Besseren wenden würden. Mit der Zeit konnte man sehen, dass der Prinz, trotz seiner jungen Jahre, meistens richtige Urteile gefällt und richtige Prophezeihungen getroffen hatte.

Fast jeden Abend spielte Ludwig Ernst Karten in den Räumen Anna Leopoldownas, öfter auch in den Zimmern Juliana von Mengdens, wo sich Anton Ulrich, Graf Lynar, Hofmeister von Münnich und der Wiener Botschafter Botta d'Adorno im engsten Kreise zu versammeln pflegten. Schon im ersten Brief beschrieb der Prinz, die Herzensgüte und Leutseligkeit Anna Leopoldownas, unterließ aber nicht hinzuzufügen: „Regentin hat völlig Hosen, aber was sollen Anton Ulrich machen ..."

Bereits in den ersten Tagen erkannte der Gast, dass Anna Leopoldowna zu einigen Personen aus ihrer Umgebung mehr Vertrauen und Sympathie als zu ihrem Mann hatte. Botta d'Adorno hielt er für besonders gefährlich, weil er auf die Regentin großen Einfluss ausübe. Über Juliane von Mengden, eher geliebte Freundin als Hoffräulein, schrieb er nach Wolfenbüttel: „Sie laßet die Regentin nicht einen Augenblick allein, sogar wenn Anton

Ulrich bei ihr ist, ja wenn sie noch zusammen in Bette liegen, darf sie ohne Schande hinein kommen." Was die Beziehung zwischen Anna Leopoldowna und Graf Lynar betraf, bestätigte Ludwig Ernst den schlimmsten Verdacht: „Was Cramm von Regentin und Lynar geschrieben hat, ist mehr als zu wahr!"

Der einzige, der das Vertrauen der Regentin genoss und gleichzeitig Anton Ulrich unterstützte, war Graf von Ostermann. Aber Anna Leopoldowna war wegen der häufigen Treffen Anton Ulrichs mit Ostermann misstrauisch. Sie hegte den Verdacht, der Großadmiral könne sich mit dem Generalissimus verschwören.

Anton Ulrich hatte auch ein Gespür für die drohende Gefahr, aber er erwartete sie von anderer Seite. Als der Generalissimus mit dem Bruder nicht weit von St. Petersburg die Truppen inspizierte, brachte ein Eilbote die Nachricht, dass Anna Leopoldowna eine Tochter geboren habe. Anton Ulrich stürzte augenblicklich nach St. Petersburg. Dabei wurde er jedoch nicht nur von väterlichen Gefühlen geleitet. Über die eigentliche Ursache schreibt Ludwig Ernst nach Braunschweig: „Ein großes Glück ist es, dass es mit der Geburt des Kindes und der Regentin alles gut gegangen war, denn wenn es anders gekommen wäre, so hätte in Abwesenheit Anton Ulrichs eine Revolution ausbrechen können." Es bedurfte keines Hinweises, wer in einem solchen Fall der Begünstigte wäre. Die Absichten Elisabeth Petrownas auf den Thron waren bekannt.

Es war die Idee Graf von Ostermanns, die gefährliche Prinzessin durch eine Verheiratung mit Ludwig Ernst derart zu neutralisieren, dass im Falle einer Revolution das russische Reich dann nicht in fremde Hände käme. Schon lange vor der Ankunft des Prinzen Ludwig Ernst war Botschafter Chetardie die Existenz eines solchen Planes bekannt, und wurde von ihm mit der verdrossenen Bemerkung seiner Regierung übermittelt, Regentin Anna Leopoldowna müsse gute Ratschläge bekommen, da sie so entschieden davon daran gehe, Prinzessin Elisabeth aus dem Spiel der Mächte zu entfernen. Auch Elisabeth selbst sah die Gefahr, dass ihr Schicksal in den nächsten Monaten gegen ihren Willen besiegelt werden könnte.

Graf von Ostermanns Plan verfolgte den Zweck, eine unliebsame Prätendentin ins Herzogtum Kurland abzuschieben. Anna Leopoldowna entwickelte auch einen Heiratsplan mit der Absicht, den ihr lieben Graf von Lynar in St. Petersburg zu halten. So fand im August die Verlobung des Grafen mit Juliane von Mengden statt. Der Bräutigam fuhr dann nach Sachsen, um dort um seinen Abschied zu ersuchen und seine häuslichen Angelegenheiten zu ordnen. Anna Leopoldowna schickte ihm liebevolle Briefe nach. Diese offene Liebschaft brachte die Regentin zweifellos in Misskredit. Lynars Beteiligung an den Staatsgeschäften, eine Dekorierung mit dem höchsten Orden, und sein Hochmut erinnerte viele an den Grafen von Biron, zur Zeit Zarin Anna Iwanownas und sorgte für Beunruhigung. Herzog Karl von Braunschweig gab Anton Ulrich den Rat, alles zu tun, dass Graf von Lynar nicht wieder nach Russland zurückkehre. Ludwig Ernst konstatierte mit Bedauern: „Wenn Anton Ulrich ein stärkerer Mann wäre, so hätte des Herzogs Rat sehr gut sein können, aber es ist nichts mit unserem Bruder Anton Ulrich zu machen."

Die Ereignisse nahmen eine dramatische Wendung, als am 8. August 1741 Schweden Russland den Krieg erklärte. Während der ersten Tage enthielten sich beide Seiten jeglicher Kampfeshandlungen. Am 23. August wurde der Geburtstag des Zaren Iwan VI. im Palast festlich begangen. Achttausend Gardisten schossen dem kleine Zaren zu Ehren Salut. Hoffräulein Mengden trug das Kind auf dem Arm in den prächtigen Galasaal hinein. Höflinge und Militärs erhielten Orden und neue Ränge. Ein unbekannter Poet, Michailo Lomonossow, der nach seinem Studium in Deutschland gerade nach St. Petersburg zurückgekommen war, überreichte eine Ode. Später sollte Lomonossow, als Verfasser einer Grammatik der russischen Sprache einen bedeutenden Beitrag zur Kultur seines Landes leisten. Im Jahr 1755 gründete er in Moskau eine Dependance zur Petersburger Akademie. Die war der Beginn der später nach ihm benannten, berühmten Moskauer Lomonossow Universität. In seinem Gedicht pries er den jungen Monarchen, in dessen Blut die Tapferkeit der Russen und der Germanen sich vereinigt hätten und er drohte den Feinden. Auch das mit 66 Kanonen ausgerüstete Kriegsschiff „Iwan VI." lief an diesem Tag feierlich vom Stapel. Zuvor waren die Schiffe „Generalissimus Russlands" und „Regentin Russlands" zu Wasser gelassen worden. Am Abend fand ein Ball statt, den Generalissimus Anton Ulrich mit Prinzessin Elisabeth Petrowna eröffnete.

Die Feierlichkeiten dauerten noch zwei Tage. Dabei wurde auch die Verlobung von Lynars mit Fräulein von Mengden gefeiert. Aus diesem Anlass wurde ein Festmahl von 74 Gängen gereicht. Am 26. August wurde vor den Truppen unter Trommelschlag ein Manifest verlesen, das im Namen des minderjährigen Zaren zur Verteidigung der Heimat aufrief, und den Abschluss der großen Feierlichkeiten in St. Petersburg bedeutete.

Die russische Regierung hatte keine Siegeszuversicht. Der britische Botschafter Finch schrieb nach London, dass man in St. Petersburg Angst gehabt habe vor dem Krieg. Prinz Ludwig Ernst berichtete, dass angeblich ein Umzug der Regierung nach Moskau geplant wäre. Nach St. Petersburg wurden Truppen herangezogen. Mit der Truppe der Kosaken kam General Krasnoschjokin, eine Legende, wie Finch zu erzählen wusste: „Er ist schon über siebzig, jedoch von wilder Tollkühnheit. Er enthauptete einst einige dutzende Gefangene mit seinem Säbel. Seine Wunden schmiert er mit menschlichem Fett oder mit Wodka ein."

Schon in der ersten Schlacht errang die russische Armee einen großen Sieg. Eine wichtige Festung wurde zerstört, und alle Gehöfte ringsherum wurden verwüstet. Aus Anlass des Sieges feierte man drei Tage lang ein neues Fest. Wieder gab es Salutschüsse. Dankesgebete wurden gesprochen und Bälle veranstaltet. In der Palastgalerie waren die im Kampf eroberten 12 Banner und 4 Standarten ausgestellt.

Lomonossow besang den Sieg der russischen Waffen und den jungen Zaren. Er verkündete, dass das vom Blut der Schweden noch warme Schwert Iwans VI. wieder mit Blut besudelt sein werde.

Lomonossow wendete sich auch an Anton Ulrich, nannte ihn „des Vaterlandes Vater" und versicherte ihm, dass jeder russische Soldat bereit sei, zum Ruhm des Generalissimus hundertmal zu sterben.

Der Poet hat hier offensichtlich etwas übertrieben, denn das Kommando über die Truppen führten Feldmarschall Lacy und General J. Keith. Der Generalissimus begnügte sich mit dem Lesen der Meldungen und der Soldausgabe an die Soldaten, die in den Krieg zogen. Er war auch nicht befugt das Kommando zu führen: die Regentin, wie Ludwig Ernst schrieb, „hat gleich Anton Ulrich verboten sich in nichts zu mischen." Diese ungewollte Passivität verringerte offenbar seine Popularität bei den Militärs.

Trotz des Sieges bei Wilmanstrand war der Krieg nicht entschieden. In seinen Briefen bedauerte Ludwig Ernst, dass der Erfolg keine Fortsetzung fand. Es gab keinen strategischen Gesamtplan. Die Feindseligkeiten verliefen im Sande. Wenige russische Splittertruppen griffen auf das finnische Territorium über, brannten Einzelgehöfte ab, töteten Vieh und Einwohner. Auf dem Kriegsschauplatz erschienen nach und nach weitere Truppen aus St. Petersburg. Die Garde mit ihrer privilegierten Stellung verspürte keinen Wunsch, weiter Krieg zu führen. Alle waren davon überzeugt, dass der Krieg keine schnelle Entscheidung bringen werde. Staat und Untertanen, die sich von dem erschöpfenden Krieg gegen die Türkei noch nicht erholt hatten, waren neue große Belastungen gewiss. Vor allem die russischen Garderegimenter waren sehr unzufrieden und glaubten, dass es unter einer anderen Regierung schneller Frieden geben könnte. Allein die Territorien, die von den Schweden beansprucht wurden, schienen es nicht wert, das eigene Leben dafür weiter zu gefährden ...

Anna Leopoldowna und Elisabeth Petrowna standen für zwei unterschiedliche Wege Russlands, sich zu entwickeln. Noch immer war das Land stark durch den Riss bestimmt, der die Kirche in zwei Lager spaltete. Die beiden Prinzessinen ließen sich jeweils einer Seite zuordnen, Anna der modernen, westlichen Richtung, Elisabeth der traditionellen, altrussischen Seite. In Glaubensfragen drückte sich dieser Unterschied durch eine größere Nähe bzw. Ferne zum griechisch-byzantinischen Christentum aus.

Eine Divergenz ließ sich auch der Person und dem Erbe Peters I. gegenüber feststellen. Auf der einen Seite unverkennbare Bewunderung seiner charismatischen Persönlichkeit, die mit den Jahren noch zunahm, bei gleichzeitig starker Geringschätzung der Früchte seiner langjährigen Arbeit – Anbindung Russlands an die europäische Politik, Aufbruch zum Baltikum, Großmachtwerdung und – was ihm vielleicht am meisten am Herzen lag – Aufbau der russischen Flotte.

Im Herbst 1741 war auch eine Zweiteilung zwischen Hof und Administration als permanente Zwietracht unter der Regentschaft Anna Leopoldownas entstanden. Die Verbindung zwischen der Regentin und Ratgebern wie Graf von Ostermann, der bei Hofe keine „Partei" hatte, war nicht mehr gegeben. An ihrer Stelle gab es Einzelne, die ihren Einfluss geltend zu machen versuchten. Prinz Ludwig Ernst befürchtete, dass Botta d'Adorno nach Lynars Abreise die Regentin leiten werde. Aber im Herbst 1741 wurde Vizekanzler Graf Golowkin Vertrauensmann Anna Leopoldownas. Weil Golowkin seinen Einfluss nicht mit Ostermann teilen wollte, versuchte er ihn zu verleumden: von Ostermann habe angeblich vor, den Umsturz zu organisieren und Anton Ulrich auf den Thron zu heben. Der kranke Ostermann, der sein Haus nicht verlassen konnte, tat daraufhin alles, um Golowkins Autorität zu untergraben.

Das ohnehin bereits schlechte Verhältnis des Ehepaares verwandelte sich in offene Feindschaft. Die Regentin isolierte den Generalissimus von der Armee und verbot seine Besuche bei Ostermann. Ludwig Ernst schrieb: „Anton Ulrich ist nichts als ein Schatten …"

Im Oktober fesselte die Visite des Botschafters von Persien die Aufmerksamkeit des Hofes. Hänichen beschrieb in seinem Tagebuch ausführlich die reichen Geschenke vom persischen Schah – dem Verbündeten Russlands gegen die Türkei. Außer großen Diamanten, Schmuckstücken und kostbarem Porzellan gab es 14 Elefanten und zwei wilde Ochsen. Zar Iwan VI. wurde Besitzer von 9 der 14 Elefanten.

Anna Leopoldowna und der Generalissimus vernachlässigten die wichtigen Staatsgeschäfte. Die Hilflosigkeit Anton Ulrichs gepaart mit Unlust brachten Ludwig Ernst zur Verzweiflung. In seinen chiffrierten Briefen warf er seinem Bruder Anton Ulrich nicht nur „Faulheit" vor, sondern schrieb auch: „Er ist gar zu dumm und macht alle Tage neue Torheiten. Ich wollte lieber in Wolfenbüttel sein, als hier auf diese Weise mit Anton Ulrich leben."

In Schweden erkannte man die Situation am Hof in St. Petersburg sehr schnell und verbreitete auf russischem Territorium ein entsprechendes Manifest. Darin war zu lesen, dass die schwedische Armee das russische Volk von der fremden Unterdrückung befreien werde. Die Lage der Regentin war bedenklich. Sollte ihr Sohn Zar Iwan VI. plötzlich sterben, würde Anna Leopoldowna ohnehin die Macht verlieren. Als Iwan im September krank wurde, wäre dieser Fall bereits beinahe eingetreten. Aufgrund des Thronfolge-Manifestes der verstorbenen Zarin Anna Iwanowna, besaßen nur die Söhne Anna Leopoldownas und Anton Ulrichs das Recht auf den Thron. Graf Golowkin schlug daher vor, dass die Regentin das Thronfolgegesetz ändern sollte, so dass auch Töchter das Recht hätten, den Thron zu erben. Diese Idee wurde vom Bischof Amwrosij unterstützt. Graf und Bischof wollten so ihre Position bei Hofe sichern und den Autor des Thronmanifests, Graf von Ostermann, diskreditieren. Zwei Fassungen eines neuen Entwurfs wurden der Regentin vorgetragen. In der ersten Variante hatten nicht nur die Söhne, sondern auch die Töchter der Regentin Anspruch auf den Thron. Im Todesfall könnte Anna Leopoldowna selbst den Thron erben. Nach der zweiten Variante bekäme Anna Leopoldowna im Fall des Todes Iwan VI. das Recht, selbst Thronfolgerin zu werden. In diesem Entwurf wurden die jüngeren Geschwister Iwans überhaupt nicht erwähnt.

Anna Leopoldowna wagte jedoch nicht, die Meinung ihrer besten Diplomaten außer Acht zu lassen und befahl von Ostermann sowie ihren Vizekanzler Golowkin und Kanzler Tscherkasskij, das Manifest zu erörtern. Man stellte aber nur die erste Variante zur Diskussion. Ostermann wollte eine Veröffentlichung dieses Manifestes vorerst verhindern. Die Regentin wünschte aber keine weitere Verzögerung. Sie spürte wohl, dass auch von anderer Seite Gefahr drohte. Anton Ulrich war nämlich der Meinung, Elisabeth Petrowna sollte als Agentin einer feindlichen Macht entlarvt werden. Über die regelmäßigen Rendezvous des französischen Botschafters Chetardie mit Elisabeth Petrowna berichtete der aufmerksame Ludwig Ernst an den Hof in Wolfenbüttel: „Chetardie liegt ohne Scheu Tag und Nacht bei der Prinzessin Elisabeth Petrowna im Hause, man hat auch eine Intrige entdeckt, und mit ihrem Leibarzt, L'Estocq kommt der Verdacht auf, dass sie gemeinsam einen Komplott schmieden." Endlich erklärte Anna Leopoldowna den Wunsch, Elisabeth Petrowna zur Aussprache in den Palast kommen zu lassen. In seinem Brief teilte Ludwig Ernst nach Braunschweig mit: „Am Sonntag hat die Regentin der Prinzessin Elisabeth brav die Wahrheit gesagt. Es ist ein Weiberzank daraus geworden. Die Prinzessin Elisabeth wird nun vorsichtiger sein, so dass man nichts erfahren wird."

Zu dieser Zeit verlor Elisabeth Petrowna endgültig die Hoffnung auf die Unterstützung Schwedens. Die ersten Kriegsmonate zeigten, dass es den Schweden weder gelang, Russland in einem schnellen Feldzug zu unterwerfen, noch die russischen Soldaten mit Hilfe der Manifeste zu überzeugen, die Waffen gegen ihre eigene Regierung zu richten. Die Schweden gaben Elisabeth Petrowna zu verstehen, dass sie noch einen anderen Kandidaten für den russischen Thron hätten. In Holstein wuchs der Enkel Peters I. heran. Prinz Karl Peter Ulrich, Elisabeths Neffe, sollte den schwedischen Thron erben. Er war bereits 13 Jahre alt und die Schweden glaubten, dass allein sein Erscheinen in den Reihen der schwedischen Armee die Russen nötigen werde, vor dem Enkel Peters I. des Großen die Waffen niederzulegen.

Bis zum Herbstende 1741 gab es aber keine sicheren Anzeichen, dass Elisabeth Petrowna, sich an die Spitze einer Verschwörung stellen werde. Sie hatte in der russischen Armee viele Anhänger, war bei den Soldaten und Unteroffizieren der Garderegimenter sehr beliebt und alle Zeitgenossen, die über sie schrieben, erwähnten ihr fröhliches Gemüt, ihre Herzensgüte und Freundlichkeit. Prinz Ludwig Ernst unterrichtete den Bruder Karl in Braunschweig: „Die Prinzessin Elisabeth hat gewiss gute Freunde, die Nation hängt stark an ihr. Der Unterschied in der Lebensart zwischen dieser und der Regentin ist groß. Prinzessin Elisabeth ist höflich und sehr großzügig mit jedem, sie lässt keine Gelegenheit aus, den Garderegimentern einige hundert Rubel zu spenden.

Die schnelle Entmachtung des Grafen von Biron hatte gezeigt, dass man in Russland für eine Revolution nicht mehr als hundert Soldaten benötigt. Für Elisabeth Petrowna wäre es ein leichtes Spiel gewesen hundert Soldaten zu mobilisieren. Es fehlte ihr nur an einem tapferen, zu allem bereiten Kommandeur. Das könnte abermals Graf von Münnich sein, und viele verdächtigten ihn schon des Einvernehmens mit Elisabeth. Anton Ulrichs Spione sollten herausfinden, wie oft der verabschiedete Feldmarschall sie besuchte. Doch der erfahrene Graf von Münnich hielt sich aus allem heraus, denn nach seiner Ansicht würden weder er noch andere Ausländer nach einem erfolgreichen Umsturz neben Elisabeth Platz haben.

Prinz Ludwig Ernst prophezeite im Dezember 1741: „Diese Rebellion wird reif, weil die Regentin Anna Leopoldowna mit der Elisabeth zwei Tage lang sehr heftig gestritten hatte. Außerdem will die Regentin den Leibarzt L' Estocq verhaften lassen." Folglich hatte die Regentin mit Elisabeth zweimal eine heftige Unterredung. Und diese verstand, dass die Sache eine gefährliche Wendung zu nehmen schien. L'Estocq könnte zu jeder Zeit verhaftet werden und, die Folter würde vielleicht sein Schweigen brechen. In diesem Fall wartete auf Elisabeth nicht das Herzogtum Kurland, sondern eine Zelle im Kloster oder sogar das Gefängnis. Und noch ein

Ereignis gab Elisabeth den Anstoß zum Handeln. Am 4. Dezember wurde bekannt, dass die Garderegimenter, die bisher am Krieg nicht teilgenommen hatten, den Befehl erhalten sollten, sich auf den Auszug aus St. Petersburg vorzubereiten. Ohne Garde stand Elisabeth ganz allein da. Angespornt vom erschrockenen L' Estocq, der sich schon auf der Folterbank sah, traf sie ihre Entscheidung ohne lange zu zögern.

In der Nacht vom 5. zum 6. Dezember 1741, kam Elisabeth in Begleitung von einigen ergebenen Offizieren in die Kaserne der Gardekompanie des Preobrachensky Regiments und rief den Soldaten ins Gedächtnis zurück, wessen Tochter sie war. Sie schworen, wenn es nötig sein sollte, auch für sie zu sterben. Die vorher benachrichtigten Gardisten leisteten ihrerseits den Schwur, sich für die neue Zarin zu opfern. Ohne Zeit zu verlieren, machten sich die Prinzessin und die dreihundert Mann starke Kompanie des Garderegiments auf den Weg zum Winterpalast. Unterwegs trennten sich kleine Kommandos von der Truppe, um die nahe wohnenden Minister und andere wichtige Personen zu verhaften. Auf der Admiralitätswiese, unweit des Palastes, war der frische Schnee so tief, dass die Soldaten Elisabeth tragen mussten. Ein einziger Mann im Palast versuchte Widerstand zu leisten. Es war ein Offizier der Wache, der jedoch von Gardisten gefesselt wurde. Die ganze Palastwache – beinahe dreihundert Mann – wurde schnell verhaftet.

Elisabeth kam mit mehreren Soldaten ins Schlafzimmer der Regentin und weckte sie mit den Worten: „Schwesterchen, es ist Zeit aufzustehen!" Danach nahm sie den einjährige Zaren Iwan VI. aus der Wiege, brach in Tränen aus, küsste ihn und sagte: „Du, armes Kind, bist an nichts schuld!" und übergab ihn den Soldaten.

Hänichen, der Sekretär des Prinzen Ludwig Ernst, beschrieb die Verhaftung der Zarenfamilie so: „Elisabeth schickte ein Kommando Grenadiere hinauf in das Zimmer der Großfürstin Anna Leopoldowna, bei welcher sich der Generalissimus auch befand. Der Generalissimus, kaiserliche Hoheit, wurde sofort aus dem Bette genommen, in einen Pelz gehüllt, und zu einem Schlitten gebracht, und in das Haus von der Prinzessin Elisabeth abtransportiert. Ihre Kaiserliche Hoheit die Großfürstin wurde in den Schlitten von Elisabeth genommen und nach Hause gefahren. Der Kaisers Majestät Iwan VI. und dessen Schwester die Großfürstin Catharina wurden von zwei Grenadieren herunter getragen und ebenfalls ins Haus von Elisabeth gebracht."

Graf von Münnich, Graf von Ostermann, Karl von Mengden und andere Persönlichkeiten wurden in derselben Nacht verhaftet. In den Memoiren eines Offiziers, der eine Stunde nach dem Umsturz im Winterpalast angekommen war, heißt es dazu: „Der große Saal im Palais war voll von Preobrachensky Grenadieren. Die meisten von ihnen waren betrunken; die einen, durch den Saal bummelnd, sangen laut, die anderen, noch immer mit Gewehr in der Hand, schliefen auf dem Boden. In den zaristischen Gemächern befand sich das gemeine Volk von beiderlei Geschlecht. Die Zarin saß in einem Sessel, und jeder, wer den Wunsch hatte, sogar Burlaken und Weiber mit Kindern, kam an die Zarin heran und küsste ihr die Hand. Die Herren Grenadiere vergaßen sogar nicht, die goldene Uhr, die neben dem Spiegel gehangen hatte, zwei silberne Armleuchter und ein goldenes Etui mitzunehmen." In den Palast kamen nicht nur „Burlaken und Weiber mit Kindern", sondern auch die ersten geistlichen und weltlichen Personen des Reiches. Sie versicherten der neuen Besitzerin des Winterpalastes ihre Ergebenheit.

Gegen Morgen wurde ein Manifest abgefasst, das den Grund des Umsturzes erklärte. Nach drei Tagen erschien ein neues Manifest, in dem ganz offen gesagt wurde, dass Elisabeth das Recht auf die Thronfolge schon seit 1730 gehabt habe, und Anna Iwanowna und Iwan VI. Antonowitsch, unterstützt durch Graf von Ostermann, ungesetzlich auf dem russischen Thron verblieben seien. Graf Ostermann habe das Testament Katharinas I., der Mutter Elisabeth Petrownas, verheimlicht.

*Tyrannen meines Reichs, weicht, eure Gröſs iſt hin
Ich Peters Tochter bins. Verblendte Groſsfürſtinn,
Schau in Eliſabeth der Ruſſen Kaiſerinn.*

Verhaftung der "Braunschweiger Famile"

Elisabeth Petrowna verbarg allerdings etwas. Dem Testament Katharinas I. zufolge, besaß nicht Elisabeth das Vorrecht auf den russischen Thron, sondern ihre ältere Schwester Anna Petrowna und deren Nachkomme, also der Prinz Karl Peter Ulrich von Holstein-Gottorp. Aber zuvor besaß Iwan VI. Antonowitsch das

Thronfolgerecht nach dem Thronfolgegesetz Peters I. von 1722, das später von der Zarin Anna Iwanowna im Jahre 1732 bestätigt wurde. Die beiden Dokumente hatten dem regierenden Monarchen bescheinigt, einen Nachfolger nach eigenem Wunsch bestimmen zu dürfen. Elisabeth Petrowna bemühte sich auch gar nicht, etwas zu beweisen oder zu rechtfertigen. Sie hatte gesiegt, und zwar ohne Unterstützung der Schweden, Franzosen oder von Münnichs.

Von Gefängnis zu Gefängnis

Die Einnahme des Winterpalastes und die Verhaftung der Zarenfamilie in der Nacht auf den 6. Dezember 1741 konnten nur der erste Teil der Machtübernahme durch Elisabeth Petrowna sein. Der nächste, unbedingt notwendige Schritt bestand darin, den Zaren mit seiner Familie aus St. Petersburg zu bringen, denn solange der Konkurrent auf den Thron in der Nähe bliebe, konnte er allein durch seine Präsenz Aufforderung und Entmutigung für manche Gruppierung sein, einen Gegenputsch zu unternehmen. Informationen über Verschwörer, von französischer und preußischer Seite gestreut, gab es zu genüge. Das Kommando, die ihm „anvertrauten Personen durch Narva, Derpt und Riga über die Staatsgrenze Russlands sogar bis Mitau fortzuschaffen", erhielt General en Chef Wassilij Fjodorowitsch Saltykow. Ihm waren 339 Soldaten und Offiziere aus vier Garderegimentern unterstellt worden. Elisabeth Petrowna hatte dies drei Tage nach den nächtlichen Ereignissen in einer Instruktion am 9. Dezember angeordnet. Darin wurde neben den Einzelheiten des Reiseweges auch geregelt, dass die Ausgewiesenen durch „Achtung, Respekt und Höflichkeit" zu behandeln seien. Einen Tag später unterschrieb Elisabeth eine zweite Instruktion, mit der General Saltykow dazu verpflichtet wurde, peinlich darauf zu achten, dass Anton Ulrich und Anna Leopoldowna unterwegs keine Möglichkeit bekämen, Briefe zu erhalten oder abzusenden, mit vorbeifahrenden Personen oder Einwohnern zu sprechen. Bis Mitau wäre möglichst schnell zu fahren, ohne in den Städten zu übernachten und unter Umgehung aller Ortschaften. Man sieht, dass mit diesen Vorschriften vor allen Dingen die Isolation der Gefangenen zur Geheimhaltung der Ausreise und das Tempo, mit der diese zu vollziehen sei, bestimmt wurden. So hätte man alles planmäßig in Marsch setzen können, aber innerhalb der nächsten Stunden dieses 10. Dezember mussten Informationen oder folgenschwere Einwände die neue Zarin dazu bestimmt haben, durch eine weitere, die „geheimste"

Instruktion, die Entfernung der „Braunschweiger Familie" aus St. Petersburg gänzlich anders durchführen zu lassen. Auf einmal wurde Saltykow befohlen, die Städte nicht zu umfahren, sondern „möglichst langsamer zu reisen, an jedem Ort beinahe zwei Tage zu verweilen, in Narva, unter dem Vorwand, dass Fuhrwerke nicht vorbereitet seien und es andere Störungen gebe, nicht weniger als 8 oder 10 Tage zu bleiben, und in Riga in der Zitadelle sich zu lagern ... dann dem Prinzen und der Prinzessin zu erklären, dass man die gehörige Zahl Fuhrmänner auffinden und den Wagenzug schnell reparieren nicht könne, und dort auf unsere Verordnung zu warten; und ohnedies nach Mitava nicht abzureisen und Riga nicht zu verlassen."

Auch in Bezug auf Prinz Ludwig Ernst änderte die Zarin bereits gefasste Pläne. Am 10. Dezember hieß es, Senator Puschkin solle den Prinzen außer Landes schaffen, als dann der Befehl kam, ihn in St. Petersburg unter Hausarrest zu stellen.

In der Nacht zum 11. Dezember 1741 machten sich Anna Leopoldowna, Anton Ulrich und ihre zwei Kinder, Iwan VI. und Katharina, mit ihren Höflingen und der Dienerschaft auf den Weg von St. Petersburg in Richtung Westen. Währenddessen gelang es seinem Bruder Ludwig Ernst mit Hilfe des britischen Botschafters Finch chiffrierte Briefe nach Wolfenbüttel abzusenden. Der Prinz teilte mit, dass man ihn von Tag zu Tag freizulassen verspreche, aber immer verschiedene Ursachen erfinde, um die Angelegenheit zu verzögern. Weil Ludwig Ernst Angst hatte, dass seine Papiere konfisziert werden könnten, vernichtete er alle Briefe, die er während der vorangegangenen Monate erhalten hatte. Ludwig Ernst pflegte manchmal kurze Nachrichten in sein Kalenderbuch einzutragen. Neben dem Datum „des 11. Dezember, Montag" steht unten der Eintrag: „A. U. fort."

Von unterwegs sandte General Saltykow seine Rapporte an Generalfeldzeugmeister Prinz Ludwig Johann Wilhelm von Hessen-Homburg, der für Bewachung und die bevorstehende Ausweisung der Braunschweiger Familie verantwortlich war.

So ist aus den Dienstmeldungen Saltykows bekannt, dass der Schlittenkonvoi „um 3 Uhr nach Mitternacht ... St. Petersburg verließ und an dem selben Tag um 10 Uhr nach Mitternacht [also am Vormittag], in Krassnoje Selo mit allen glücklich ankam." Der General wachte streng über die Braunschweiger Familie und berichtete über alle Einzelheiten. Schon am ersten Tag habe Prinzessin Anna den Versuch gemacht, den Lakaien ihres Mannes Anordnungen zu erteilen. Die Reisevorbereitungen waren hastig gewesen, sodass die Verbannten keine Gelegenheit gehabt hatten, ausreichend Kleidung einzupacken. Sie besaßen eigentlich nur was sie am Körper trugen.

Am nächsten Tag teilte General Saltykow folgendes mit: „Heute Nacht wurde die kleine Prinzessin krank. Der zugeteilte Medikus hat gegen diese Krankheit keine Arzneien. Darum wird der Eilbote mit dem Rezept von uns geschickt." Außerdem sandte er eine Liste mit Bekleidungswünschen nach St. Petersburg, um die Prinzessin Anna gebeten hatte: Hemden, Fausthandschuhe, Schuhe, Bettwäsche für Kinder sowie Ammen und Kammerfräulein. Der Generalfeldzeugmeister antwortete: „Alles Notwendige ist bereits nach Riga abgeschickt, weitere Ansuchen können nicht mehr angenommen werden."

Der letzten Instruktion gehorchend, ließ der General in jeder Stadt lange verweilen. „Heute, am 4. Dezember um 1 Uhr nachmittags sind wir in der Stadt Narwa angekommen und hoffen hier bis zum 16. dieses Monats zu bleiben." Der Weg war beschwerlich, und man musste die Schlitten wegen des Schneemangels auf Räder stellen. Am 19. Dezember kam der Wagenzug in Derpt an und verweilte hier bis zum 23. Dezember.

Neben Juliane von Mengden begleiteten einige Dutzend Menschen die Braunschweiger Familie. Die Schwester Julianes, Jacobine von Mengden, Oberst von Heimburg, einige Hoffräulein und Hofmänner, Arzt Azareti sowie Diener und Ammen. Anton Ulrich sollte sich daran erinnern, wie er vor 9 Jahren den gleichen Weg nach St. Petersburg gereist war. Rosige Aussichten standen ihm damals bevor. Er hatte von einem Regiment geträumt! Seine Suite war klein gewesen, ebenso die Ehreneskorte. Jetzt wurde er von einem großen, mehr als dreihundert Mann zählenden, bewaffneten Begleittrupp eskortiert. Damals waren die Schlitten nur so über die verschneiten Straßen geflogen, und die Kutschen kamen dem Prinzen mit dem einzigen Befehl entgegen, die rasende Fahrt noch zu beschleunigen. Rosige Aussichten standen ihm vor Augen, von Hoffnung erfüllt dachte er nur an seinen Traum von einem eigenen Regiment. Jetzt bewegte sich der Schlittenzug mit Mühe und Not vorwärts. Die neue Zarin Elisabeth Petrowna hatte es offenbar nicht eilig, die Familie aus Russland und aus ihren Händen zu entlassen. Aber die Kuriere kamen dem Trupp in dichten Abständen hinterher und überbrachten immer neue „Verhörpunkte", über die Saltykow das gestürzte Paar – Generalissimus und Regentin – befragen sollte.

Die Reise dauerte bis nach Riga mehr als einen Monat und während dieser Zeit gab es in den Verhören, denen sich neben Anna Leopoldowna und Anton Ulrich auch Fräulein von Mengden, Kammerdiener Gramke und Personal aus der engsten Umgebung unterziehen mussten, ein beherrschendes Thema: Der Verbleib von Schmuckstücken und Kostbarkeiten jeder Art, die Elisabeth Petrowna bei ihrem Einzug in den Palast nicht vorgefunden hatte, an deren Vorhandensein sie sich aber genau erinnerte. Außer der von Anna Iwanowna vererbten Schmuckstücke, verfügte die Regentin über große Reichtümer der Familie Biron. Einen Teil davon schenkte sie Juliane von Mengden und Graf Lynar. Die goldenen und silbernen Stickereien, die Graf Birons Dienstkleidung einst geschmückt hatten, wurden abgetrennt, eingeschmolzen und zu Juwelieren gebracht, damit diese daraus Geschirr, Leuchter und Dosen anfertigten. Die neue Zarin forderte den Hofjuwelier Liebnan auf, ihr eine Liste aller für Anna Leopoldowna und Anton Ulrich angefertigten Gegenstände zu überreichen. Ganz besonders nahm sie sich das Fehlen eines mit roten Steinen geschmückten Fächers zu Herzen.

Die Suche nach diesem Fächer wurde zu einer Obsession, und so schreckte sie nicht einmal davor zurück, Graf von Biron in der Verbannung nach dem Verbleib dieses Objektes zu befragen. Der bestätigte, einen solchen Fächer der verstorbenen Zarin vor Jahren zum Geschenk gemacht zu haben, und Elisabeth befahl Anna Leopoldowna aufs Neue, sich zu erinnern. Auch die Suche nach den Schatullen dauerte noch einige Jahre. Dabei versuchte es die Zarin bei Juliane von Mengden sogar mit dem Androhen von Folter, leider ohne Aussicht, denn diese konnte sich anscheinend nicht einmal mehr erinnern, wo sie diese Schatullen vor der Verhaftung zum letzten Mal gesehen hatte.

Von Anton Ulrich wurde noch ein Verzeichnis seiner persönlichen Gegenstände eingereicht: Manschettenknöpfe, Tabakdosen mit Portraits der Zarin Anna Iwanowna, der Königin von Preußen, der Mutter Anton Ulrichs Herzogin Antoinette Amalie, auch in Silber gefasste Notizbücher, Schnallen, Knöpfe, Reiseutensilien und vieles mehr.

Die Vehemenz, mit der Elisabeth Petrowna sich um scheinbar profane Luxusartikel kümmerte, ausgerechnet in den ersten Tagen nachdem sie im Handstreich Zarin des russischen Reiches geworden war, lässt sich nur angesichts ihres bisherigen Lebens verstehen. Ihre Kindheit und Jugend hatte sie bei Moskau auf dem Land verbracht, was sie zeitlebens in Zuneigung mit der alten Hauptstadt verband. Peter der Große ließ seine Tochter von französischen Lehrern gründlich erziehen, Tanzen hatte in ihrer Ausbildung eine große Bedeutung, Allgemeinbildung weniger. Von tiefer Religiosität erfüllt, stand Elisabeth der altgläubigen Tradition näher als den reformerischen Impulsen, die das Kirchenleben zur Zeit ihres Vaters, Peters I. so sehr veränderten. In den dreißiger Jahren hatte Zarin Anna Iwanowna ihre Cousine Elisabeth, als natürliche Prätendentin auf den Thron, vom Hofe und von St. Petersburg ferngehalten, sodass sie lange Jahre ziemlich einsam, fast wie in Verbannung, mit einem kleinen Hofstaat auf dem Land leben musste. Erst 1740, mit der Thronerhebung Iwans VI.

kam sie nach St. Petersburg. Nach zeitgenössischen Urteilen galt sie als große Schönheit, und nach all den Jahren stand sie jetzt als Zarin an der Spitze nicht nur des Landes, sondern auch im Glanz des hauptstädtischen Lebens. Legendär ihr Hang zu aufwändiger und kostbarer Garderobe, 15.000 Kleider mit entsprechend dazu passenden Accessoires soll sie besessen haben. Eher die Umstände, die Verbindung ihres ästhetisch geprägten Sinns für den großen Auftritt mit dem Rang ihrer Herkunft als Tochter Peters I., führten sie an den Gipfel der Macht. Weniger war es genuin politischer Wille, zur Herrschaftsausübung hatte Elisabeth Petrowna zunächst keinen Bezug. So folgte sie in diesen ersten Tagen zuverlässig dem Impuls, der am stärksten in ihr ausgeprägt war, indem sie ihre neu erlangte Macht als Zarin mit ihrem Bedürfnis nach Pracht, Schönheit und Besitz verband. Daher ließ sie, vermeintlich gestohlener Gegenstände wegen, jene verfolgen, die sie soeben aus ihrer Stellung, aus dem Palast, aus der Stadt – und vielleicht aus dem Land – zu vertreiben im Begriff war.

Nach einem Monat kam der Schlittenkonvoi in Riga an. Das Schlossgebäude am Ufer der Düna, im Zentrum der Stadt, sollte als Gefängnis für die vornehmen Häftlinge dienen. Im 16. Jahrhundert für den Liwonerorden erbaut, hatte es im ersten Stock prächtig eingerichtete geräumige Zimmer, eine große Anzahl von Wohnräumen für die Wache sowie dicke Mauern und Türme an den Ecken des geschlossenen Innenhofes.

General Saltykow rechtfertigte den langen Aufenthalt mit der Begründung, es sei nicht möglich, ausreichend frische Pferde zu bekommen. Es dauerte nicht lange, dann war allen klar, dass es eine andere Ursache für die Verzögerung der Weiterfahrt geben musste. In diesen Tagen, die auch in Wolfenbüttel von der Angst um die ungewisse Zukunft der Familie in Russland bestimmt waren, erreichte Premierminister von Münnich eine Nachricht des Geheimrat von Cramm: „Gestern ist abermals ein Donnerschlag aus Russland gekommen, da ich ein Schreiben von dem Baron Mardefeld mit der fatalen Nachricht erhalten habe, dass der arme

Legationsrat Groß sich selbst erschoss, weil man ihn zum Verhör gezogen und mit der Knute gedroht hatte. Prinz Anton Ulrich und seine Gemahlin Hoheit sind in Riga angekommen, sollen aber in die dortige Zitadelle untergebracht sein, was mir gar nicht gefällt und mir ist bange, dass man sie nicht weiter lasse. Prinz Ludwig Ernst Durchlaucht werden in St. Petersburg festgehalten und nur Gott weiß, wann man ihn endlich aus der Tyrannei freilassen wird."

Die Umstände, die zum Selbstmord des Legationsrates geführt hatten, wurden erst nach und nach bekannt. Der überaus mitteilsame Groß, profitierte von seiner über lange Jahre bestehenden Beziehung zu von Ostermann und seiner Familie, wo er eine Zeit lang die Stelle eines Hauslehrers bekleidet hatte. In den letzten Wochen der Regentschaft Anna Leopoldownas war er, ohne viel daran ändern zu können, zwischen die Fronten geraten. Als Elisabeth Petrowna im Verlauf der Nachtaktion wichtige Leute, Berater und Minister, festnehmen ließ, war auch Groß, der sich gerade bei seinem Gönner von Ostermann aufhielt, dabei gewesen. Er war dann zwar, als weniger bedeutsam erkannt, nicht in Festungshaft genommen worden, immerhin aber unter Hausarrest gestellt, saß er nun ohne Protektion wie eine Maus in der Falle. Es gelang ihm noch, Chiffreschlüssel und einige Briefe zu verbrennen, aber mit seinem Anliegen, durch höhere Erlaubnis aufgrund seines Diplomatenstatus Russland verlassen zu dürfen, drang er nicht durch. Seine diesbezügliche Bitte, an General Feldzeugmeister Prinz Ludwig von Hessen-Homburg gerichtet, blieb ohne Antwort. Mittlerweile war unter den bei von Ostermann beschlagnahmten Papieren auch ein Blatt gefunden worden, das offensichtlich in der Handschrift des Legationsrates beschrieben war. Es handelte sich um die Abschrift einer Mitteilung aus London, wonach der französische Botschafter Chetardie Elisabeth Petrowna bei dem Versuch, den Zarenthron zu besetzen, unterstützen werde. Ganz sicher hatte von Ostermann beabsichtigt, dieses Schriftstück Anna Leopoldowna zur Warnung zu präsentieren. So war in den letzten Wochen die Stimmung bei Hofe, dass der führende Kanzler nur noch auf die Überzeugungskraft solcher augenscheinlicher Dokumente vertrauen konnte. Mündlich hatte er das Problem einer Gefahr, die von der Anwesenheit Elisabeth Petrownas ausging, sicherlich schon einige Male vorgetragen, aber im Gegensatz zu Anton Ulrich schenkte die Regentin ihm kaum Gehör.

Abgesehen von dieser Sache wurde bekannt, dass zwischen Groß, von Ostermann und Anton Ulrich eine enge Verbindung bestand, und dass Groß dem Prinzen geraten hatte, die von Peter I. geschaffene Institution der Staatsanwälte abzuschaffen. Er wurde der Einmischung in die inneren Angelegenheiten und der Spionage angeklagt. Die Kommission vermutete, dass durch Groß wichtige Informationen der russischen Politik, über Graf von Ostermann erforscht, nach Wolfenbüttel weitergeleitet worden seien. Nach der offiziellen Version erschoss sich Groß in seiner Wohnung. Einen Tag vor seinem Tod schrieb er auf einen Zettel eine kurze Mitteilung in französischer Sprache. Er sei mit Folter bedroht worden, ein Geständnis abzulegen und zu unterschreiben, wobei er auch solches habe gestehen müssen, das er nie getan habe. Er fände sich ohne Hoffnung auf Befreiung wie überhaupt ohne jede Hoffnung. Er verabschiede sich mit der Bitte, für ihn zu beten, von seinem Adressaten – worunter man sich wohl Hänichen vorzustellen hat. Auf dem Umschlag, in den der Zettel geschoben war, steht von fremder Hand geschrieben, dass Groß den 11. Januar 1742 durch einen Schuss in den Kopf aus dem Leben geschieden sei.

Die beharrlichen Bitten von Cramms halfen immerhin dem Prinzen Ludwig Ernst. Am 12. Februar wurde ihm endlich erlaubt, heimzufahren. Schon am nächsten Abend verließ er St. Petersburg, von einer Eskorte unter Führung des Kammerherrn Lilienfeld begleitet. Es ist nicht ausgeschlossen, dass eine Fürsprache Friedrichs II. von Preußen eine Rolle gespielt hatte. Der König hatte Zarin Elisabeth Petrowna durch seinen Botschafter Mardefeld mitteilen lassen: „Seine Königliche Majestät wollen der Russischen Zarin garantieren, dass der Prinz an den Affären des Hofes nicht beteiligt ist."

Nach einer Woche, der Prinz war nicht mehr weit von Riga, überbrachte man ihm die Nachricht, dass ein Schlittenkonvoi entgegenkäme – darin führte man den jungen Herzog Karl Peter Ulrich von Holstein-Gottorp nach St. Petersburg. Seit dem Tod Peters I., im Jahr 1725, war es nicht gelungen, einen männlichen Nachfolger auf Dauer auf dem Zarenthron zu etablieren. Im Gegenteil – zwischenzeitlich war die Thronfolge auf die Linie Iwans V. übergegangen. Aus dieser Erfahrung standen für Elisabeth Petrowna zwei Punkte am Beginn ihres Regimes im Vordergrund. Erstens, die Rechtfertigung ihres Anspruchs auf den Zarenthron und zweitens die Regelung der Nachfolge. Grundlage ihrer Legitimierung war das Testament Katharinas I., deren Bestimmung nach dem Tod Peters II. 1730 von den Werchowniki durch „vergessen" außer Kraft gesetzt wurde, um anstelle Elisabeth Petrownas Anna Iwanowna auf den Thron zu heben. Aus dieser Missachtung des Testaments folgte nun für Elisabeth Petrowna die politische Konsequenz, dass die Vorgängerregierungen sich als „Fremdherrschaften" installiert hätten, was sich auch in der Herkunft der maßgeblich beteiligten, Biron, Münnich, Ostermann und anderer anschaulich belegen ließ, und aus dieser „Analyse" der Vergangenheit resultierte die Rückkehr zu einer petrinischen Politik als Zeichen der Kontinuität. Die Überlegungen wurden in der Person des Grafen Alexej Petrowitsch Bestushev-Rjumin verkörpert, eines Mannes, der mit den Grundzügen der Politik Peters I. aus eigenem Erleben vertraut war. 1742 wurde er zum Vizekanzler, 1744 zum Kanzler bestellt. Er gestaltete erfolgreich die Außenpolitik und trug so ganz wesentlich zu einer positiven Bilanz der Herrschaft Elisabeth Petrownas bei. Von außenpolitischen Implikationen begleitet, war auch die Benennung des Nachfolgers in der Person ihres Neffen, Herzog Karl Peter Ulrich, des Sohnes ihrer nach der Geburt 1728 verstorbenen Schwester Anna. Als Urenkel Karls II. von Schweden trug seine Bestimmung zum russischen Thronfolger zur dynastischen Anbindung Schwedens an Russland bei. Mit Rudolf Friedrich von Holstein-Gottorp gelangte

1743 durch russische Unterstützung ein Onkel Karl Peter Ulrichs auf den schwedischen Thron, und als im August desselben Jahres Schweden im Frieden von Åbo den Verlust finnischer Territorien akzeptierte, war Russlands Vormachtsstellung auf Zeit gesichert, und eine erste Probe der außenpolitischen Kunst Bestushev-Rjumins erbracht.

Das unglückliche Los Karl Peter Ulrichs und Anton Ulrichs war in vielerlei Hinsicht ähnlich. Zu einem bösen Omen für die russischen Zaren des 18. Jahrhunderts wurde das Braunschweiger Kürassierregiment, dessen erster Chef zu sein, sich Anton Ulrich einst so leidenschaftlich gewünscht hatte. Drei Monate nach Elisabeths Revolution teilte der Sekretär der sächsischen Botschaft, Petzold, mit: „Das ehemalige Braunschweiger Kürassierregiment wurde in das Holstein-Gottorpsche umbenannt." Nach dem Mord an Karl Peter Ulrich, zu jener Zeit schon Zar Peter III., wurde das Regiment im Jahre 1762 wieder umbenannt – diesmal dem Thronfolger, Seiner Hoheit Zessarewitsch Paul I. Petrowitsch, zu Ehren. Und erst nach der Ermordung Pauls I. wurde dieses Regiment in das „Kürassierregiment Seiner Majestät" umbenannt. Nun aber hastete der vierzehnjährige Junge mit einer kleinen Suite und Dienern, wie vor 9 Jahren ein anderer junger Träumer, den gleichen Winterweg im Schlitten Richtung St. Petersburg seinem Schicksal entgegen.

Ludwig Ernst wollte nicht auf Karl Peter Ulrich treffen. Er ließ sein Geleit vom Wege abbiegen und einen Tag abwarten. So kam er in Riga am Morgen des 23. Februar an. Er bekam die Erlaubnis seinen Bruder Anton Ulrich und dessen Gemahlin im Schloss zu besuchen. Am Abend machte er sich wieder auf den Weg und gegen Morgen passierte er, glücklich der Todesgefahr entronnen zu sein, die Grenze Russlands.

In Riga standen die Gefangenen unter strengster Aufsicht. General Saltykow ordnete sogar an, Anna Leopoldowna und Anton Ulrich getrennt gefangen zu halten. Als die Zarin davon erfuhr, gab sie die Erlaubnis das Ehepaar in einem Gemach zusammen unterzubringen. Saltykow versicherte der Zarin, dass er niemandem den Zutritt zu den Gefangenen gestatte und sie mit niemandem im Briefwechsel ständen. Anton Ulrich schaffte es jedoch, heimlich Briefe zu verschicken. Seine Stimmung, so wie sie sich aus den Schreiben, die noch erhalten geblieben sind, herauslesen lässt, wechselte manchmal in kürzester Zeit. So quälte ihn die Vorstellung, dass er mit der Familie ins Innere Russlands verschleppt werden könnte, und manchmal war er auch voller Hoffnung, und fühlte, dass die baldige Freilassung bevorstände. Einmal bat er sogar seinen Bruder Herzog Karl, dass er ihm in Memel einen Wechsel bereitstelle, damit er für sich und die Seinen die Reisekosten außerhalb Russlands bestreiten könnte. Groß und allgegenwärtig war aber auch das Gefühl hilfloser Isolation. Als Anton Ulrich den Eindruck hatte, dass ihn nicht alle aus Wolfenbüttel an ihn gerichteten Briefe erreichten, versuchte er sich ein gewisses Maß an Orientierung dadurch zu verschaffen, dass er darum bat, man möge ihm erst dann schreiben, wenn er den Erhalt des letzten Briefes bestätigte. Ganz zu verstehen ist dieses Verfahren nicht, denn da er selbst mit striktem Schreibverbot belegt war, konnte er eigentlich nicht damit rechnen, dass alle von ihm geschriebenen Briefe mit hundertprozentiger Sicherheit ankommen würden. Aber der Grad der Verzweiflung, der sich in solchen Verabredungen zeigt, ist schon zu begreifen. In allen Briefen wiederholte er mit der Beharrlichkeit des Eingeschlossenen, dessen Kraft langsam versiegt, seinen Appell, „alles zu bewegen, womöglich ist, um uns unsere Freiheit wieder verschaffen."

In der Umgebung der Zarin durfte man noch unterschiedlicher Ansicht über das zukünftige Schicksal der Familie sein. Der Vizekanzler A. P. Bestuchew und andere Mitglieder der Regierung sahen keine dringende Notwendigkeit die Braunschweiger Häftlinge weiter in Russland gefangen zu halten. Ihre eigenen Gedanken zu dieser Frage äußerte die Zarin nicht.

Im Sommer 1742 wurde die Aufsicht über die Gefangenen strenger. Alle Wächter, wenn sie auch nur im geringsten Maße Mitgefühl für die Inhaftierten aufbrachten, wurden einem strengen Verhör unterzogen und gegebenenfalls einer schweren Strafe zugeführt. Oberkriegskommissar Apuschkin ging einmal am Fenster vorbei und sah Prinzessin Anna Leopoldowna mit dem kleinen Iwan VI. Antonowitsch auf dem Arm. Er verbeugte sich vor den beiden und wünschte dem ehemaligen Zaren Gottes Segen. Das alles sah Leutnant Kostürin und meldete den Vorfall an Major Gurjew, dieser machte an General Saltykow sofort Meldung, und der General berichtete der Zarin. Apuschkin gab während der Vernehmung an, dass er sich an nichts entsinnen könne, weil er stark betrunken gewesen und sogar in seiner Wohnung von der Treppe zu Boden gefallen sei. Zu seinem Glück schien dieses Argument überzeugend genug, und er wurde nicht bestraft.

Man hatte ein wachsames Auge auf die Prinzen und ihre Diener. Im Mai wurde der Arzt Azareti verhaftet und nach Moskau zur gerichtlichen Untersuchung überstellt. Er sollte während des Aufenthalts im Gefängnis in Riga einige Briefe hinaus geschmuggelt haben. Das weitere Schicksal Azaretis ist nicht bekannt, doch teilte Petzold am 15. Dezember 1742 aus Moskau mit: „Alle Komplizen wurden in der Stille hingerichtet, worunter sich auch der italienische Medicus, Namens Azareti befinden soll."

Besondere Sorgen bereitete der Zarin die im Sommer 1742 aufgedeckte Verschwörung des Fähnrichs Iwaschkin, des Kammerlakais Turtschaninow und des Sergeanten Snawidow vom Ismailowsky Regiment. Während der Untersuchung gestanden die Verschwörer, dass sie die Zarin töten und Iwan VI. wieder auf den Thron bringen wollten. Um den Umsturz durchführen zu können, hätten sie schon einige dutzend Menschen angeworben. Petzold meldete nach Sachsen: „Außerdem ist gewiss, dass der Kammerlakai in den Palast der Zarin bereits eine Tonne Pulver geschmuggelt hatte." Diese Mitteilung basierte vielleicht auf Gerüchten, denn in den Untersuchungspapieren wird diese „Tonne Pulver" nicht erwähnt. Doch allein die Tatsache, dass es damals solche Gerüchte gab, zeigt wie angespannt die Atmosphäre im Palast der Zarin war. Über die Bestrafung der Verbrecher gab

Petzold seinem König alsbald Nachricht: „Am vergangenen 13. hat man dem Kammerlakai und die beiden Gardeoffiziere, die im vergangenen Sommer wegen des geplanten Attentats festgenommen wurden, das Urteil gefällt. Alle drei bekamen auf dem öffentlichen Platz hinter dem Kreml die Knute, dann hat man dem Ersten die Zunge herausgeschnitten, den beiden Letzteren aber die Nase aufgerissen und sie nach Sibirien deportiert."

Am 24. Dezember 1742 unterschrieb die Zarin einen Erlass über die Verlegung der Braunschweiger Familie und anderer Häftlinge vom Rigaer Schloss in die Festung Dünamünde, die 10 Kilometer von Riga entfernt lag. Der letzte Brief Anton Ulrichs an seinen Bruder Ludwig Ernst wurde am 1. Dezember 1742 aus Riga abgeschickt. Vielleicht hatte er in Dünamünde keine Möglichkeit Briefe zu schreiben oder zu erhalten. Am 8. Mai 1743 meldete Wich, dass er Briefe des Herzogs Karl von Braunschweig-Bevern an Anton Ulrich durch die Vermittlung Vizekanzler Bestushews zu überbringen versucht habe. Diese Briefe waren schon lange unterwegs. Herzog Karl bat Georg II., König von Großbritannien und Kurfürst von Hannover, sie durch die englische Botschaft zu schicken. Aber Vizekanzler Bestushew lehnte die Weitergabe ab, weil er den Zorn der Zarin fürchtete.

Der Aufenthalt der Familie war für die Leute aus der Gegend bald kein Geheimnis mehr. Anfang März 1743 teilte ein gewisser Knecht Bocker dem Hof in Wolfenbüttel mit, dass alle Gefangenen am zweiten Januar 1743 aus der Rigaer Zitadelle zur Dünamünder Festung gebracht wurden. Diese Festung liege von Wasser umgeben direkt an der Ostsee. Weiter meldete Bocker, dass Anton Ulrich mit der Familie, Oberst von Heimburg und den beiden Schwestern von Mengden und einigen Dienern im Hause des Kommandanten gewohnt hätte. Es sei dabei den Häftlingen streng verboten, ihre Zimmer zu verlassen. Bocker wusste auch zu berichten, dass Heimburg einige Wochen hindurch in „hitzigem Fieber" lag. Später durfte Anton Ulrich sein Zimmer verlassen und kurze Zeit auf der Freitreppe stehen, immer nur in Begleitung von zwei Sergeanten.

Immer wieder erinnerte General Saltykow den wachhabenden Offizier daran, dass es den Prinzen nicht erlaubt sei, Briefe zu schreiben. Fräulein von Mengden verbot er mit dem Diener ihrer Mutter deutsch zu sprechen. Die Wache befand sich nicht nur vor, sondern auch im Haus, in dem die Häftlinge wohnten. Zur Freude der Soldaten, schenkte der ehemalige Generalissimus ihnen von Zeit zu Zeit ein Glas Wodka oder Bier ein. Der Oberoffizier der Wache, Gurjew, der dies bemerkte ließ den Prinzen gewähren.

Die Idee, Elisabeth Petrowna auf den Zarenthron zu heben, war im Vorfeld von der französischen, schwedischen und preußischen Diplomatie lebhaft begrüßt worden. Der eigentliche Plan sah ein Vorbringen der schwedischen Truppen bis St. Petersburg vor, um Elisabeth bei der entscheidenden Attacke zu unterstützen. Frankreich wollte sich durch Zahlungen an Schweden an der Aktion beteiligen. Das diese Überlegungen auf einer fundamental verkehrten Einschätzung der militärischen Kräfte Russlands basierten und der begonnene Krieg für Schweden mit einer glatten Niederlage enden würde, änderte nichts an den erklärten Absichten. Die neue Zarin sollte für eine radikal geänderte russische Außenpolitik stehen, die als ersten Schritt die Auflösung des langjährigen Bündnisses mit Österreich vorsah. Auch wenn Elisabeth Petrowna innerhalb weniger Stunden mit Hilfe der Garderegimenter ohne Verstärkung von Außen an die Macht gekommen war, änderte dies nichts daran, dass sie besonders in der ersten Zeit ihrer Herrschaft genau die schwache Figur auf dem Thron zu sein schien, die ihre Unterstützer sich gewünscht hatten. Frankreich sah sich am Ziel seiner seit Jahrzehnten betriebenen Politik einer Barriere de L'Est, einer Isolation Russlands, Preußen erhoffte sich ungestört freie Hand bei der Eroberung der zu Österreich gehörenden schlesischen Gebiete und Schweden hoffte durch militärische Erfolge im laufenden Krieg die Ergebnisse des Friedens von Nystad zu korrigieren. Der Adel interessierte sich vor allem für den Ausbau seiner Privilegien.

Elisabeth Petrowna verfügte über keine politischen Visionen, war politisch eher desinteressiert. Aber sie war nicht dumm und verfügte über genug Intuition, um die Begehrlichkeiten, die ihre Thronbesteigung innerhalb und außerhalb des Landes geweckt hatten, durchaus als anonyme Gefahr zu spüren. Ihre engsten Berater der nächsten Jahre sollten die Brüder Schuwalow und Woronzow sein, mit denen Elisabeth die Erfahrung der Jahre auf dem Lande, bevor sie nach St. Petersburg ging, geteilt hatte. Die Brüder stammten aus niederem Adel und hätten unter anderen Umständen in St. Petersburg oder Moskau niemals diese Karrieren gemacht. Um zwischen ihnen und den in der Hauptstadt verbliebenen führenden Köpfen, die traditionell aus den Kreisen des Hochadels stammten, eine einigermaßen problemlose Kooperation herzustellen, bot es sich an, den Senat als Institution zu revitalisieren. Dieses oberste Staatsorgan war 1711 von Peter I. zur Kontrolle und Koordination der Administration eingesetzt worden und hatte nach dem Tod Peters I. durch die Schaffung des Obersten Geheimen Rates im Jahr 1726 unter Katharina I. an Bedeutung verloren. Auch Zarin Anna Iwanowna, während ihrer zehnjährigen Herrschaft, bediente sich dieses Instrumentes nicht, sondern regierte mit dem dreiköpfigen „Ministerkabinett".

Für Elisabeth Petrowna war die Wiederbelebung des Senats Teil ihres Programms, Russland wieder auf den Weg Peters I. zurückzuführen, wodurch sie ihren Anspruch auf den Thron auch politisch gerechtfertigt hatte. Für die Außenpolitik war ein neu gebildetes Organ zuständig, die „Konferenz beim Allerhöchsten Hofe" unter Führung Bestushew-Rjumins, der mit seiner unmittelbaren Erfahrung aus der Zeit Peters I. auf andere Art die Betonung der petrinischen Tradition in der Politik der neuen Zarin zum Ausdruck brachte. Derart waren diese ersten Monate der neuen Regierung durch den Aufbau ihrer inneren Organisation unter dem Druck der mittelbaren – in Schlesien – oder unmittelbaren – gegen Schweden – Kriegsereignisse bestimmt.

Es war das vordringliche Interesse Frankreichs, das Bündnis Russlands mit Österreich zu destabilisieren. In diesem Sinn kam von Botschafter Chetardie der Hinweis, der österreichische Gesandte Botta d'Adorno sei der Anführer eines Komplotts gegen Zarin Elisabeth Petrowna. Es sei geplant Iwan VI., beziehungsweise Anna Leopoldaowna als Regentin, wieder einzusetzen. D'Adorno war mittlerweile wieder an den Hof Maria Theresias zurückgekehrt, aber vielleicht gab es gerade deshalb Gründe, die Warnung nicht unbeachtet zu lassen. Immerhin hatte er über Jahre zum Kreis um Anna Leopoldowna gehört und es konnte als besonders verdächtiges Zeichen gelten, dass er gerade jetzt, kurz vor dem Sturz Annas, das Land verlassen hatte. Als wichtigste Verbündete im Land nannte Chetardie die Familie Lopuchin, General Stepan Lopuchin mit seiner Frau Natalia Lopuchina und deren Sohn Iwan, immerhin ein Oberstleutnant der Garde. Die Zusammensetzung der an diesem Komplott Beteiligten war raffiniert gewählt. Auf der einen Seite der nicht mehr im Lande weilende Drahtzieher, dessen Auslieferung oder Bestrafung es kompromisslos zu fordern galt, dort die Lopuchins, deren Hass auf Peter I. sich glaubhaft auch auf Elisabeth Petrowna erstrecken konnte. Die erste Frau Peters I., Ewdokija war eine geborene Lopuchina gewesen. Von ihr hat er sich 1698 getrennt und sie ins Kloster verbannt. Bei der Totenmesse für ihren gemeinsamen Sohn, Kronprinz Alexej Petrowitsch, kam es in der Kirche zu einem dramatischen Auftritt, an den sich weite Kreise noch gut erinnern konnten.

Am Sarg stehend brach General Lopuchin in lautes Gelächter aus und ließ vernehmen, dass „sein Licht noch nicht erloschen ist", womit er eine Anspielung auf Peters I. Enkel, den Sohn Alexejs, den späteren Peter II. machte. Dieser Auftritt wurde als ungeheure Beleidigung verstanden und Lopuchin ins Gefängnis nach Kola am Weißen Meer verbannt. Nach etwas mehr als zwei Jahren wurde er begnadigt, kehrte zunächst nach Moskau zurück und wurde nach der Thronbesteigung Peters II., des „noch nicht erloschenen Lichtes" wieder bei Hofe eingeführt.

In den folgenden Jahren genoss er das Vertrauen Anna Iwanownas und zählte später auch zum Kreis um Anna Leopoldowna. Nach dem Tod Anna Iwanownas war der Adel keinesfalls an der Fortsetzung der „Deutschen Herrschaft" oder der „Günstlingsherrschaft" interessiert. Aus diesem Grund wurde von Biron schon nach drei Wochen als Regent Iwans VI. verhaftet und im weiteren Verlauf zum Tode verurteilt, dann begnadigt und mit Verbannung belegt. Lopuchin, der zu jenen Adelskreisen gehörte, die im eigenen Interesse an einer Selbstherrschaft des Zaren interessiert waren, saß in der Kommission über Biron mit zu Gericht. Die gegenseitige Abneigung, die Elisabeth Petrowna mit Natalia Lopuchina verband, war viel persönlicher. Sie hatte durch ihr Auftreten bei Hofe allen Grund dafür geliefert, dass die Zarin sich ärgerte. Gegen jede Etikette war sie bei einem Ball in einem Kleid aufgetreten, das die gleichen Farben wie das der Zarin trug. Waren Elisabeth Petrownas politische Instinkte auch nicht im Übermaß entwickelt, hier gab es für sie kein Zögern, als diese Frechheit der Generalsgattin mit ein paar Ohrfeigen zu quittieren. Die Jahre Anna Iwanownas waren auch Lopuchinas große Zeit gewesen, da hatte sie es mit der „österreichischen Partei", d'Adorno und den Löwenwoldes gehalten, das machte sie jetzt erst Recht verdächtig. Was den Sohn, Iwan Lopuchin betrifft, so hatte er im Gespräch sein Mitleid mit dem Zaren und seiner Familie geäußert. Die Teilnehmer der Unterhaltung waren bekannt, auch seine Eltern waren dabei gewesen. Auf die Folter gespannt, gestand Lopuchina, der Marquis Botta d'Adorno habe vor seiner Abfahrt aus Russland versprochen, dass er der Braunschweiger Familie auf jeden Fall wieder auf den Thron verhelfen wolle. Dies traute Elisabeth Petrowna dem Marquis durchaus zu, denn schon vor einem Jahr, noch zu Lebzeiten Anna Iwanownas, hatte man sie gewarnt, d'Adorno verfüge über 300.000 Rubel zur Bestechung russischer Minister. Maria Theresia weigerte sich jedoch, d'Adorno auf Grund von Geständnissen auszuliefern, die durch Folter erpresst worden waren. So fehlte mit der Person des vermutlichen Anführers auch der letzte Beweis, dass überhaupt eine solche Verschwörung existierte. Trotzdem wirbelte die ganze Untersuchung viel Staub auf und die Familie Lopuchin wurde am Ende nach Sibirien verbannt. Der Vorwurf, sie sei für eine Rückkehr Iwan Antonowitschs auf den Thron gewesen, war nicht zu entkräften, und das grenzte in jenen Tagen schon an Hochverrat.

Der Plan Frankreichs und Preußens Russland in eine Konfrontation mit Österreich zu treiben war nicht aufgegangen. Die Geschichte einer angeblichen Verschwörung unter Führung des ehemaligen österreichischen Botschafters verlief im Sande. Elisabeth Petrowna verlor dadurch aber nicht ihr Vertrauen gegenüber dem französischen Botschafter Chetardie und überhaupt hatte alles Französische inzwischen am russischen Hof Konjunktur. Diese Mode hatte in westlichen Adelskreisen angefangen und sich jetzt auch am Hof in St. Petersburg durchgesetzt. Französisch war nicht mehr allein die Sprache der Diplomatie, sondern entwickelte sich zum allgemeinen Kennzeichen einer europäischen Elite, zum Nachweis von Bildung, Stil, Etikette und Eleganz. Auch die Liebe der Zarin zu Musik und Theater, ihre Vorliebe für aufwändige Toiletten, waren Teil dieser französisch geprägten Kultur. Durch diese innere Verbundenheit mit dem traditionellen Gegner Russlands, unterschätzte Elisabeth Frankreichs feindliche Absichten.

Seit den Tagen Peters I. war die Kontrolle des ostmitteleuropäischen Vorfeldes, vornehmlich Polens, Angelpunkt der russischen Politik. In der polnischen Adelsrepublik wurde der König gewählt und verfügte über keine absolute Macht. Bei jeder Entscheidung von größerer Tragweite musste im Reichstag abgestimmt werden. Die Losung des polnischen Adels „Nic o naz bez naz" – Nichts über uns ohne uns – war nach heutigem Verständnis sehr demokratisch modern, führte damals aber zu Schwerfälligkeit und mangelnder Souveränität. Partikularismus war das bestimmende Element. In Zeiten, in denen das Land von Herrschern und Regierungen mit absoluter Entscheidungsgewalt umgeben war, gab die stolze Parole „Polska nierzadem stoi" – Polen besteht durch seine Unregierung – eine präzise Erklärung seiner Schwäche. Peters I. Vorfeldpolitik bestand darin, diesen Status quo einer „polnischen Anarchie" zu erhalten. Diesem Zweck diente ein 1720 in Potsdam mit Preußen geschlossenes Abkommen, das für den Fall eingreifender Verfassungsreformen, welche die Stärkung der Position des Königs zum Ziel hatten, eine militärische Intervention vorsah.

Kurz nach Peters I. Tod entwickelte Graf von Ostermann als Leiter der Außenpolitik in einer Denkschrift Ideen über die Beschaffenheit und Zukunft dieser auf Polen gerichteten Vorfeldpolitik Russlands. Dabei sah er die Anziehung voraus, die die stetige Machtentfaltung Russlands im mitteleuropäischen Raum entfaltete und die auch Österreich mit in ein Bündnis ziehen werde. So kam es 1732 im so genannten „Löwenwoldeschen Traktat" zur Allianz der drei Schwarzen Adler: Russland, Preußen und Österreich. Sie vereinten ihre Polenpolitik und verständigten sich für den Fall auf einen Nachfolger für August II. (der Starke) König von Polen. So richtete sich dieses Bündnis automatisch gegen die französische Idee einer Barrière de L'Est, die Russlands Einfluss in Europa zurückdrängen sollte. Frankreichs informelle Verbündete dabei waren Schweden, Polen und das Osmanische Reich. Bereits 1733, nach dem Tod des sächsischen Kurfürsten und polnischen Königs August II. (der Starke), standen sich die Kontrahenten – Russland und Frankreich – wegen der Nachfolgefrage feindlich gegenüber. Am 12. September wurde Stanislaus Leszczynski, Schwiegervater Ludwigs XV., von zwölftausend polnischen Adligen als Nachfolger auf den Thron gewählt. Der gewählte König vertrat eine Reformpolitik, die im Bündnis mit Frankreich ein starkes Polen als Bollwerk gegen Russlands weitere Kontrolle der Ostseeküste aufbauen sollte. Der Einmarsch russischer Truppen, veranlasste etwa tausend meist litauische Adlige, unter Zwang für den Kandidaten der Allianz, Kurfürst Friedrich August von Sachsen, den Sohn Augusts des Starken, zu stimmen. Seit dem

Reichstag von Lublin 1569 bildete das Königreich Polen mit dem Großfürstentum Litauen einen Doppelstaat, in dem beide Teile ihre eigene Administration behielten, aber durch einen gemeinsam gewählten König und einen gemeinsamen Reichstag regiert wurden. Kurfürst Friedrich August hatte sich die Unterstützung Russlands durch das Versprechen gesichert, nach dem Tod des letzten Herzogs von Kurland aus der aussterbenden Dynastie der Kettler – Anna Iwanowna war mit dem früh verstorbenen Friedrich Wilhelm Kettner verheiratet gewesen – dieses polnische Lehen an Russland zu übergeben. Das geschah 1737 und Graf Ernst Johann von Biron, ein Kurländer, wurde von Anna Iwanowna mit dem Herzogtum bedacht. Nur durch diese Rangerhöhung konnte er 1740 überhaupt als Regent Iwan Antonowitschs eingesetzt, und bis zu seiner Vertreibung Anfang 1741 für wenige Monate Herrscher über Russland werden. Stanislaus Leszczynski musste sich in Danzig gegen die russisch-sächsische Belagerung verteidigen und Friedrich August II. Kurfürst von Sachsen wurde währenddessen in Krakau zum König August III. von Polen gekrönt.

Im Jahre 1740 sterben die drei Herrscher der Allianz innerhalb von fünf Monaten. Friedrich Wilhelm I. von Preußen stirbt am 31. Mai, am 20. Oktober stirbt der Römisch-Deutsche Kaiser Karl VI. in Wien und acht Tage später Zarin Anna Iwanowna. Friedrich II. macht sich den Thronwechsel im Habsburger Haus auf seine Weise zu nutze und fällt mit seiner Armee in das zu Österreich gehörende Schlesien ein. Mit diesem Überfall brachte der preußische König das Bündnis aus dem Gleichgewicht und erschütterte die russische Vorfeldkontrolle. Durch seine von Russland losgelöste Machtpolitik war Preußen automatisch an die Seite Frankreichs geraten, aber Friedrich II. wollte dies in solcher Ausschließlichkeit nicht sehen. Er hoffte sich mit Russland und Frankreich auf möglichst lange Zeit gut stellen zu können. Diese Idee ähnelte allerdings sehr der Quadratur des Kreises und wenn der König in Botschafter Mardefeld in Russland einen aufmerksameren Beobachter vor Ort gehabt hätte, so wäre ihm die antipreußische

Haltung des damaligen Vizekanzlers Bestushew-Rjumin nicht entgangen. Es war einzig und allein der fatalen Frankreichhingabe Elisabeth Petrownas zu verdanken, dass sich Bestushew-Rjumin erst 1745 mit seiner Sicht durchsetzen konnte. Friedrich II. sollte mit Gewalt, mit militärischen Mitteln, wieder in den Kreis der Allianz zurück gezwungen werden. Nur so ließe sich die petrinische Linie einer Kontrolle des „Vorfeldes" kontinuierlich fortsetzen. Frankreich versuchte durch eine Mobilisierung seiner Verbündeten zum Angriff gegen Russland die gestörte Situation innerhalb der Allianz auszunutzen. So kam es 1741 zum Angriff Schwedens gegen Russland, dass sich 1742 durch eine Gegenoffensive, die einen entscheidenden Sieg brachte, wehrte. Mit dem Frieden von Åbo 1743 war auch dieser Versuch Frankreichs gescheitert, die Politik der Barrière de L'Est voranzutreiben.

Friedrich II. versuchte ganz im Stil seiner nach zwei Seiten gerichteten Politik Elisabeth Petrowna im Sinne Frankreichs zu beeinflussen. In Bezug auf seinen Schwager Anton Ulrich ließ er seinen Gesandten von Mardefeld im Sommer 1742 eine Erklärung überreichen: „Die Nachricht von der baldigen Loslassung des Prinzen Anton Ulrich wäre seiner königlichen Majestät lieb zu vernehmen." Diese Note passte wohl einigermaßen zur Stimmung am Hof in St. Petersburg. Immerhin gab es noch Ende 1743 das Gerücht, die Ausweisung Anton Ulrichs stehe bald bevor. Für den Rest der Familie sah Friedrich II. klar die Gefahr, die allein durch ihre Präsenz, wie ein stiller Vorwurf ihres Anspruchs auf den Thron, Elisabeths Stellung unnötig bedrohte. Eine Wiedereinsetzung Iwan Antonowitschs wäre ein Sieg der antifranzösischen Partei und hätte eine Wiederbelebung des österreichisch-russischen Bündnisses zur Folge. Friedrich II. widersetzte sich dieser Möglichkeit mit allen Mitteln. So berichtet der russische Gesandte Tschernyschow am 3. Dezember 1743 über ein Gespräch, dass er mit Friedrich II. bei einem Bankett führte, welches dieser anlässlich seiner Auszeichnung mit dem russischen Andreas Perwoswanny Orden gab. Dabei habe der König ihn gebeten, der Zarin zu übermitteln, dass er ihr rate, die Braunschweiger Familie an den entlegensten Ort zu verbannen, dass ganz Europa nicht mehr an sie denke. Obwohl er selbst mit dieser Familie verwandt sei, nehme er sich doch „die Wohlfahrt der gerechten Herrschaft" Elisabeths mehr zu Herzen.

Anfang Sommer 1743 kam Minister Köppen aus Mecklenburg nach Russland um den alten, noch mit Peter I. abgeschlossenen Vertrag zu erneuern. Er wurde im Voraus gewarnt, dass er während der Unterhaltung das Schicksal Anna Leopoldownas und der Braunschweiger Familie nicht einmal erwähnen dürfe.

Es kann bezweifelt werden, dass Elisabeth, die in machtpolitischen Fragen bisher stets mit großer Entschlossenheit vorgegangen war, eines Rates bei der Behandlung der Braunschweiger Familie bedurfte. Von Anfang an hatte sie jedes Andenken an ihren Vorgänger vernichtet. Auch vor einer Änderung der Tatsachen schreckte sie nicht zurück. Das begann schon drei Tage nach dem Umsturz, als Iwan Antonowitsch im Manifest vom 9. Dezember nicht als Zar sondern als „Prinz Iwan" bezeichnet wurde. Eine weitere Maßnahme bestand in der Anordnung, in allen offiziellen Papieren den Zeitabschnitt vom 29. Oktober 1740 bis zum 5. Dezember 1741 als „Zeit der Regierung des ehemaligen Herzogs von Kurland" und als „Zeit der Regierung der Prinzessin Anna" zu bezeichnen. Im Oktober 1742 wurden die Listen des Treueeides öffentlich verbrannt. Alle Adligen Russlands hatten diese Eideslisten vor zwei Jahren unterschrieben, als sie Iwan VI. die Treue schwören mussten.

Laut Erlass vom 11. Januar 1742 sollte die Bevölkerung alle Münzen mit dem Monogramm oder mit dem Brustbild des ehemaligen Zaren Iwan VI. abgeben. Dabei wurde ein Kurs von 1:1 versprochen. Doch nach einem Jahr fiel der Kurs. Ferner erinnerte der Senat dreimal im Laufe der weiteren Jahre an die Notwendigkeit alle „Iwanmünzen" abzugeben. Dabei wurde gedroht, dass nach dem 17. Juni 1745 diese Münzen „unentgeltlich" eingezogen würden, und dass man die Besitzer solcher Münzen „ohne Barmherzigkeit" als Verbrecher bestrafen werde.

Zar Joann III. / Iwan VI. Antonowitsch

Alle Schriftstücke, welche im Namen Iwans VI. ausgefertigt waren, wie Manifeste, Erlasse, Predigten, Pässe der Bauern, die aus ihren Dörfern entlassen wurden, um Geld zu erwerben und alle Bücher, in denen der ehemalige Zar erwähnt war, sollten konfisziert werden. Zuerst erklärte man, dass alle kirchlichen und weltlichen Bücher, die im Zeitabschnitt der „gewissen Herrschaften" gedruckt waren, in die Druckereien, wo sie hergestellt wurden, zurückzugeben wären, damit man ihre Titel korrigieren könnte. Später wurde diese Forderung wiederholt, nachdem bekannt geworden war, dass Bücher in deutscher Sprache, in denen die „gewissen Personen" genannt waren, von einigen Ausländern in St. Petersburg verkauft wurden. Daraufhin wurde die Einfuhr solcher Bücher aus dem Ausland verboten, und jedem, der sie bereits gekauft hatte, drohte eine strenge Strafe.

Die vor einem halben Jahr vom Stapel gelaufenen Linienschiffe „Generalissimus Russlands", „Regentin Russlands" und „Iwan VI." wurden in „Glück", „Wohlergehen" und „St. Peter" umbenannt.

Die Angst Elisabeths vor einer möglichen Entführung der Braunschweiger Familie aus Dünamünde und vor einer Wiedereinsetzung Iwans inspirierte Chetardies Phantasie. Der Staatssekretär, Lord Carteret, teilte dem britischen Botschafter in St. Petersburg C. Wich mit: „Frankreich versucht die Zarin zu überzeugen, dass wir uns angeblich mit Dänemark ... mit dem Haus Braunschweig und dessen Verbündeten geeinigt hatten, um den Zaren Iwan Antonowitsch wieder auf den Thron einzusetzen." Diese Mitteilung Carterets war nicht die erste. Schon im Januar und Februar warnte er Wich vor den Intrigen der Franzosen, für die auch Brummer, der Hofmarschall des holsteinischen Herzogs, Partei ergriff. 1743 blieb die Braunschweiger Familie in Dünamünde, aber Anfang 1744 meldete Chetardie nach Paris, dass er selbst, Brummer und L'Estocq die Absicht hätten, sich mit Mardefeld zu vereinigen, um gemeinsam die Zarin davon zu überzeugen, „den Prinzen nach Deutschland zurückkehren zu lassen, die Mutter und die Kinder voneinander zu trennen, sie alle in verschiedene Orte zu verteilen – so weit, dass niemand etwas über ihre Aufenthaltsort wüsste." Chetardie versprach dabei, Elisabeth zu beweisen, dass England, Dänemark, der Wiener Hof und Sachsen schon Anstalten gemacht hätten, um „das Vorhaben zu verwirklichen."

Chetardie kam mit seinen Plänen auch diesmal zu spät, so wie schon vor zwei Jahren, als er früh morgens, am 6. Dezember 1741 erfahren hatte, dass Elisabeth nach ihrem eigenen Plan ohne seine Teilnahme den Umsturz gewagt hatte. Auch jetzt meldete er am 28. Januar, dass er gemeinsam mit dem preußischen Gesandten auf eine Verlegung der Familie an einen sicheren Ort zu bestehen beabsichtige. Am 4. Februar meldete er, dass an dem geplanten Gespräch Brummer und L'Estocq teilnehmen müssten, damit sie alle zusammen Elisabeth zur Befreiung Anton Ulrichs überredeten, wie es „der preußische König vorschlägt."

Aber am 20. Januar gab Elisabeth Anordnung an General Saltykow zur Überstellung aller Arrestanten aus Dünamünde ins Innere Russlands, nämlich in die Festung Oranienburg (Ranenburg), die 350 Kilometer südöstlich von Moskau lag. Die Zarin befahl Iwan VI. Antonowitsch für die bevorstehende Reise von seiner Mutter zu trennen, und ihm einen besonderen Wagen zur Verfügung zu stellen. Nach fünf Tagen kam ein weiterer Erlass an Saltykow, in dem ganz genau festgelegt wurde, wo und wie die Arrestanten in der Festung Oranienburg untergebracht werden sollten: „Und nachdem ihr nach Oranienburg ankommt, so soll dem Prinzen Iwan mit seinen Ammen Gemächer neben dem Koslowski Tor und der Prinzessin mit dem Gatten und ihren Kindern und Dienern – die Gemächer des Moskauer Tores angewiesen werden. Man darf nicht, den Prinzen Iwan zum Vater und zu der Mutter tragen lassen, und diese dürfen das Kind auch nicht besuchen."

Der Befehl, der Prinzessin ihren Sohn wegzunehmen, machte selbst den General Saltykow verlegen und er wagte sogar eine Anfrage an die Zarin zu richten, was er tun solle, falls Anna Leopoldowna ihm den Sohn nicht gäbe? Die Antwort lautete, die Prinzessin „soll jetzt ihren Willen nicht haben." Gleichzeitig sollten alle Ausländer unter der Dienerschaft ins Ausland abgeschoben werden. Es wurde der Prinzessin lediglich erlaubt, eine Kammerjungfer bei sich zu behalten.

Elisabeth befahl General Saltykow, spätestens am 1. Feburar Dünamünde zu verlassen, weil zu dieser Zeit die Ankunft Prinzessin Sofie Auguste Friederikes von Anhalt-Zerbst in Russland erwartet wurde. Sie war von Elisabeth zur Braut des Thronfolgers, ihres Neffen, bestimmt worden. Die fünfzehnjährige Prinzessin und ihre Mutter, Herzogin Elisabeth Johanna, erreichten Riga am 12. Februar. Vor dem Haus, in dem sie Quartier nahmen, stand die Ehrenwache unter dem Kommando des Leutnants Karl Friedrich Hieronymus von Münchhausen.

Die Abfahrt aus Dünamünde verzögerte sich, denn an einem der letzten Dezembertage gebar Anna Leopoldowna eine

Zarin Anna Iwanowna

Tochter. Am 9. Januar 1744 wurde das Kind getauft. Im Gefolge der Prinzessin gab es einen orthodoxen Popen, der, so Saltykow, vor Angst gezittert habe, so dass man noch einen Popen aus der Festungskirche zu Hilfe holen musste. Das Mädchen wurde Elisabeth genannt. Dieser Name sollte wohl das Herz der Zarin rühren. Medikus Manse verschrieb Erholung. Die Zarin erlaubte daraufhin die Abreise um zwei Wochen zu verschieben, wobei der

Zarin Elisabeth Petrowna

Arzt Graff die Kranke noch einmal untersuchen sollte, um die Diagnose Manses zu kontrollieren.

Am 11. Februar machte sich der Schlittenkonvoi auf den Weg. Vor der Abreise teilte Saltykow den Eltern mit, dass man ihren Sohn getrennt von ihnen transportieren werde. Der General erzählte später, sie seien daraufhin in ein anderes Zimmer gegangen, hätten eine Viertelstunde geweint, wären dann zurück gekommen um ihm mitzuteilen, sie seien jetzt gefasst und bereit, dem Willen ihrer Majestät zu entsprechen.

Die Überführung nach Oranienburg sollte selbstverständlich in aller Stille stattfinden. Durch die Städte fuhren sie in der Regel nachts. Aber schon einen Tag nach der Abreise wusste der zum feierlichen Empfang der Prinzessin von Anhalt-Zerbst in Riga angekommene d'Alion nach Paris zu berichten, dass Anna Leopoldowna mit Familie irgendwohin transportiert werde. Zehn Tage nach der Abfahrt meldete Wich nach London, dass die Familie nach Oranienburg gebracht worden sei: „Später wird man die Braunschweiger aber in einen noch ferner liegenden Ort transportieren müssen, so dass man über sie dann nichts mehr hören kann." Wich fügte auch hinzu: „Man hat mir gesagt, aber ich kann es nicht glauben, dass der Prinz von Braunschweig und seine Dienstschaft unter Geleit nach Memel überführt worden seien, dass er die Freiheit erhalten habe, nach Deutschland zurückzukehren."

Auch Chetardie hörte von diesem Gerücht. Am 15. Februar berichtete er, dass die Braunschweiger Familie an verschiedenen Orten untergebracht worden sei: „Anton Ulrich in Deutschland, und die Mutter mit den Kindern in der Festung Oranienburg." Anders als Wich dachte der Marquis darüber nicht nach, ob die Nachricht von der Befreiung Anton Ulrichs stimmte oder nicht. Später, als Elisabeth ihm sagte, dass die ganze Familie in Oranienburg angekommen sei, wirkte er erstaunt. Er hatte anscheinend geglaubt, die Zarin wolle Anton Ulrich befreien. Chetardie zufolge habe Elisabeth ganz unglaubwürdige Argumente angeführt, um ihre Entscheidung zu rechtfertigen. Er „sah mit Bedauern, dass sie genau so unschlüssig war, wie am ersten Tag ihrer Herrschaft, und wusste nicht, was sie mit der gestürzten Familie weiter machen sollte."

Am 17. März erreichte der Konvoi die Festung Oranienburg, die im Jahre 1702 von Menschikow erbaut worden war. Die Festung hatte zwei riesige Tore – das Moskauer und das Koslowski Tor.

Vor den Toren gab es Zugbrücken, die über einen Wassergraben führten. Hinter den mit fünf Bastionen verstärkten Erdwällen befand sich ein großes Wohnhaus mit 46 Zimmern im ersten Stock und 14 Zimmern im Erdgeschoß. Daneben lagen kleinere Häuser für die Dienerschaft und den Wachsoldaten.

Zuletzt war hier Fürst Alexander Danilowitsch Menschikow, der Erbauer der Festung, ehemaliges Mitglied des Obersten Geheimen Rates und Generalissimus wie Anton Ulrich, zusammen mit seiner Familie als Gefangener gewesen. Das war im Jahr 1727. Der ehemals reichste und mächtigste Mann Russlands, wurde hier in der Festung gezwungen, sich bei den Wachoffizieren einzuschmeicheln und die Reste seines Reichtums zu verteilen, um sich das Wohlwollen seiner Bewacher zu erkaufen. In Oranienburg lebte Menschikow ein halbes Jahr unter strenger Bewachung. Danach wurde er mit seiner Familie nach Beresow in Ostsibirien verbannt. Die Reise dorthin nahm acht Monate in Anspruch. Unterwegs starben seine Frau und die jüngste Tochter. Nach einem Jahr starb er selbst.

General Saltykow bat die Zarin einige male, ihn aus dem Dienst als Vorgesetzter des Gefängniskommando zu entlassen. Dabei berief er sich immer auf seine Krankheiten. Nachdem er die Häftlinge an ihren Bestimmungsort gebracht hatte, bekam er endlich die Erlaubnis, das Wachkommando an Major Gurjew zu übergeben. Er selbst kehrte nach Moskau zurück. Die Festung war ziemlich verfallen und nach der Übersiedlung begann man sofort mit Reparaturarbeiten. Vier neue Kasernen wurden gebaut. Iwan VI. Antonowitsch wurde zusammen mit zwei Ammen nicht weit vom Koslowski Tor untergebracht. In diesem Haus befanden sich ein Unterleutnant, ein Unteroffizier, ein Korporal und einige Soldaten, die einander zur Wache ablösen sollten. In der Diele standen immer zwei Wachsoldaten, hinter dem Haus auf dem Erdwall noch drei Weitere. Die übrige Familie wohnte im gegenüberliegenden Teil der Festung, ebenfalls unter strenger Bewachung. Es war den Häftlingen verboten, das Haus zu verlassen

Generalissimus Anton Ulrich

oder die Fenster zu öffnen. Gurjew wagte keine eigenmächtigen Entscheidungen. So meldete er am 9. April der Zarin, dass Anna Leopoldowna um Erlaubnis gebeten habe, das Fenster zum Hof zu öffnen. Dies wurde nach einem Monat genehmigt. Auch als Anton

Regentin Anna Leopoldowna

Ulrich den Wunsch äußerte, Schachspielen zu dürfen, fragte Major Gurjew die Zarin um Erlaubnis: „Ich gäbe ihm mein Schach, obwohl es nicht besonders gut ist, wenn Ihro Kaiserliche Majestät nichts dagegen hätten." Der Prinz bat auch um einen Besuch vom Pastor.

„Cholmogorer Kommission"

Wie es der britische Botschafter Wich in St. Petersburg bereits im Februar 1744 in einem Schreiben nach London vermutet hatte, konnte man die Braunschweiger Familie in der Festung Oranienburg nicht vor der russischen Öffentlichkeit verbergen. Im Mai meldete der französische Botschafter Chetardie nach Paris, dass Iwan Antonowitsch und die übrige Familie an verschiedenen Orten des Reiches verteilt inhaftiert werden sollten, die Gefangenen wären schon getrennt von einander untergebracht.

Jetzt war klar, dass die Zarin nicht die Absicht hatte, die Familie aus Russland zu entlassen. Sie wollte die Verbannten an einem Ort gefangen halten, wo sie „in das völlige Vergessen versetzt" würden. Dafür gab es in Russland zahllose Orte. Schon im Sommer des Jahres 1744 wies Elisabeth auf das Kloster Ssolowetzky hin. Dieses Kloster liegt im südlichen Teil des Weißen Meeres auf der Großen Ssolowetzky Insel, umringt von fünf kleineren Inseln. Die Inselgruppe liegt etwa vierzig Kilometer vom Kontinent entfernt. Das Weiße Meer gefriert im Winter dank des warmen Golfstromes nicht ganz. Um die Inseln und entlang der Küste bildet sich eine schmale aber feste Eiskante. Bis weit in den Frühling hinein dauert der Winter. Das Kloster war von November bis Mai von der Welt völlig abgeschnitten. Im 16. Jahrhundert war es zu einer Festung ausgebaut worden. Massige Türme und fast sechs Meter dicke Mauern schützten sicher die Kathedrale und die Klosterbauten. Im Zeughaus lagerten Kanonen, Pulver und Kugeln. Im 17. Jahrhundert war das Kloster Schauplatz der Glaubensauseinandersetzung zwischen Reformen und „Altgläubigen" gewesen. Sieben Jahre lang leisteten die Mönche den Reformen des Patriarchen Nikon und den Truppen des Zaren Alexej Michailowitsch, des Vaters Peters des Großen, Widerstand. Nikon war der Überzeugung, die russische Kirche habe sich zu weit von ihrem von Byzanz ererbten Ritual entfernt und sollte daher wieder zu den althergebrachten griechischen Ritualen zurückkehren. Eine der umstrittensten Änderungen, die Nikon mit Unterstützung des Zaren und seiner wie eine Religionspolizei auftretenden Truppen durchsetzte, war das Bekreuzigen mit drei anstatt zwei Fingern. Die Mönche des Ssolowetzky Klosters wehrten sich gegen eine Änderung der Tradition des „Heiligen Russland", in der Moskau als „Drittes Rom" angesehen wurde. Seinen Ruf in der russischen Geschichte erhielt das Kloster jedoch als Gefängnis. Von Iwan dem Schrecklichen an verbannten die russischen Zaren hierher die Menschen, die der Staatsmacht oder der offiziellen Kirche gefährlich zu sein schienen. Im Jahr 1744 befanden sich in den Zellen, die in die Mauern eingelassen waren, unter einigen Dutzend Häftlingen Edelleute und einfache Bürger.

Um die neuen Häftlinge mit dem gesamten Wachkommando unterbringen zu können, befahl Zarin Elisabeth, man möge 24 Zimmer in einem Gebäude ausweisen und diese vom übrigen Bereich des Klosters mit einem Zaun abtrennen. Oberst Tschertow wurde damit beauftragt, die Gefängnisräume den neuen Anforderungen entsprechend umzubauen. Der Oberst hatte Erfahrung mit solchen Arbeiten, denn er hatte bereits einige Jahre zuvor die Sanierung baufälliger Gebäudeteile in Oranienburg gewissenhaft durchgeführt. Außerdem sollte Tschertow auf dem Weg von Oranienburg bis zu den Ssolowetzky Inseln alle Übergangsstellen und Brücken über die Flüsse und Moraste nachprüfen und, wo es nötig war, sie reparieren, damit ein großer Zug von Arrestanten und Bewachern sie leicht überfahren könnte. Tschertow sollte den naseweisen Einheimischen erklären, dass eine wichtige Person bald nach Norden fahren werde, um die dortigen Salzwerke zu besichtigen. Dem Klostervorstand wurde erklärt, dass im Kloster „gewisse Leute auf Befehl Ihrer Majestät" untergebracht werden, und dass sich niemand einzumischen hätte. Die Leitung und Bewachung des Transports wurde Nikolaj Andreewitsch Baron von Korf übertragen. Korf war mit einer Kusine Elisabeths verheiratet, und die Zarin hatte Vertrauen zu ihm. Immerhin hatte er schon zwei wichtige Aufträge ausgeführt. 1742 begleitete er den

Herzog von Holstein-Gottorp und 1744 die Prinzessin von Anhalt-Zerbst nach Russland. Peter III. und Katharina II. gingen beide später in die russische Geschichte ein.

Als erster sollte Major Müller mit Iwan Antonowitsch aus Oranienburg abfahren und nach Ablauf von 24 Stunden sollte dann Korf, zusammen mit den übrigen Häftlingen und der Wache, Richtung Archangelsk folgen. Von dort aus sollten die Gefangenen auf die Ssolowetzky Inseln, in das von Oberst Tschertow vorbereitete Gefängnis, gebracht werden. Oberst von Heimburg, Juliane von Mengden, Iwans Amme und einige Diener blieben in Oranienburg zurück. Baron von Korf hatte um Erlaubnis gebeten, eine Amme und eine Wärterin für den vierjährigen Iwan mitnehmen zu dürfen, damit sich das Kind ruhiger verhalte. Als die Zarin diese Anfrage erhielt, geriet sie darüber ganz außer sich, sodass sie das Blatt auf der Stelle zerriss und Anweisung gab, ihre zuletzt erteilte Instruktion noch einmal ausdrücklich zu wiederholen. Während der Vorbereitungen zur Abreise aus Oranienburg und von der beschwerlichen Reise selbst, schickte der Baron alle zwei bis drei Tage an Kabinettsekretär Baron Iwan Antonowitsch Tscherkassow einen Rapport. Da er Russisch nicht schriftlich beherrschte, verfasste er seine Berichte auf Deutsch und ließ sie dann von seinem Sekretär übersetzen. Einzelheiten der Reise haben sich in zahlreichen Briefen an Graf Woronzow erhalten. Korf war mit dem Grafen verwandtschaftlich, durch Ehen mit den Schwestern Skawronsky, verbunden. Diese Briefe hat er vermutlich selbst geschrieben, die erhaltenen Kopien in deutscher Sprache tragen Unterschriften von seiner Hand. In der Nacht des 9. September 1744 machte sich Major Müller in Begleitung von zwei Soldaten mit Iwan Antonowitsch auf den Weg. Der Hauptzug setzte sich, durch ein Wachkommando von 74 Soldaten begleitet, 24 Stunden später in Bewegung. Alles in allem waren für diesen Transport zwei Kutschen, acht Kaleschen, drei Dutzend großer und kleiner Wagen und Fuhrwerke unterwegs. Der Anfang der Reise stand ganz im Zeichen Anna Leopoldownas. Sie war wieder schwanger und erlitt infolge der Aufregungen über die bevorstehende Veränderung einen Nervenzusammenbruch. Um sie zu beruhigen und einigermaßen reisefähig zu machen wurde sie zur Ader gelassen. In diesem frühen Herbst regnete es unaufhörlich und die Räder versanken bis zu den Achsen im Morast, die Pferde waren bald erschöpft.

Am 6. Oktober, nachdem der Gefangenentross Wologda verlassen hatte, meldete Korf an Baron Tscherkassow, dass der Frost bald einsetzen werde. Da der Tross noch viele Flüsse zu überqueren habe, seien sie gezwungen, eine Weile abzuwarten, bis das Eis fester werde. Nach 10 Tagen berichtete Korf, dass die Wege bereits mit Schnee bedeckt seien, und es unmöglich wäre, die Räder durch Schlittenkufen zu ersetzen. Die Fahrrinnen im Norden seien für ihre Kufen zu eng, die Einwohner dieser Region verwendeten leichtere und viel enger eingespannte Schlitten. Die Zarin ließ solche Erschwernisse nicht gelten und duldete keine Verzögerung der Reise. Tscherkassow solle sich etwas einfallen lassen. So erhielt Baron von Korf nach wenigen Tagen eine ausführliche Anleitung, wie er den gesamten Tross in Bewegung setzen könne. Er solle Birken fällen lassen, die Stämme bei schwachem Feuer blähen, aus dem Holz Schlittenkufen fertigen, enge Schlitten bauen lassen, darauf die Wagen stellen und so die Fahrt fortsetzen. Sollte im äußersten Fall eine Überfahrt zu den Ssolowetzky Inseln infolge der Witterung zu dieser Zeit des Jahres nicht mehr möglich sein, hatte man das Nikolo-Korelsky Kloster als Winterquartier bestimmt. Es lag an der Küste des Weißen Meeres, sechzig Kilometer nördlich von Archangelsk.

Hauptmann Wymdonskij wurde mit dem Auftrag dorthin vorausgeschickt, die Gebäude auf ihre Tauglichkeit als Gefängnis zu überprüfen und die Ankunft des Transportes vorzubereiten. Das Urteil des Hauptmanns fiel entschieden aus: „Das Kloster ist viel zu klein und die Gebäude baufällig und kalt, es ist unmöglich hier hundert Personen unterzubringen." So stand es in seinem Bericht, den er gleich nach seiner Ankunft an Baron von Korf abschickte. Am 20. November erreichten der Zug das Dorf Cholmogory, am

Ufer der Norddwina, 60 Kilometer südöstlich von Archangelsk. Korf meldete verzweifelt, es sei ganz und gar unmöglich, die Reise ins Nikolo-Korelsky Kloster fortzusetzen. Er schloss mit der Bitte, die Zarin möge erlauben hier in Cholmogory, im Haus des Erzbischofs, überwintern zu dürfen. An Tscherkassow schickte er zusammen mit dem Rapport geräuchertes Fleisch und geräucherten Fisch als Geschenk aus dem Norden. Diesmal hatte er bei der Zarin Erfolg, denn Elisabeth Petrowna genehmigte den Aufenthalt über den Winter. Vielleicht hatte auch ein gutes Wort von Tscherkassow zu ihrer Entscheidung beigetragen.

Bis zum Ende des 17. Jahrhunderts war Cholmogory ein Handels- und Kulturzentrum des dünn besiedelten Nordens. Aus dem Weißen Meer liefen über die Mündung der nördlichen Dwina ausländische Seeschiffe den Hafen von Cholmogory an. Hier hatten holländische, englische und deutsche Kaufleute ihre Warenlager. Bis zur Gründung von St. Petersburg wurde der gesamte auswärtige Schiffsverkehr nur über Cholmogory betrieben. Es führte von Russland kein anderer Weg nach Europa. Die meisten Reisenden, Botschafter, Offiziere und Handwerker kamen – auf dem Seeweg – in Cholmogory an. Von hier aus reisten sie weiter ins Landesinnere und nahmen denselben Weg, den die Braunschweiger Familie bereits gekommen war.

Als Sitz des Bistums von Cholmogory und Waga erlebte der Ort in den Jahren 1683 bis 1702 unter Erzbischof Afanassij (Lubinow) seine größte Blüte. Unter seiner Ägide wurden Kirchen und andere Gebäude aus Stein erbaut, was in dieser Gegend selten vorkam. So entstand die Preobrachensky Kathedrale mit dem frei stehenden Glockenturm mit Zeltdach; das einstöckige Haus des Erzbischofs samt der angebauten Hauskirche der Heiligen Anna, die einstöckige Kirche des Heiligen Jacob und weitere Bauten. All diese Gebäude lagen etwas höher als der Ort, sodass sie im Frühling nicht vom Wasser überflutet wurden. Vor dem Bischofshaus erstreckte sich ein langer, enger Talkessel mit einem Teich. Der Personalbestand des Bischofshauses zählte über hundert

Beamte, Diener und Handwerker, von denen die meisten nicht weit in hölzernen Häuschen wohnten. Die Häuser der Einwohner von Cholmogory standen in größerer Entfernung. Anfang des 18. Jahrhunderts änderte sich die Bedeutung Cholmogorys. Die ersten Versuche Peters I. eine eigene Handels- und Militärflotte zu schaffen, waren mit Archangelsk verbunden. Aus der kleinen Festung Archangelsk an der Mündung der Norddwina wurde bald eine Stadt mit einem wichtigen Hafen und einer Schiffswerft. Schon 1702 war Archangelsk das administrative Zentrum des europäisch-russischen Nordens. In der Stadt wohnten von alters her sehr viele Ausländer, darunter viele Deutsche. Dazu zählten Schiffsbaumeister, Handwerker und Kaufleute. Ein Stadtteil im Zentrum von Archangelsk wurde „das deutsche Stadtviertel" genannt. Im 17. Jahrhundert wurde dort für die lutherische Gemeinde die erste Kirche gebaut.

Mit der Entwicklung der Stadt Archangelsk setzte langsam der Niedergang von Cholmogory ein. Im Laufe von 50 Jahren nahm die Zahl der Einwohner drastisch ab. Als die Braunschweiger Familie nach Cholmogory kam, wohnten dort nur noch anderthalb tausend Menschen. Der Sitz des Bischofs aber blieb dennoch bestehen. Im Jahre 1744 war Warssonofij Erzbischof von Cholmogory. Mit den Verbannten Anna Leopoldowna und Anton Ulrich war er bereits gut bekannt. Von 1733 bis 1735 war er Mitglied der Heiligen Synode, und von 1738 bis 1740 hatte er den Gottesdienst am Hofe Anna Iwanownas gehalten. Während der Regentschaft Anna Leopoldownas wurde er zum Erzbischof geweiht und in dieses nördliche Bistum versetzt.

Warssonofij war wohl ein furchtloser Mann, der schon einiges erlebt hatte. In jungen Jahren hatte er Dienst auf Kriegsschiffen verrichtet und an zwei Feldzügen teilgenommen. Nach der Ankunft der Braunschweiger Familie musste er mit seiner ganzen Dienerschaft in ein kleines, jenseits des Teiches gelegenes Sommerhäuschen übersiedeln. Später wurde für ihn ein neues Haus gebaut. Anton Ulrich und seine Familie brachte man in zwei einstöckigen, sich einander gegenüberliegenden Gebäuden unter. Die hohe Kirche des Heiligen Jakob stand jedoch dazwischen und versperrte die Sicht von Haus zu Haus. Im kleineren der beiden, das nur einen Ausgang nach dem Hof, da wo die Kirche stand, hatte, wurde Major Müller mit Iwan Antonowitsch untergebracht. Vor dem Ausgang stand immer ein Posten. Dem kleinen Iwan war es verboten hinauszugehen. Auch in den Zimmern waren Bewacher.

Anton Ulrich und Anna Leopoldowna waren zusammen mit ihren Töchtern und mit Jakobine von Mengden im ersten Stock des erzbischöflichen Hauses untergebracht. Ihre Fenster gingen sämtlich zum Tal hin, zur Teichseite hinaus. Der große Saal an der Stirnseite des Hauses hatte dem Erzbischof als Sprechzimmer gedient. Von dort gelangte man in die angebaute Hauskirche, die der Heiligen Anna gewidmet war. Einer Beschreibung nach war auf einer der Altarttüren der Andreas-Perwoswanny-Orden gemalt. So mag Anton Ulrich manches Mal, wenn er die Kirche betrat, an die Zeit gedacht haben, als er noch selbst Ritter dieses Ordens war. Im Erdgeschoss befanden sich Diensträume und Wachlokale. Die beiden Ausgänge, nach dem Hof und zum Teich, waren durch Posten besetzt. Einzig um den Teich durften die Häftlinge unter Bewachung spazieren gehen. Dort wurde für sie auch ein kleiner Gemüsegarten angelegt. Offiziere, Soldaten und Diener wurden in den Wirtschaftsgebäuden des Bischofs einquartiert. Baron von Korf wohnte in einem Nebengebäude aus Holz, das an das erzbischöfliche Haus angrenzte. Die ganze Unternehmung – Gefängnis unter dem Kommando Baron von Korfs im bischöflichen Sitz von Cholmogory für den ehemaligen Zaren Iwan VI. und seine Familie – lief aus Geheimhaltungsgründen bei den beteiligten Stellen unter der Bezeichnung „Cholmogorer Kommission". In alten Papieren findet sich eine Zeichnung der im Hof stehenden Gebäude, die vermutlich im Jahre 1745 nach St. Petersburg geschickt worden war. Darauf sind nach Art des 18. Jahrhunderts Grundriss und Fassadenansicht (Aufriss) vereint, alles mit großer Sorgfalt und mit vielen Details dargestellt. Durch grobe Striche waren nachträglich Umzäumungen und Durchgänge zur Kathedrale hinzugefügt worden. Alles musste kontrollierbar und zu bewachen sein. So war die Umzäumung notwendig, damit die Einwohner Cholmogorys auch die Messe besuchen konnten. Auf dem Grundriss des kleineren Hauses ist in einem Zimmer der Buchstabe „E" für I(wan) und im anderen „I" für M(üller) eingetragen. Auch die Anzahl der Wachposten vor den einzelnen Türen sowie weitere geplante Absperrungen sind in der Zeichnung notiert.

Noch aus Oranienburg meldete Korf eine weitere Schwangerschaft Anna Leopoldownas. Jetzt bat er um Erlaubnis, eine Hebamme und eine Amme in Archangelsk suchen zu dürfen. Beide Frauen wurden über alles, was sie zu hören und zu sehen bekämen bei Wahrung eines Staatsgeheimnisses zu höchstem Stillschweigen verpflichtet. Außerdem stellte der Baron die Frage, was zu tun sei, falls einer der Häftlinge sterben sollte. Die Antwort erteilte genaue Vorschriften: Im Todesfall Iwan Antonowitschs oder Anna Leopoldownas wären die Leichname in Spiritus zu legen und nach St. Petersburg zu transportieren. Mit den anderen Familienmitgliedern sei im Prinzip auch so zu verfahren, bis auf den Umstand, dass die Entscheidung über einen Transport nach St. Petersburg oder ein Begräbnis in Cholmogory abzuwarten sei. Am 30. März 1745 gebar Prinzessin Anna Leopoldowna einen Sohn, der auf den Namen Peter getauft wurde. Die Eltern bedankten sich bei der Zarin in einem Brief für die Genehmigung von Hebamme und Amme. Neben weiteren Dankesbezeugungen und Treuebekundungen gaben sie ihrer Hoffnung auf weitere Zugeständnisse Ausdruck. Eine Bitte um Freilassung enthielt das Schreiben, das von Anna Leopoldowna eigenhändig verfasst wurde, allerdings nicht. Mit der Ausweglosigkeit ihrer Lage hatten sie sich wohl abgefunden.

Schon nach der Ankunft in Cholmogory begann Korf die Zarin und Baron Tscherkassow davon zu überzeugen, dass es sinnlos wäre, im Frühling ins Ssolowetzky Kloster zu übersiedeln. Es gäbe kein besseres Gefängnis als das Haus des Cholmogorer Erzbischofs. Schließlich läge das Ssolowetzky Kloster so weit vom Festland entfernt, dass es während sechs Monaten völlig unzugänglich sei und es daher keine regelmäßigen Rapporte geben könne. So wurde per Erlass vom 9. April 1745 unter dem Decknamen „Cholmogorer Kommission" die provisorische Reiseunterbrechung zum ständigen Verbannungsort bestimmt. Diesmal sollte niemand erfahren, wo die Braunschweiger inhaftiert waren. Vor seiner Ablösung forderte die Zarin im letzten Befehl, Korf solle Anna Leopoldowna erneut nach dem Verbleib ihres wertvollen Schmuckes befragen. In eigener Hand fügte Elisabeth hinzu, falls diese sich nicht erinnere, werde die in Oranienburg verbliebene Juliane von Mengden gefoltert. Ob diese ungerechte und jähzornige Drohung, die eine Seite von Elisabeths Charakter offenbart, dazu führte, dass der Schmuck gefunden wurde, ist nicht bekannt.

Die Vereisung an der Dwina dauert gewöhnlich bis Ende April, und die Wege trockneten bis zum Anfang des Sommers aus. So konnte Baron von Korf erst im Juni Cholmogory verlassen. Nach seiner Abfahrt blieben in Cholmogory zwei unabhängige Wachkommandos zurück. Das kleinere, unter dem Befehl von Major Müller, bewachte den ehemaligen Zaren Iwan VI. Antonowitsch. Alle anderen Wachsoldaten in einer Stärke von 70 Mann standen unter dem Befehl Major Gurjews und bewachten die übrige Familie. Die beiden Majore sendeten ihre Rapporte an den Kabinettsekretär Baron Tscherkassow nach St. Petersburg. Dieser berichtete der Zarin über alle Vorkommnisse, und nach ihren Anweisungen verfasste er dann seine Antworten. Aber sowohl die Zarin als auch ihr Kabinettsekretär gaben sich nicht allzu viel Mühe, unverzüglich auf Briefe zu antworten oder Resolutionen zu verfassen.

Der britische Botschafter, Lord Hynford, beklagte sich oft in seinen Mitteilungen über die Gleichgültigkeit der Zarin und sprach sogar von ihrer „großen Abneigung" gegen alle Staatsfragen. („Die ganze letzte Woche hatte die Zarin alle Hände voll zu tun, weil sie ihr Hoffräulein verheiratete; keine Fragen rückten vor, ausgenommen die Damenprobleme.") Der Sekretär des sächsischen Botschafters Petzold, auch der Vorgänger Lord Hynfords, der englische Botschafter Wich und nicht zuletzt der französische Botschafter Chetardie gaben von der Zarin ein ähnliches Bild. Für Chetardie, den Ränkeschmied in der Anfangszeit Elisabeths, sollten derartige Bemerkungen für das Ende seines Wirkens am russischen Hof sorgen. Seine chiffrierten Briefe wurden dem Kanzler Bestushew-Rjumin zugeleitet, der sie durch einen Spezialisten, Goldbach mit Namen, dechiffrieren ließ, und sie dann der Zarin zeigte. Nachdem Elisabeth gelesen hatte, dass sie nur ihre Trachten zu wechseln und sich mit dem gemeinsten Gesinde zu amüsieren verstehe, befahl sie, Chetardie aus Russland innerhalb von vierundzwanzig Stunden auszuweisen. Dies war ein nicht zu unterschätzender Erfolg Kanzler Bestushews. Im Verlauf der nächsten Monate brachte er seine Haltung gegen Preußen endlich auch bei der Zarin zur Geltung. Die Erneuerung der alten preußisch-russischen Defensivallianz 1746, spielte dabei keine Rolle und dürfte Friedrich II. zu Unrecht in Ruhe gewogen haben.

Was Baron Tscherkassow angeht, so wurden nach seinem Tod in der Kanzlei 570 ungeöffnete Postsachen gefunden. Da blieben viele Rapporte und Briefe aus Cholmogory unbeantwortet. Auf manche Anfragen erhielt man hingegen zu ausführliche Antworten. So gab Tscherkassow Major Gurjew Anweisungen, wie breit die Bänder auf den Röcken der Prinzessin Anna Leopoldowna sein sollten und wie viel Zwirn zum benähen der Knopflöcher man in Archangelsk einzukaufen hätte. In einem Erlass vom 9. April ließ die Zarin mitteilen: „Falls Iwan Antonowitsch früher als seine Eltern sterben sollte, so muss seine Leiche vor dem Abtransport nach St. Petersburg dem Vater und der Mutter gezeigt werden, damit sie sich von seinem Tod überzeugen können."

Im August 1745 gab der Kommissionsarzt Manse bekannt, dass die Prinzessin wieder schwanger sei. Im November richtete sie an Major Gurjew die Bitte, ihr wieder eine Hebamme und eine Amme zur Verfügung zu stellen. Gurjew ordnete an, aus Archangelsk eine Hebamme und die Frau eines Soldaten aus der Archangelsker Garnison, Tatjana Nikitina, als Amme herbeizuschaffen. Am 10. März 1746 gebar die Prinzessin einen weiteren Sohn, der auf den Namen Alexej getauft wurde. Noch im Rapport vom 13. März hatte Major Gurjew gemeldet, dass „alles gut gehe." Plötzlich starb Anna Leopoldowna fünf Tage nach der Geburt ihres Kindes am 18. März. Instruktionsgemäß wurde ihre Leiche in Spiritus gelegt und in einem Eichensarg nach St. Petersburg überführt. Die Überführung leitete der Unterleutnant Lew Pissarew. Gurjew schickte den Rapport Manses, der die Todesursache untersucht hatte, sowie einen Brief Anton Ulrichs an die Zarin nach St. Petersburg. Diese war über die Geburt eines weiteren „Thronfolgers" so erzürnt, dass sie den Rapport in Fetzen zerriss. Sodann forderte Elisabeth von Anton Ulrich einen Brief, worin er persönlich erklären solle, an welcher Krankheit seine Frau gestorben sei.

Elisabeth schrieb auch an Major Gurjew und befahl ihm, die Antwort Anton Ulrichs unverzüglich zu übersenden. Baron Tscherkassow machte auf dem Zettel der Zarin folgenden Zusatz: „Dem Prinzen sagen, er soll nur schreiben, an welcher Krankheit die Prinzessin starb, ohne die Geburt des Prinzen zu erwähnen." Auf diese Weise bekam Elisabeth ein Dokument, das den natürlichen Tod der Prinzessin Anna bestätigt, worin aber nicht erwähnt wurde, dass noch ein weiterer Sohn zur Welt gekommen war. Am Tag nach dem Begräbnis, am 2. April 1746, benachrichtigte Kanzler Bestushew Herzog Karl Leopold von Mecklenburg vom Tod seiner Tochter und teilte ihm mit, dass sie neben dem Grab ihrer Mutter bestattet worden sei. Er fügte hinzu, dass die Zarin schon einen Brief von Anton Ulrich über den Tod Anna Leopoldownas erhalten habe. In diesem Brief habe Anton Ulrich geschrieben, seine Ehefrau sei an Fieber gestorben. Bestushew verschwieg, dass es Wochenbettfieber war und sagte natürlich auch kein Wort über die Geburt des Kindes.

Die Neuigkeit war jedoch nicht geheim zu halten. Pissarew war noch mit der Leiche der Prinzessin unterwegs, als der englische Botschafter, Lord Hynford, am 15. März nach London mitteilte: „Ich habe aus zuverlässiger Quelle gehört, dass die unglückliche Prinzessin von Braunschweig vor kurzem im Wochenbett gestorben ist. Sie habe den dritten Sohn geboren, der bei bester Gesundheit sei. Die Familie hat jetzt also drei Söhne und zwei Töchter."

Am 29. März brachte Pissarew den Sarg mit der Leiche der ehemaligen Regentin nach St. Petersburg. Sie wurde vom Hofarzt untersucht, in einen anderen, prachtvollen Sarg gelegt und im Alexander-Newski Kloster aufgebahrt. Alle Höflinge bekamen im Zarenpalast die Mitteilung, dass die Prinzessin „an einem hitzigen Fieber" gestorben sei und dass alle von ihr nun Abschied nehmen könnten. Die Beerdigung war am 1. April. Zarin Elisabeth und die Großfürstin Katharina, geborene Prinzessin von Anhalt-Zerbst, beide in Schwarz, begaben sich vom Palast ins Kloster gefolgt vom ganzen Hof. Fünf Bischöfe hielten die Totenpredigt. Sie nannten die Verstorbene „Anna, Prinzessin von Braunschweig-Lüneburg". Sie wurde in der Blagoweschtschenskaja-Kirche des Klosters, neben dem Grab ihrer Mutter, der Herzogin Katharina Iwanowna von Mecklenburg, beerdigt.

In der „Cholmogorer Kommission" traten einige Änderungen ein. Major Gurjew, der Baron Tscherkassow mehrfach um Ablösung von diesem schwierigen Posten gebeten hatte, erhielt endlich den gewünschten Befehl und kehrte nach St. Petersburg zurück. Major Müller sollte nun Wymdonskij regelmäßig Bericht erstatten und dieser verfasste dann Rapporte für Tscherkassow, in welchen er die Arbeit der Kommission im Großen und Ganzen schilderte. Müller schrieb allerdings auch an Tscherkassow direkt, wobei er sich meist über Wymdonskij beklagte. (In einem Brief gestand er, noch nie zuvor in seinem Leben dermaßen viel geschrieben zu haben.) Außer lakonischen Bemerkungen, dass es sich „mit den gewissen Personen wohl verhält" oder dass es sich „mit dem gewissen Kind wohl verhält", zeichnen die Rapporte von Hauptmann Wymdonskij und Major Müller ein ambivalentes Bild des Gefangenendaseins. Unter den über hundert Häftlingen sticht die tragische Geschichte Jakobine von Mengdens hervor und illustriert dabei sehr lebendig das Leben und die Verhältnisse in der „Cholmogorer Kommission":

Der Umsturz 1741 hatte die Mitglieder der Familie von Mengden auseinander gerissen. Die Favoritin der Regentin, Juliane von Mengden, war in Oranienburg zurückgelassen worden. Die jüngere Schwester, Aurore von Mengden, war mit ihrem Mann, Ernst Johann von Münnich, dem Sohn des Feldmarschalls, nach Wologda in die Verbannung geschickt worden. Ihr Vetter, Karl Ludwig von Mengden, der mit einer Nichte des Feldmarschalls Münnich verheiratet war, wurde ins nördliche Gefängnis nach Kola verbannt, wo er nach 19 Jahren starb. Nach dem Tod Anna Leopoldownas 1746 und der Kammerjungfer Sturm 1747 hatte Jakobine also keine verwandte Seele mehr in ihrer Nähe. Genau wie ihre Schwester Juliane verstand auch sie sich mit Anton Ulrich nicht, inzwischen war ihr Verhältnis sogar feindselig geworden. Im Jahr 1749 brachte Jakobine überraschender Weise einen Knaben zur Welt. Es stellte sich bald heraus, dass der Moskauer Arzt Nikita Nochewschtschikow der Vater des Kindes war. Er hatte 1746 die Stelle des Arztes Manse übernommen. Nach Wymdonskij, habe der Gefängnisarzt das Hoffräulein oftmals besucht, und längere Zeit mit ihr im Zimmer hinter der spanischen Wand verbracht. Der Wachsoldat wurde in der Zeit mit der Begründung aus dem Zimmer geschickt, die ärztliche Untersuchung verlange gebotene Diskretion.

Die überführten Eltern, von Reue geplagt, schrieben Briefe an die Zarin, mit der Bitte um Verzeihung. Wymdonskij, der den Gefängnisarzt nicht leiden konnte, freute sich schon auf eine strenge Bestrafung, doch zu seinem Verdruss reagierte die Zarin auf „den Sündenfall" (Worte Nochewschtschikows) gar nicht. Für Viele war es nicht zu verstehen, wie dieser Arzt, „wohl ein bieder bejarter Mann, die Liebe dieser schönen Weltdame erworben hatte."

Einiges spricht jedoch dafür, dass Nikita Nochewschtschikow keineswegs ein Durchschnittsmensch war. Er war eine bereichernde Persönlichkeit unter der cholmogorer Soldateska. 1741 hatte die Medizinische Kanzlei mit Beschluss des Ministerkabinetts drei Männer, unter ihnen Nikita Nochewschtschikow nach Paris geschickt, damit sie dort das beste in Chirurgie und Anatomie erlernten. Nochewschtschikow wurde vom Leibmedicus Anna Leopoldownas, Lavrenty Blumentrost, empfohlen. In Cholmogory las der Gefängnisarzt französische Bücher und seine Gelehrtheit beschämte wohl Wymdonskij, der selbst seiner Muttersprache nicht mächtig war, was aus seinen Rapporten zu ersehen ist.

Über das Kind Jakobines gibt es keine weiteren Informationen, vermutlich ist es bald gestorben. Immer häufiger kommt es zu Berichten über Jakobines „verwegenes Benehmen": bald schlägt sie einen Soldaten, bald greift sie ihre Dienstfrauen an „... sie zog sie an die Ohren, verpasste ihr Ohrfeigen", dabei sprach sie: „Du willst mich verhexen." Im März 1751 befahl Tscherkassow, Jakobine in eine einzelne Kammer ohne Recht auf Ausgang zu sperren. Wymdonskij führte diese Anordnung mit Freude aus. Wie Müller an Tscherkassow schrieb, war Jakobines Existenz in Haft ganz unmenschlich. Sie befand sich in einem leeren Zimmer, man schmiss ihr das Essen durch die Tür hinein wie einem Hund, und wechselte ihr monatelang nicht die Wäsche. Betrunkene Soldaten und der wachhabende Sergeant beleidigten sie häufig. Wenn Nochewschtschikow Jakobine von ihm selbst zusammengestellte Arzneien brachte, wickelte er diese in seine eigenen Briefe ein. Und sie schaffte es, ihm unter Anwendung von allerlei Kniffen und Ränke zu antworten. Noch im Jahr 1753 hatte der Lehrling des Arztes, der junge Italiener Renopoli, Nochewschtschikow wegen homosexueller Werbung angeklagt, doch blieb diese Klage zunächst ohne Folgen. Aber 1754 gab es eine Beschwerde des Soldaten Morosow. Nochewschtschikow wurde daraufhin eines Staatsverbrechens beschuldigt, das im Einzelnen nicht bekannt ist. Alle drei, Nochewschtschikow, Morosow und Renopoli wurden nach St. Petersburg gebracht und blieben dort drei Jahre in Haft. Erst dann sollte Renopoli gestehen, dass er auf Befehl Wymdonskijs den Medicus denunziert habe, weil der Hauptmann ihm versprochen habe, ihn aus Cholmogory zu entlassen. Morosow gab zu, dass auch seine Denunziation eine Lüge war. Diese Geschichte hatte für Wymdonskij keine Folgen. Nochewschtschikow wurde freigelassen und nach Sibirien geschickt, wo er wieder als Arzt praktizierte. Dabei hätte der Wymdonskij leicht mit einer Anzeige wegen finanzieller Veruntreuung gefährlich werden können. Aufgrund seiner guten Kontakte in der Hauptstadt wäre es ihm möglich gewesen, sich direkt an Tscherkassow zu wenden. Jetzt fühlte Wymdonskij sich einigermaßen sicher und der Griff in die Kasse sollte ihm zur Gewohnheit werden.

Nochewschtschikows in Cholmogory zurückgelassene Möbel, Wagen und Pferde gingen an seinen Bruder, einen Leutnant der Archangelsker Garnison. Durch die Ausweisung Nochewschtschikows verlor Jakobine den einzigen Menschen, der sie ein wenig unterstützte. Hauptmann Wymdonskij schreibt jetzt viel über ihre „Unanständigkeiten". Verzweifelt streitet sie mit der Wache. Einmal ruft sie durch das Fenster einem vorbeifahrenden Bauern zu, man möge ihr einen Popen schicken, damit sie zum orthodoxen Glauben wechseln könne. Vielleicht hoffte sie darauf, ihm ihre Beschwerden vortragen zu können. Von Zeit zu Zeit erhielt sie Wein zum Mittagessen, den sie an Soldaten verkaufte. Für das Geld kaufte sie sich, Strümpfe oder Wäsche. So ging das Leben Jakobine von Mengdens, nur weil sie einst zum Kreis um Anna Leopoldownas gehört hatte, in größter Armseligkeit dahin.

Die meisten Wachsoldaten und Offiziere waren dem Alkohol verfallen. Aus vielen Berichten nach St. Petersburg ging hervor, dass sich die Soldaten oft schlugen, und dass die Offiziere ihre Untergebenen sogar folterten und die cholmogorer Einwohner häufig terrorisierten. Die Soldaten schlenderten durch die Straßen des Dorfes, stürmten hin und wieder in die Häuser hinein, verprügelten die Bewohner und vergewaltigten Frauen. So berichtete Major Müller Baron Tscherkassow, dass Kassengelder unterschlagen wurden und die Soldaten regelmäßig Geschirr entwendeten, um es in den benachbarten Dörfern zu verkaufen. Hauptmann Wymdonskij wendete qualvolle Körperstrafen an. Wegen kleinster Vergehen ließ er seine Soldaten mit Stockschlägen prügeln oder in Fesseln legen. Einige konnten dieses Leben nicht aushalten und wählten den Freitod. Im Jahr 1752 schnitt sich ein Soldat die Kehle durch, weil er sich vor der bevorstehenden Strafe fürchtete. Er konnte die von einem Offizier bestellten Schuhe nicht zur rechten Zeit ausliefern. Zuvor erhängte sich ein Pferdeknecht.

Alle Beteiligten der „Cholmogorer Kommission", die Braunschweiger Familie, Höflinge und Dienerschaft, sowie das ganze Wachpersonal waren dazu verdammt als Gefangene zu leben. Die Mitglieder der Familie durften nur unter Aufsicht der Wache im Garten spazieren gehen. Diener und Höflinge konnten das Haus verlassen und durften sich im Hof aufhalten. Wachsoldaten und Offiziere suchten vom tristen Gefängnisalltag vergebens in der nahe gelegenen Ortschaft Cholmogory verzweifelt nach ein wenig Abwechslung.

Ungeachtet der groben Sitten und Gebräuche in der „Cholmogorer Kommission", hatten die meisten Wachsoldaten Respekt gegenüber den Häftlingen. Fast alle Soldaten hatten erst vor wenigen Jahren dem Zaren Iwan VI. Antonowitsch gegenüber ihre Treue geschworen. 1749 sagte der Korporal Tichonow einem Soldaten: „Wir haben einen anderen Zaren!" Viele Soldaten hatten mit dem Vater des Zaren, Prinz Anton Ulrich, an Feldzügen teilgenommen. Selbstverständlich konnten sie sich alle an den kühnen Generalmajor oder Generalleutnant Anton Ulrich erinnern.

Wegen der überaus strengen Geheimhaltung wurde „der andere Zar" in einem verschlossenen Zimmer gefangen gehalten. Nur Müller und wenige Soldaten seines Kommandos hatten das Recht, dieses Zimmer zu betreten. Mit Erlaubnis der Zarin durfte Müllers Frau mit ihrem kleinen Sohn nach Cholmogory übersiedeln. Obwohl sie im Haus von Iwan Antonowitsch Quartier bezogen hatte, war es ihr streng verboten den ehemaligen Kinderzar zu besuchen oder die Braunschweiger Familie zu sehen. Frau Müller fühlte sich nach kurzer Zeit bereits selbst wie ein Häftling und wurde sehr schwermütig. Als sie in St. Petersburg darum bat die „Kommission" wieder verlassen zu dürfen, erteilte ihr die Zarin keine Erlaubnis, aber es wurden ihr neue Gemächer zugewiesen.

Das Kind Iwan Antonowitsch wusste von Anfang an, wer und was er war und wer seine Eltern waren. Davon hatten dem Ex-Zaren seine Bewacher in Cholmogory immer wieder erzählt. Selbstverständlich wurden diese redseligen Soldaten später verhaftet, nach St. Petersburg gebracht und nach einer Untersuchung in eines der vielen Klöster Russlands verbannt. Iwan Antonowitsch kannte mehrere Soldaten beim Namen. Hauptmann Wymdonskij schrieb in einem seiner Berichte, wie der Junge durch das Fenster den Soldaten, die im Gemüsegarten arbeiteten, zugerufen habe: „Jätet Kohl!" und „Newerow, hör damit auf! Pflücke Erbsen nicht!"

In den Berichten von Major Müller nach St. Petersburg ist ein Ereignis beschrieben, das man als ein tragisches Vorzeichen betrachten kann. Am 9. September 1749, während des Abendessens, versucht ein betrunkener Diener ohne ersichtlichen Grund den neunjährigen Jungen zu verprügeln. Dann setzt er ihm das Messer an die Kehle und droht ihn zu töten. Der Diener wurde sofort in Haft genommen. Baron Tscherkassow ließ Müllers Bericht an die Zarin weiterleiten. Die reagierte ausgerechnet da wo es dem ehemaligen Zaren beinahe an den Kragen ging, sehr nachsichtig. „Ihro Kaiserliche Majestät befehlen, jenen Diener aus der Haft freizulassen und wieder unter das Kommando des Wachoffiziers Müller zu stellen. Doch soll der Diener keinen Kontakt mehr zu dem gewissen Kinde haben dürfen. In Zukunft soll er eine andere Aufgabe erfüllen."

Anton Ulrich lebte mit seinen vier Kindern zusammen viel weniger dramatisch. Dafür klagte er in einem Schreiben an die

Zarin, dass sich die Lebensbedingungen der ganzen Familie verschlechtert hätten. Er und seine Kinder müssten alte zerrissene Kleidung tragen. Ihre Schuhe seien so abgenutzt, dass man sie nicht mehr reparieren könne. Neue Schuhe dürfe man aus unbegreiflichen Gründen nicht kaufen. Besonders beschwerte er sich darüber, dass er nicht mehr so viel Wein trinken dürfe wie er wolle. Man gäbe ihm nur zwei Karaffen Wein täglich. Dabei tränken er und seine Kinder nur zur Erquickung und nicht aus Völlerei.

Selbst Hauptmann Wymdonskij bestätigte in seinen Berichten, dass es an Kleidung und Wäsche mangelte. So habe Anton Ulrich darum gebeten, seinen alten Kaftan für die Kinder umnähen zu lassen, weil diese nichts anzuziehen hätten. Obwohl es den Häftlingen an Kleidung, Schuhen und Wein mangelte, konnten sie sich über die üppigen Mahlzeiten nicht beklagen. Zum Mittag- und zum Abendessen servierte man je sechs Gerichte, drei Mal am Tage wurde Kaffee gereicht. „Die gewisse Person konnte ohne Kaffee wie ein Kind ohne Milch nicht leben", berichtete Major Müller. Außerdem bekam die Familie täglich 40 Flaschen Bier zugeteilt.

Mit den Wachsoldaten verstand sich Anton Ulrich scheinbar gut. Sie nannten ihn untereinander „Batjuschka", was auf Deutsch „Väterchen" heißt. Er schenkte ihnen häufig ein Glas Wodka oder Wein ein, und der ein- oder andere Soldat brachte ihm zum Namenstag einen Kuchen als Geschenk. Dabei war es verboten, mit der Familie zu sprechen. So suchte Anton Ulrich von sich aus das Gespräch, in dem er auf den Flur ging, um die Wache nach der Uhrzeit zu fragen, oder er unterhielt sich im Haus mit Arbeitern, die das Setzen eines Ofens vorzunehmen hatten. Gerade da kannte er sich aus. Müller meldete, dass Anton Ulrich oft auf den Flur gegangen sei, um die Wache nach der Uhrzeit zu fragen, und dass er einige Male mit den Soldaten, die im Zimmer den Ofen neu setzten, gesprochen habe. Dabei habe der Prinz sie gelehrt, wie der Ofen richtig zu setzen sei. Nicht umsonst stand „Architektura Civilis" auf seinem Lehrplan.

Die Häftlinge durften in Begleitung der Wache im kleinen Gemüsegarten und am Teich spazieren gehen. Dabei standen vor dem Zaun Soldaten, die darauf achteten, dass sich kein Passant näherte und durch einen Spalt hindurchschaute. Noch viel besser konnte man das Gefängnisgelände vom hohen Glockenturm aus überblicken. Deshalb durfte der Glöckner den Glockenturm nicht betreten, ohne vorher den Wachsoldaten darüber in Kenntnis gesetzt zu haben. Dieser benachrichtigte den Wachoffizier, und der befahl den Häftlingen das Verlassen des Gartens. Trotz dieser Vorsichtsmassnahmen gelang es nicht, das Geheimnis der „Cholmogorer Kommission" zu wahren. Obwohl es den Soldaten verboten war, sich dem Haus, in dem Iwan Antonowitsch mit seinem Wachkommando untergebracht war, zu nähern, waren alle über den Häftling gut informiert. Wachoffizier Sybin, der dem örtlichen Schuster die Schuhe von Iwan Antonowitsch einmal überbrachte, behauptete, es seien die Schuhe seines eigenen Sohnes. Betrunken rühmte sich der Schuster dann später: „Ich habe zaristische Schuhe gemacht."

Bald war auch in Archangelsk bekannt, dass der ehemalige Zar und seine Familie in Cholmogory inhaftiert waren. Schon 1746 zeigte der Fähnrich der archangelsker Garnison, Michail Gontscharow, einige seiner Kameraden an. Er berichtete, dass diese Offiziere die Entführung der Gefangenen aus Cholmogory und ihren Abtransport mit einem Schiff geplant hätten. Eine eingeleitete Untersuchung hielt diese Denunziation für eine Lüge, und Gontscharow wurde daraufhin zu fünf Jahren Haft in Archangelsk verurteilt.

Viele Cholmogorer Einwohner hatten im Laufe der Zeit von der geheimnisvollen Verwendung des Klosters erfahren. So wohnten Familienmitglieder einiger Wachsoldaten in Cholmogory oder in Archangelsk. Die einheimischen Popen nahmen sogar am Kirchendienst im erzbischöflichen Haus teil. Aus Archangelsk wurden für Anna Leopoldowna Hebammen und für die Kinder einige Ammen herbeigeschafft. Alle diese Leute wurden gewiss schriftlich verpflichtet, das Staatsgeheimnis zu wahren. Aber die Tatsachen zeugen davon, dass nicht alle die Zunge im Zaun halten konnten. Außerdem führte der einzige Reiseweg von Archangelsk nach Moskau und nach St. Petersburg durch Cholmogory. Die Reisenden, darunter auch Ausländer, verweilten hier meist einige Tage, aßen in Cholmogory zu Mittag und führten Gespräche mit den Offizieren, die sich an diesem einsamen Ort nach Gesellschaft sehnten.

Mord als letztes Mittel

Am 10. Februar 1756 wurde der ehemalige Zar Iwan VI. Antonowitsch unter äußerster Geheimhaltung aus Cholmogory in die Festung Schlüsselburg bei St. Petersburg überführt. Der niederländische Botschafter Sword vermutete, dass Iwan erst nach Schlüsselburg und dann in das 30 Kilometer entfernte St. Petersburg gebracht worden sei: „Hier wurde er im Winterpalast angeblich von der als Mann verkleideten Zarin Elisabeth Petrowna in Augenschein genommen."

Die Festung Schlüsselburg war im 18. und 19. Jahrhundert eine Strafanstalt für politische Verbrecher. Noch im 14. Jahrhundert erbaut, lag sie auf einer kleinen Insel in der Mitte des Newastromes, dort, wo sich die Newa und der Ladogasee trennen. Anfang des 17. Jahrhunderts wurde sie von den Schweden erobert und in „Noteburg" umbenannt. Die Russen nannten die Festung „Oreschek", auf Deutsch „Nüsslein". Peter I. erstürmte sie im Jahre 1702 und gab ihr den Namen „Schlüsselburg". Auf seinen Befehl wurde ein symbolischer Schlüssel an dem einzigen Tor befestigt, das durch den „Herrenturm" in die Festung führte. Mächtige, „untersetzte" Türme wurden durch dicke Mauern miteinander verbunden. Diese zogen sich am Ufer des eisfreien Newaflusses entlang.

Mitte des 18. Jahrhunderts befanden sich innerhalb der Festung mehrere steinerne Gebäude und eine alte Kirche. In den Jahren 1717 bis 1728 wurde auf der Festung eine riesige Kaserne für fünftausend Mann errichtet. Das zweistöckige Gebäude lag an der nördlichen Mauer der Festung und war vom Festungshof durch einen Kanal getrennt. Da die Garnison so gut wie nie vollzählig auf der Festung war, nutzte man die Kasematten der Kaserne als Gefängniszellen. Hin und wieder befanden sich hier in Ungnade gefallene Mitglieder der Zarenfamilie sowie „geächtete große Herren".

In den Jahren von 1718 bis 1719 wurde hier die Schwester Peters I., Großfürstin Marie, eingekerkert. Sie war einer Verschwörung gegen den Zaren angeklagt. Gleich nach dem Tod Peters I. wurde sogar seine erste Frau, Ewdokija Lopuchina, in diesem schrecklichen Gefängnis gefangen gehalten. Nachdem Anna Iwanowna den Thron bestiegen hatte, verbannte sie Mitglieder des Obersten Geheimen Rates – Fürst W. W. Dolgorukows und Fürst D. M. Golizyn – auf die Festung. Bis zu seiner endgültigen Verbannung nach Sibirien fand sich auch Graf Biron mit seiner Familie in Schlüsselburg festgesetzt. In der Nacht zum 11. April 1756 wurde Häftling „Grigorij", also Iwan VI. Antonowitsch, heimlich in die Kaserne gebracht. Es fällt auf, dass sich zwischen dem Verlassen Cholmogorys am 10. Februar und dem Eintreffen in Schlüsselburg ein Zeitraum von zwei Monaten erstreckt. Dabei konnte die Reise von Cholmogory bis St. Petersburg (bzw. bis ins nicht weit davon entfernte Schlüsselburg) kaum mehr als zwei Wochen in Anspruch nehmen. Für weitere sechs Wochen ist der Aufenthaltsort Iwan Antonowitschs nur durch Gerüchte und Annahmen belegt.

Der niederländische Botschafter Sword teilt seine Erkenntnisse seiner Regierung in folgender Weise mit: „Im Anfange des vergangenen Winters ward Iwan VI. nach Schlüsselburg und dann nach Petersburg in ein ehrbares Haus gebracht, welches der Witwe eines Schreibers bei der geheimen Polizei gehört ... die Kaiserin ließ ihn zu sich nach dem Winterpalaste bringen und sah ihn. Sie war als Mann verkleidet." Dokumente, die diese Tatsache bestätigen könnten, wurden aber nicht gefunden.

Nach zwei Monaten schickte der Chef der Geheimen Kanzlei, Graf Schuwalow, dem Kommandanten der Festung, Berednikow, eine ausführliche Anordnung. Es wurde befohlen, die Soldaten des Wachkommandos nicht aus der Festung hinaus und niemanden, ohne Erlaubnis der Geheimen Kanzlei, hereinzulassen. Verdächtige Personen, die sich in der Nähe der Festung aufhielten, seien zu verhaften. Viermal im Jahr an großen Festtagen war es den Häftlingen erlaubt, die Kirche zu besuchen. Bei diesem Anlass war das Wachpersonal in der Festung zu verstärken. Soldaten und Offizieren des Wachkommandos war es in dieser Zeit untersagt, die Kaserne überhaupt zu verlassen. Die erste Instruktion, die unmittelbar Iwan Antonowitsch angeht, stammt vom 6. Oktober 1756. Demnach sollte ständig ein Wachoffizier oder Sergeant in der Zelle des Häftlings sein. Sonst dürfte niemand den Häftling sehen. Beträte ein Soldat oder ein Diener die Zelle, sollte sich Iwan hinter einem Schirm verstecken. Er dürfte nicht erfahren, wo sich das Gefängnis befände, und wie weit es von St. Petersburg oder Moskau entfernt sei. Es wäre verboten, dem Häftling Tinte, Papier und „all das, was zum Schreiben taugt" zu geben. Über seinen Gemütszustand, sein Benehmen und auch darüber, „was er von sich selbst spricht", sollte einmal im Monat ein Bericht von Graf Schuwalow gegeben werden. Auch die Wächter wurden in gewisser Weise ihrer Freiheit beraubt. Sie durften in der Festung keinen Besuch empfangen und in ihren Briefen sollte der ehemalige Zar niemals Erwähnung finden. Für den Fall, dass der Häftling oder einer der Wachsoldaten krank würden, dürfte man ohne die Erlaubnis Graf Schuwalows keinen Arzt holen.

Anfang des Jahres 1758 gab der Chef des Wachkommandos, Hauptmann Owzyn aus dem Preobrachenskij Regiment, Nachricht von einer ernsthaften Erkrankung Iwans. Der Häftling leide an starkem Husten, im Spucknapf und auf seinem Kissen wäre Blut. Nach Owzyns Meinung „hat der betreffende Arrestant die äußere Erscheinung schlechter als früher." Angaben darüber, ob ein Arzt konsultiert wurde, gibt es keine. Graf Schuwalow schickte ihm von Zeit zu Zeit einige Arzneien wie Salbei und Kandiszucker. Aber nicht nur die Häftlinge erkrankten im Gefängnis. Hauptmann Schubnikow, Vorgänger des Hauptmanns Owzyn, war nach seinen eigenen Berichten dauernd krank und wurde zur Genesung in sein Dorf entlassen. Auch Hauptmann Owzyn beklagte sich fast regelmäßig in seinen Berichten über seine schlechte Gesundheit. Einige Male kam aus St. Petersburg der Arzt zu ihm. Owzyn erhielt die gnädige Erlaubnis, das Badehaus außerhalb der Festung zu besuchen – aber nur bei Nacht. Iwan Antonowitsch dagegen durfte nicht einmal auf der Galerie spazieren gehen, um dort ein bisschen frische Luft zu schöpfen. Abgedichtete und überstrichene Fenster ließen kaum Tageslicht durch. Zur Desinfizierung der Zelle wurde angeordnet, sie mit glühenden Wacholderzweigen auszuräuchern. Trotz solcher, der Gesundheit abträglicher Lebensbedingungen, erholte sich Iwan Antonowitsch und wurde wieder gesund. Ab 1759 gab es keinen Bericht mehr über Schlaffheit, Blutspucken und Appetitlosigkeit. Dafür tauchten bei Iwan Antonowitsch psychische Störungen auf. Zum ersten Mal machte Owzyn darüber eine Mitteilung am 10. Juni 1759: „Über den Arrestanten melde ich, dass er gesund ist. Aber obwohl keine Krankheit in ihm zu bemerken ist, ist er etwas irre im Kopf. Nicht weniger als zehn Mal in der Stunde wiederholt er, dass die Offiziere mit bösen Ansichten ihn durch Blasen, Flüstern, Feuer- und Rauchausatmen verhexen."

In der Folge ist fast in jedem Bericht an die Geheime Kanzlei zu lesen, dass der Häftling stark impulsiv reagiere und dass eine gewisse Unruhe in ihm sei. Auf die Sicherung hin, dass man durch Flüstern und Blasen niemanden verhexen könne, zitierte Iwan Antonowitsch aus dem Gedächtnis verschiedene religiöse Schriften (Evangelium, Legenden der Heiligen). Als Iwan Antonowitsch bemerkte, dass sich Owzyn vor ihm ein wenig fürchtete, begann er ständig Grimassen zu schneiden, Faxen zu machen oder zu schielen, „so, dass es unmöglich vor Furcht war, mit ihm am Tisch zu sitzen."

Owzyn hatte den Verdacht, dass die beiden Wachoffiziere, Wlassjew und Tschekin, die Iwan Antonowitsch unmittelbar bewachten, ihn neckten, nur um sich einen Spaß zu machen. Der Hauptmann beschrieb folgenden Vorfall: „Von der Galerie hörte ich Geschrei in der Kaserne, und, dorthin geeilt, sah ich dass der Arrestant den Fähnrich mit dem Stuhl bedrohte und, dass er ihn jetzt Todschlagen wolle. Ich fragte, was los sei? Er sagte, der Fähnrich habe ihn unanständig angesehen, und er habe es ihm verboten, darauf habe der Fähnrich gedroht, ihm alle Zähne auszubrechen. Und so standen beide gegeneinander mit Stühlen in der Hand. Mit großer Mühe brachte ich ihn zur Ruhe. Dabei schrie Iwan; was gibt ihm das recht mich anzubrüllen! Man muss ihn dafür köpfen! Sie wissen, doch alle was für ein Mensch ich bin! Ich habe ihm aber gesagt, dass wir nicht wissen, wer er sei, und es wäre besser, wenn er davon nicht spräche. Er hat doch einige Mal versucht, weiter zu sprechen. Hocherlauchtigster Graf, erlassen Sie, bitte, Ihren Befehl, zu uns irgend jemanden zu schicken, es geht schon wirklich über meine Kräfte, ich zweifele an jenen sehr, und weiß nicht, was mit diesem zu tun: habe Angst, und stelle jede Stunde Mutmaßungen an, wer und wen töten wird. Solange ich diesen Rapport geschrieben habe, bin einige Mal genötigt worden, zu ihm für die Beruhigung einzutreten. Vielmal hat er versucht, zu erzählen, wer er ist, doch ich erlaube es ihm nicht und gehe sofort hinaus. Hocherlauchtigster Graf, gnädiger Herr, wirklich bin ich zum Äußersten gekommen, bin selbst beinahe verrückt."

Owzyn schrieb oft in seinen Berichten, dass der Häftling ihm Angst mache, indem er ihm mit dem Tod drohe und auch schreckliche Fratzen schneide. Um sich ein besseres Bild von der Situation zu verschaffen, schickte Graf Schuwalow einen Arzt nach Schlüsselburg, Iwan Antonowitsch zu untersuchen. Während der medizinischen Untersuchung war der Häftling aber unauffällig und sanft. Nachdem der Arzt das Gefängnis wieder verlassen hatte, begann Iwan den Hauptmann zu drangsalieren. Als Owzyn ihn zur Vernunft bringen wollte, schrie er auf: „Ich bin dieses Reiches Prinz und euer Herr!" Die Berichte aus den Jahren 1760/61 waren angefüllt mit Beschreibungen der bizarren Auftritte, die der Häftling fast täglich lieferte. Angeblich ging er fortwährend in seiner Gefängniszelle auf und ab und beschimpfte die Wachsoldaten, indem er seine guten Kenntnisse unflätiger russischer Ausdrücke demonstrierte. Dabei versuchte er die Soldaten immer wieder zu schlagen und bezeichnete sich als Zar und als den Obersten der Garde. Am 29. September 1761 stürzte sich Iwan Antonowitsch auf den Hauptmann und begann mächtig auf ihn einzuprügeln. Die Wachoffiziere warfen Iwan zu Boden, fesselten ihn und hielten ihn zwei Stunden lang fest.

Am 5. Januar 1762 verstarb Zarin Elisabeth Petrowna im Alter von zweiundfünfzig Jahren. Ihr Tod bedeutete praktisch das Ende des Siebenjährigen Krieges, das 1763 durch Friedensverträge besiegelt werden sollte.

Kanzler Bestushew hatte bis ins Jahr 1756 durch den Abschluss von Bündnissen mit Sachsen (1744) und Österreich (1746), vor allem aber durch den Abschluss eines Subsidienvertrages mit England (1755) ein militärisches Vorgehen gegen Preußen vorbereitet. Maria Theresia von Österreich, zu keinem Zeitpunkt bereit auf die durch Preußen eroberten schlesischen Gebiete zu verzichten, agierte gegen Preußen durch ihren Staatskanzler Kaunitz im Einklang mit der von Bestushew betriebenen Politik. König Friedrich II. von Preußen sollte wieder in die Rolle eines „Markgrafen von Brandenburg" gedrängt, und Preußen in die machtpolitische Abhängigkeit von Russland und Österreich versetzt werden. Dieser Kampf gegen den ehemaligen Verbündeten bei der Kontrolle Polens, dem Ausgangspunkt der petrinischen Außenpolitik, war kein Selbstzweck. Es galt zu verhindern, dass der traditionelle Gegner Frankreich mit Preußen einen Verbündeten gewänne, seine gegen Russland gerichtete Barrière-Politik durchzusetzen.

Doch der Krieg gegen Preußen begann schließlich unter vollkommen veränderten Bedingungen. Durch die Vereinbarung einer Neutralitätskonvention zwischen England und Preußen im Januar 1756 war es zu einem „Wechsel der Allianzen" gekommen. Frankreich, dass mit England auf drei Kontinenten einen Kolonialkrieg führte, betrachtete die in Westminster geschlossene Konvention als „Verrat" Preußens. Aus diesem Grund kam es am 1. Mai 1756 in Versailles zum Abschluss eines Neutralitäts- und Verteidigungsbündnisses zwischen König Ludwig XV. von Frankreich und Maria Theresia. Nachdem Friedrich II. eine übermächtige Kriegskoalition auf sich zukommen sah, entschloss er sich, dass Gesetz des Handelns an sich zu reißen. Durch einen Angriff auf Sachsen eröffnete er im August 1756 den Siebenjährigen

Krieg. Dieser Krieg zwang Russland neben Österreich und Schweden in einer Allianz zusammen. Der Gegner Frankreich war auf einmal sozusagen im Rücken Russlands aufgetaucht, und schränkte naturgemäß auf diese Weise im Rahmen der Allianz den Spielraum der russischen Politik ein. Russland war dadurch nicht in der Lage, den Siebenjährigen Krieg zur erfolgreichen Ausdehnung seiner Machtposition in Mitteleuropa zu benutzen. Dies sollte sich im Verlauf des Krieges immer wieder zeigen, so als sich Frankreich einer Annexion des besetzten Ostpreußen durch Russland entgegenstellte.

Die Brüder Woronzow und Schuwalow waren der Politik Bestushews immer mit Skepsis und Widerstand begegnet. Dabei ging es ihnen auch um die hohen Kosten, mit denen Bestushews Plan einer starken Truppenkonzentration im Baltikum verbunden war. Durch das Auftreten Englands an Preußens Seite waren die großen Zahlungen verloren, die im Subsidienvertrag von 1755 zwischen England und Russland vereinbart worden waren. Damit sollte die Verlegung von fünfundfünfzigtausend Soldaten an die Grenze zu Ostpreußen finanziert werden. Die dort stationierten Truppen sollten als Drohpotential Druck auf Preußen ausüben und auf diese Weise die Neutralität des Kurfürstentums Hannover schützen. Hannovers Kurfürst Georg August regierte als König Georg II. von Großbritannien in London, beide Länder wurden seit 1714 in Personalunion verwaltet. Das Ende der russisch-englischen Allianz, das mit dem Verlust großer Summen verbunden war, machte die Politik Bestushews für seine Kritiker noch anfechtbarer. Mit den machtpolitisch veränderten Bedingungen des Krieges gegen Preußen war seine Linie gescheitert und der Kanzler wurde entmachtet.

Mehr und mehr drängte sich der künftige Thronfolger Peter (III.) zusammen mit seiner Frau Katharina in die Belange der russischen Außenpolitik. Durch eine frühzeitige Entscheidung für einen Nachfolger wollte Elisabeth Petrowna ihre eigene Position sichern und den gestürzten Zaren Iwan Antonowitsch ein wenig mehr vergessen lassen. Die Bildung einer neuen Kontinuität sollte auch ihren eignen Anspruch auf den Thron stärker legitimieren. So fiel ihre Wahl auf ihren Neffen, Herzog Karl Peter Ulrich von Holstein-Gottorp, auf den schon Anna Iwanowna ihr Auge geworfen hatte. Im Frühjahr 1742 ließ sie ihn aus Kiel nach St. Petersburg bringen. Die Radikalität dieses Wechsels hat in dem vierzehnjährigen Holsteiner Herzog Spuren hinterlassen, die er Zeit seines Lebens nicht vergessen konnte. Der Liebe zu seiner Heimat Holstein stand seine lebenslange Ablehnung Russlands gegenüber. Unseliger Weise hatte er einen unsensiblen, pedantischen und mehr brutalen als strengen Erzieher, Graf Otto Brummer, Hofmarschall von Holstein-Gottorp, an seiner Seite. Brummer hat den jungen, bereits vollwaisen Herzog auch nach Russland begleitet. Er war kaum der geeignete Mann einen so fundamentalen Wechsel der Lebensumstände einem tief verstörten jungen Menschen durch Ratschläge und Erklärungen zu vermitteln. Zur vollkommenen Fremdheit der Umgebung kam die Forderung, sich vom ersten Tag an mit dem neuen Leben eines Thronprätendenten zu verbinden. Der lutherisch getaufte Karl Peter Ulrich wurde orthodox umgetauft auf den Namen Petr Fedorowitsch. Auch die Sprache sollte er so schnell wie möglich lernen, die fremden Gewohnheiten des russischen Lebens annehmen und seine Rolle in der Gesellschaft akzeptieren. Auf diese Zumutungen und Überforderungen reagierte der künftige Zar mit Starrsinn, permanentem Widerspruch und einer Lust, alles russische mit ätzendem Spott zu überziehen.

Elisabeth war viel zu sehr durch ein unruhiges Reiseleben von Palast zu Palast mit Bällen und Empfängen und anderweitigen galanten Vergnügungen in Anspruch genommen, sodass sie auf die Erziehung ihres Neffen keinen bestimmenden Einfluss nehmen konnte. Es war ein Vorschlag Friedrichs II., die junge Prinzessin Sophie Friederike Auguste von Anhalt-Zerbst, die später in Katharina Alekseewa umgetauft wurde, mit Peter zu vermählen. Am 2. September 1745 wurde das Paar getraut, am 1. November

1754 wurde Sohn Paul geboren, der als Paul I. seiner Mutter auf den Thron folgen sollte. Peter III. begann seine Herrscherzeit, indem er unverzüglich Frieden mit Preußen machte. Dieser Friedensschluss wurde als „Mirakel des Hauses Brandenburg" bezeichnet, aber für die Umgebung des Zaren kam er keineswegs überraschend. Die Begeisterung Peters für den preußischen König ging soweit, dass er für die Garderegimenter die Einführung preußischer Exerziervorschriften und Uniformen anordnete. Der Frieden vom 5. Mai basierte nicht allein auf dieser persönlichen Präferenz. Russland war durch die Kriegsjahre wirtschaftlich bis an die Grenze zur Überforderung belastet. Das Ausheben der Rekruten wurde immer schwieriger, die menschlichen Reserven waren erschöpft. Unter Peters Beratern gab es auch eine starke propreußische Partei, die den „Wechsel der Allianz" zum ungeliebten Erzfeind Frankreich gerne so schnell wie möglich rückgängig machen wollte. Die Stimmung am Hof war nicht so aufgepeitscht wie nach dem Tode Anna Iwanownas, als die „Deutsche Herrschaft" durch die Vertreibung Graf Birons, des verhassten Günstlings der verstorbenen Zarin, beendet werden sollte. Aber der Eindruck des Wandels, von der auf Frankreich fixierten Zarin Elisabeth zum Preußenfreund Peter III. hatte schon Ähnlichkeiten mit der Ablösung, die man damals, über zwanzig Jahre war das her, erlebt hatte. Dieser Eindruck wurde verstärkt, als Peter auch holsteinische Verwandtschaft als Berater in seinen engeren Kreis berief. Dazu kamen noch einige Beamte deutschen Ursprungs, als prominenteste unter ihnen Baron Ungern und General N. A. Korf.

Frankreich hatte sich nicht als hundertprozentiger Bündnispartner erwiesen und war schon in den letzten Jahren des Krieges mehr und mehr in seine kolonialen Auseinandersetzungen mit England verstrickt. Der außerhalb Europas geführte Kampf der beiden Großmächte hatte den Streit – im Kern – zwischen Preußen und Österreich überwölbt. Als die Schlacht geschlagen war, und England sich gegen Frankreich durchgesetzt hatte, kam

Zar Peter III.

auch der Siebenjährige Krieg an sein Ende. Österreich hatte die Hauptlast getragen und, von ihren Alliierten verlassen, blieb auch Maria Theresia nichts anderes mehr, als der Friedensschluss mit Preußen am 15. Februar 1763 auf Schloss Hubertusburg. Schlesien blieb in preußischem Besitz und Friedrich II. hatte sein Land endgültig unter den Mächten erster Ordnung etabliert.

Für Russland war das Ausscheren Peters III. aus der Kette der Alliierten langfristig von Vorteil, denn mit Preußen kam der alte Verbündete für die Kontrolle Ostmitteleuropas zurück. Friedrich II. hatte die Lehre aus den letzten Jahren in denen der preußische Staat bis fast zuletzt am Abgrund stand, begriffen. Er war bereit im Bündnis mit Russland eine verlässliche Position einzunehmen. Diese Erkenntnis führte allerdings nicht zu einer Bereitschaft Friedrichs II., bei dem Abenteuer eines Krieges um Schleswig gegen Dänemark, Peter III. beizustehen. In diesem Punkt hatte sich Peter III. verschätzt, denn im Bündnis mit Preußen für Holsteins Interessen zu kämpfen, war für ihn ein wichtiger Grund gewesen, Frieden zu machen.

Für die inneren Belange Russlands waren zahlreiche, innerhalb kurzer Zeit angeordnete Veränderungen Peters III. von großer Bedeutung. Dazu zählte die Befreiung des Adels von der Dienstpflicht. In diesem Manifest wurde die staatliche Zwangsdienstverpflichtung abgeschafft. Adligen war es nun erlaubt, jederzeit ihren Abschied einzureichen. Diese Befreiung war schon zu Zeiten Peters I. eine Forderung gewesen und Anna Iwanowna hatte ihr in soweit entsprochen, als sie die Dienstverpflichtung auf fünfundzwanzig Jahre reduzierte. Das jetzt veröffentlichte Manifest war in kurzer, wenig feierlicher, fast barscher Form abgefasst, ließ auch viele Fragen ungeregelt, ein Tribut an die Eile vermutlich, in der es abgefasst war. Sicherlich rächte sich auch hier wie noch vielmals im Leben des Zaren, dass er die russische Sprache, durch seine Abneigung geleitet, nur höchst unvollkommen beherrschte. So waren die Reaktionen des Adels verhalten und argwöhnisch, viele glaubten darin eher einen Fußtritt zu erkennen als ein Geschenk höherer Selbstbestimmung. Diesen Eindruck hatten namentlich Angehörige der Garderegimenter, die vermuteten, Peter wolle mit der Zeit das russische Dienstpersonal durch angeheuerte ausländische Truppen ersetzen. Mit Erlaubnis Elisabeths hatte Peter im Vorstadtpalast von Oranienbaum eine solche Einheit, die hauptsächlich aus Holsteinern bestand, gebildet. Aber auch solche unter den Adligen, die auf die unregelmäßig bezahlten Staatsgehälter angewiesen waren, waren nicht bereit, an die Segnungen der Freiheit zu glauben und fürchteten um den Erhalt ihres sozialen Status. So fehlte dem an sich großzügigen Manifest eine Konzeption, in der der Adel seine künftige Rolle im Staat finden konnte. Das Toleranzgesetz sollte vor allem die Kämpfe zwischen „Altgläubigen" und Reformern beenden und denen, die aus Angst vor Verfolgung das Land verlassen hatten, die Rückkehr erlauben. Ein Projekt aus den Tagen Peters I. war die Überführung kirchlichen Landbesitzes in staatliche Hand. Zunächst wurde der Besitz der Klöster säkularisiert, die dort lebenden Bauern zu Staatsleibeigenen gemacht. Ein weiteres Gesetz regelte die Abschaffung der berüchtigten Geheimen Kanzlei, die unter Elisabeth Petrowna das Hauptorgan politischer Kontrolle gewesen war.

Schon in den ersten Monaten nach seiner Thronbesteigung befreite der neue Zar Peter III. viele politische Häftlinge, die unter Elisabeth ihre Freiheit verloren hatten. Aus Pelym kehrte der 79-jährige Graf von Münnich mit seiner Familie zurück. Der Graf war bei guter Gesundheit und er hatte auch seine militärische Haltung nicht verloren. All die Jahre hatte er im Gefängnis in Pelym verbracht, das nach seinen Entwürfen eigentlich für Graf von Biron gebaut worden war. Das Haftregime in Pelym war nicht besonders streng. Aber eine Flucht war wegen der großen Abgeschiedenheit unmöglich. Der Feldmarschall hatte dort gefischt und gepflanzt und die dortigen Einwohner den Gemüseanbau gelehrt. Graf von Münnich, der in Feldzügen und Schlachten Menschen niemals geschont hatte, war, so nach Erinnerungen einiger Zeitgenossen aus Pelym, mit den Bauern sehr freundlich umgegangen und bei allen beliebt. Aus Jaroslawl kehrte sogar Graf Biron nach St. Petersburg zurück, aus Sibirien Natalia Lopuchina. Ihr Mann und ihr Sohn waren in Verbannung gestorben. Münnich wurde wieder in den Rang eines Feldmarschalls erhoben, wurde einer der engsten Ratgeber des jungen Zaren. Graf Biron hatte die Hoffnung, dass ihm das Herzogtum Kurland zurückgegeben werde. Auch er wurde wieder bei Hofe eingeladen.

Der neue Zar dachte auch an Iwan Antonowitsch. Bereits eine Woche nach seiner Thronbesteigung unterzeichnete er einen Erlass: Hauptmann Owzyn wurde in Schlüsselburg verabschiedet und Fürst Tschurmanteew zum neuen wachhabenden Offizier ernannt. In diesem Befehl stand auch eine neue Anweisung, die für den ehemaligen Zaren Iwan einmal zum Verhängnis werden konnte: „Falls jemand versuchen sollte den Arrestanten zu befreien, so muss sich die Wache mit aller Härte dagegen widersetzen, der Häftling darf aber niemals lebend aus der Hand gegeben werden!"

Graf Schuwalows Erlass befahl dem neuen Chef der Wache zusätzlich harte Methoden der Züchtigung anzuwenden. Sollte der Häftling lärmen, unanständig werden oder sich den Befehlen widersetzen, solle man ihn in Ketten legen. Falls diese Maßnahmen nicht reichten, solle man ihn mit einem Stock prügeln oder auspeitschen. Gegebenenfalls überließe es Graf Schuwalow dem Fürsten Tschurmanteew eine angemessene Strafe zu wählen. Prügel und Peitsche sollten vermutlich die Erinnerungen Iwan Antonowitschs an seine Herkunft vertreiben.

Am 2. April erhielt Fürst Tschurmanteew vom Zaren folgenden Befehl: „Zu dem Verhafteten, den Sie bewachen, lassen Sie jederzeit Generaladjutanten Baron von Ungern in Begleitung Hauptmann Owzyns eintreten." Von diesem Besuch Baron von Ungerns sind keine Zeugnisse überliefert, aber man kann davon ausgehen, dass sich Peter III. inkognito unter den Begleitern befand. Die Zusammenkunft der beiden Zaren hat Spekulationen in wissenschaftlichen Werken ausgelöst, war Gegenstand einiger Romane und Thema verschiedener Gemälde. In ihrem Schicksal gibt es manche Parallelen und ihrer beider Namen sprach man in Russland lange Zeit nur mit ängstlichem Flüstern und mit verschwörerischer Vorsicht aus. Nach ihrem Tod traten nicht nur in Russland hie und da zwielichtige Personen auf, die sich für sie ausgaben. Auch die diplomatischen Beobachter des Hofes ahnten, dass sich eventuell mehr als ein Routinebesuch in

Schlüsselburg abgespielt hatte. Am 14. April gab Merci d' Argenteau nach Wien Bericht.

Das Bewusstsein als Gefangenen einen Welfen und Blutsverwandten zahlreicher europäischer Fürstenhäuser in den dunklen Kasematten einer Festung zu halten, bereitete Peter III. unangenehme Gefühle. Vielleicht spürte der Zar eine gewisse Seelenverwandtschaft mit dem Eingesperrten, dass sein Gefängnis keine Festung war, sondern ein ganzes Land. Jedenfalls wünschte er den Häftling zu sehen, damit er einen Eindruck bekäme, der unabhängig von Schuwalows Berichten wäre. Durch einen Befehl wurde dem Kommandierenden der Festung mitgeteilt, dass der Gefangene jederzeit auf Verlangen der Bevollmächtigten des Zaren, des Fürsten Golizyn oder Barons von Ungern, herauszugeben sei. Graf Schuwalow klärte durch eine Frage an Tschurmanteew, ob Iwan Antonowitsch gut russisch sprechen könne. Dies wurde durch den Hauptmann bejaht, allerdings sei der Häftling sehr wortkarg, „muhe" des öfteren vor sich hin, murmele auch häufig. Dass Zar Peter III. in Bezug auf das Schicksal Iwan Antonowitschs und dessen Familie einen Beschluss fassen musste, war allen klar.

Der Wiener Gesandte Merci d'Argenteau, berichtete am 1. Februar 1762 aus St. Petersburg: „Obwohlen ich mir ansonsten alle ersinnliche Mühe gegeben, um in Betreff des Prinzen Iwan die Verfügungen des neuen Kaysers zu erfahren, hat es mir doch keineswegs gelungen, darüber etwas Mehreres zu entdecken, all dass ein Capitaine von dem Preobrasenskischen Garde-Regiment nach Komogorod abgeschickt worden seye, allwo sich erdachter unglücklicher Prinz nebst seiner Familie befindet."

D'Argenteau schreibt in einem weiteren Bericht, dass es ihm mit Glück gelungen sei, „in zuverlässige Erfahrung zu bringen", dass sich der Zar in Begleitung Stallmeister Naryschkins und General Melgunows nach Schüsselburg begeben habe, „wohin schon einige Tage zuvor der Prinz Iwan überführt worden war." Er solle auf seine mögliche Verwendbarkeit im Militärdienst hin begutachtet werden. Dem Prinzen hätten „sie wohl gebildet und von starker

Leibesbeschaffenheit, auch ohngeachtet seines noch nicht zweiundzwanzigjährigen Alters mit einem großen Bart (der man ihm wachsen lasset, der ihm ein wild- und grobes Aussehen gabe)" vorgefunden. Aus dem Bericht ging hervor, dass der Gesandte keine Ahnung davon hatte, dass sich Iwan bereits seit sechs Jahren in der Festung Schlüsselburg nahe St. Petersburg befand.

Der britische Gesandte R. Keith berichtete zur gleichen Zeit nach London: „Der Zar sah Iwan VI. als heranwachsenden Mann, aber in einem geistesschwachen Zustand. Iwan sprach ohne Zusammenhang und wild. Er sagte auch, dass er nicht der wäre wofür man ihn ausgebe. Jener Prinz sei längst in den Himmel aufgenommen, doch wolle er die Ansprüche der Person aufrechterhalten, deren Namen er trage."

Zwei Tage nach dem Besuch erhielt Fürst Tschurmanteew die Order des Zaren, festzustellen, welchen Eindruck der Besuch bei Iwan Antonowitsch hinterlassen habe. Die dazu angestellten Beobachtungen der Wachen förderten keine Ergebnisse zutage. Der Gefangene verhalte sich still, lache manchmal leise vor sich hin oder murmele wie gewohnt Unverständliches vor sich hin. Peter III. schickte ihm bald ein paar kleinere Geschenke, Hemden, Schuhe, Strümpfe und einen Schlafrock. Dies bereitete ihm große Freude, weil gerade zuvor Graf Schuwalow die Kleidung des Häftlings nach versteckten Briefen hatte untersuchen lassen. Bei dieser Gelegenheit war ein Teil ins Wasser geworfen, ein anderer unter den Soldaten verteilt worden. Iwan wurde jetzt auf Befehl des Zaren von drei Offizieren, die sich in seiner Zelle aufzuhalten hatten, bewacht.

Ungefähr einen Monat nach diesem Besuch schrieb Friedrich II. an den Zaren, er gäbe ihm den dringenden Rat, die Krönungszeremonie nicht weiter hinauszuschieben. Jederzeit könne sich seine Situation sonst zum Schlechten wenden, da sich, wie er erfahren habe, ein bereits gekrönter Zar in einem Gefängnis in der Nähe von St. Petersburg befände. Die Antwort Peters III. offenbart einen wenig sympathischen Zug. Großsprecherisch lässt er Friedrich wissen, dass er sich in der Hauptstadt so sicher fühle, dass er ohne Begleitung durch die Straßen spaziere. Auf Russen könne man sich verlassen, wenn man, so wie er, mit ihnen umzugehen verstände. Darin steckt die Verachtung des Fremden, der Peter in Russland immer geblieben war. In einer letzten Bemerkung fügte er hinzu, dass er festgestellt habe, die Russen hätten die Weibsregierungen gründlich satt. In diesen Worten lag zweifellos auch ein versteckter Seitenhieb auf seine eigene Frau Katharina. Seit vielen Jahren schon hatte das Paar sich von einander entfremdet. Peter III. war schon seit Jahren mit Elisabeth Woronzowa, einer Nichte Michail Woronzows, den Peter als Berater aus der Zeit Elisabeths Petrowna übernommen hatte, zusammen. Auch Katharina hatte bereits einige Affären hinter sich und war zur Zeit der Thronbesteigung vermutlich durch Grigorij Orlow schwanger. Peters Gefühle gegenüber seiner Frau waren inzwischen argwöhnischer Furcht und feindseligem Misstrauen gewichen. Es war ihm zugetragen worden, Katharina beabsichtige ihn zugunsten seines Sohnes Paul enterben zu lassen und für diesen Fall die Regentschaft übernehmen zu wollen. Derartige Gerüchte geben Einblick in ein ganz anderes Leben bei Hofe, als das Bild eines Zaren, der sich unbekümmert durch die Stadt bewegte, wie Peter es in seinem Brief an Friedrich II. prahlerisch zu geben versuchte. Letzten Endes aber waren es die großen Gegensätze der Charaktere, die das Paar auseinander brachten.

Anders als Peter hatte Katharina sich mit allen Fähigkeiten und Kräften in das Leben bei Hofe integriert. Die Sprache hatte sie ebenso perfekt erlernt, wie sie sich auch um eine peinlich genaue Einhaltung der Sitten und Gebräuche des Landes bemühte. Von offenem Wesen mit Charme und Begeisterung für das soziale Leben, hatte sie bei Hofe viele Freunde gefunden, die sie bald auch politisch berieten. Mit der Zeit bildete sich ein Kreis in ihrer Umgebung, der oppositionell bis zur Verschwörung gegen ihren Ehemann eingestellt war. Währenddessen verfolgte Peter III. mit großer Sturheit ein Projekt, das für Russland eigentlich ohne jede Bedeutung war und schon deshalb bei so gut wie allen Beteiligten auf Desinteresse oder dezidierte Ablehnung stieß. Es ging um die Eroberung Schleswigs, das wieder zu Peters Herzogtum Holstein gehören sollte, weshalb er mit russischen Truppen gegen Dänemark in den Krieg zu ziehen bereit war. Aus diesem Grund waren bereits sechszehntausend Soldaten in einem Expeditionskorps unter General Rumjantschew nach Braunschweig verlegt worden. Jetzt sollte dieses Kontingent noch durch die Garderegimenter verstärkt werden. Bei dieser Entscheidung spielte ganz sicher auch Peters III. Misstrauen gegenüber dieser Einheit eine Rolle, die schon bei mehreren Palastrevolten die umstürzende Partei unterstützt hatte. Von Anfang an hatte sich der Zar durch preußische Exerziervorschriften und Uniformen bei der Truppe unbeliebt gemacht. Die Aussicht, für ein deutsches Herzogtum gegen Dänemark in den Krieg ziehen zu müssen, schaffte ein Klima, in dem eine offene Revolte kurz bevorstand.

Damit war genau die Konstellation erreicht, die Peter III. um jeden Preis vermeiden wollte. Hier eine gegen ihn opponierende Hofpartei um Katharina, dort die aufsässig gegen ihn eingestimmte Garde. Sowie Biron durch Anna Leopoldowna als Regent verdrängt wurde, wie diese durch Elisabeth Petrowna verdrängt worden war, so kam es jetzt, am 9. Juli 1762, gerade sechs Monate nach dem Beginn seiner Herrschaft, zum Handstreich gegen Peter III. Das Szenario verlief nach bekannten Mustern. Während Peter bei seinen holsteinischen Truppen in Oranienbaum weilte, begab sich Katharina in Begleitung der Brüder Orlow in die Kaserne der Garden und ließ sich zur neuen Zarin ausrufen. Hohe Würdenträger kamen herbei und leisteten ihr den Treueeid. Peter erhielt in Oranienbaum die Nachricht, dass er gestürzt sei. Seine Versuche sich militärischen Beistand zu sichern waren erfolglos. Von der raschen Wende, die sein Leben mit einem Schlag genommen hatte, zutiefst deprimiert, dankte er ab. Im Palast von Ropscha interniert, starb er nur wenige Tage später an einer „hämorrhoidalen Kolik", so lautete die offizielle Version. Es spricht einiges dafür, dass er durch Alexej Orlow, der für die Bewachung zuständig war, ums Leben gebracht wurde. Friedrich II., auch kein Freund von „Weibsregierungen", vor wenigen Wochen erst Adressat des auftrumpfenden Briefes aus Peters Hand, hatte für dieses schmachvolle Ende nur kalte Verachtung übrig. Er kommentierte den Sturz seines einstigen Verbündeten mit den Worten, der Zar habe sich vom Thron leiten lassen „wie ein Kind, das man zu Bett gehen lässt."

Katharina II. beschrieb die Ereignisse dieses Tages in einem Brief an ihren ehemaligen Geliebten, Stanisslaw Ponjatowskij: „Ich schickte den gestürzten Zaren unter dem Kommando von Alexej Orlow und in Begleitung von vier Offizieren und einem Trupp ruhiger und auserlesener Männer ins abgelegene Örtchen Ropscha, nur wenige Kilometer von Petershof entfernt, bis bequeme und schickliche Zimmer in Schlüsselburg vorbereitet waren." Als Katharina II. am ersten Tag ihrer Regierung den Beschluss fasste, ihren Ehemann in die Festung Schlüsselburg einzusperren, begriff sie sehr schnell, dass es zu viel des Guten wäre, zwei Zaren in einem Gefängnis zu inhaftieren! Darum befahl sie, Iwan Antonowitsch in die Festung Keksholm zu verlegen und ihn dort unter strenger Bewachung zu halten. In der Festung Schlüsselburg sollte man inzwischen „die besten Zimmer" für ihren Gatten vorbereiten.

Die Festung Keksholm lag am westlichen Ufer des Ladogasees, beinahe hundert Kilometer nach Norden von Schlüsselburg entfernt. Der Transport Iwan Antonowitschs und seiner Bewacher geschah in mehreren Schaluppen. Die Reise war gefährlich und schwer, schon am ersten Tag wurden drei Fahrzeuge durch den Strom vernichtet und die übrigen erreichten nur mit Mühe und schwer beschädigt das Ufer. Dem Häftling wurden die Augen mit einem Tuch verbunden, dann trug man ihn aus der zerbrochenen Schaluppe und führte ihn zu Fuß vier Kilometer bis zum nächsten Dorf. Dort stiegen sie in bereitstehende Boote und setzten nach Keksholm über. Einen Monat verbrachte Iwan Antonowitsch dort, bis er nach dem Tod Peters III. wieder nach Schlüsselburg zurück gebracht wurde. Dort warteten auf ihn seine alten Bekannten, die Offiziere Wlassjew und Tschekin. Alle Wachsoldaten, die unter Peter III. gedient hatten, vom General Ssawin bis hin zum einfachen Soldaten, waren in andere Stellungen beordert oder bereits in Ruhestand versetzt worden.

Der Kommandant der Festung Berednikow und beide Wachoffiziere erhielten jetzt die Anweisungen von Minister Graf Panin, dem sich die neue Zarin zu Beginn ihrer Machtübernahme besonders anvertraute. Demnach durfte der Kommandant mit dem Arrestanten direkt nichts zu tun haben, auch seinen Namen durfte er nicht kennen. In der Instruktion vom 3. August 1762 an Wlassjew und Tschekin machte Graf Panin ausführliche Vorschriften, wie streng man den Häftling zu behandeln habe. Darin bestätigte er den alten Erlass Peters III. ausdrücklich, dass Iwan Antonowitsch bei einem Befreiungsversuch niemals lebend aus der Hand zu geben sei. In der Instruktion stand auch ein eigenartige Idee. Die Offiziere sollten Iwan Antonowitsch dazu überreden, sich als Mönch einzukleiden, wobei er nicht mehr Grigorij sondern „Gerwassij" genannt werden solle. Täglich solle man ihm einreden, dass er die Gnade seines Mönchtums durch sanftmütiges Betragen und Gehorsam verdienen müsse. Die beiden Offiziere begannen voller Eile mit der Bekehrung. Vielleicht hofften sie, dass dadurch auch ihr erbarmungswürdiger Dienst zum Ende käme. Aus ihren Berichten geht hervor, dass Iwan Antonowitsch sofort eingewilligt habe, nur wollte er den Namen „Gerwassij" durch „Feodossij" ersetzt wissen. Er wolle auch „bei dem Heiligen Geist" darüber um Rat fragen.

Anfangs waren die Offiziere von ihrer Aufgabe ganz erfüllt und prüften täglich aufs Neue, wie sehr der Häftling auf seinem Weg, Mönch zu werden schon vorangeschritten sei. Aber dann kehrte immer mehr die Langeweile zurück. Sie begannen an dem Häftling herumzunörgeln, dass er sich vor den Ikonen nicht tief genug verbeuge und er nicht darüber reden dürfe, dass er leiblos sei. Iwan Antonowitsch dagegen schmiedete unverdrossen Pläne für eine geistliche Karriere. Er erzählte, wie er der Reihe nach erst

Diakon, dann Priestermönch und endlich Bischof werden wolle. Mit der Zeit wurde ihm aber immer klarer, dass die Offiziere über keine kirchliche Macht verfügten. So begann er auf ihre Verweise und pseudoreligiösen Überredungskünste nur kurz mit: „Ja"-, „Gut"-, „Ich wünsche es"-, „Gott helfe uns" zu antworten. Manchmal fügte er hinzu „Ich habe mehr nichts zu sagen." Er wurde schweigsam, gehorchte, ging in der Zelle mit niedergeschlagenen Augen und auf der Brust verschränkten Armen auf und ab und fastete streng. Offensichtlich hatte er beschlossen, das Mönchsdasein als Chance zu nutzen, aus diesem Gefängnisleben herauszukommen.

Bis in die geringsten Einzelheiten war den Berichten der Wache zu entnehmen, dass Iwan Antonowitsch die Fähigkeit besaß, Situationen vernünftig zu erfassen, dass er keinesfalls „nicht ganz bei Sinnen" war. Trotz aller Mühe Katharinas II. gelang es nicht, Russland und Europa davon zu überzeugen, dass die Zarin den Thron nach Gottes Willen und auf Wunsch aller Untertanen bestieg. Viele ihrer Entscheidungen befremdeten sogar ihre ehemaligen Anhänger, die sich vor dem Umsturz Hoffnung auf die Einführung einer kostitutionellen Monarchie gemacht hatten. Die Erwartungen, dass die Zarin den Thron ihrem Sohn Pawel Petrowitsch übergeben und sich bis zu seiner Volljährigkeit mit der Regentschaft begnügen werde, erfüllten sich ebenfalls nicht. Schließlich erregte in weiten Hof- und Adelskreisen der Aufstieg der gänzlich unvornehmen Familie Orlow den allgemeinen Zorn. Nicht wenig trugen dazu beharrliche Gerüchte bei, die Eheschließung der Zarin mit Kammerherr Grigorij Orlow stehe bevor. Enttäuschung und Unzufriedenheit mit der neuen Regierung führten dazu, dass bereits über Alternativen zu Katharina nachgedacht wurde. Die Idee Iwan Antonowitsch zum Herrscher zu erklären, tauchte in diplomatischen Korrespondenzen auf. Aber auch in Verhörprotokollen von Staatsverbrechern konnte man sehen, dass diese Idee ein weit verbreitetes Thema war.

Am 22. August 1762 berichtet Merci d'Argenteau Maria Theresia von Gesprächen, wie sie unter den Soldaten des

Ssemenowskij und des Iismajlowkij Regiments, dass am Umsturz teilgenommen hatte, geführt wurden: „... die ersten den letzteren vorwarfen, dass diese ihren rechtmäßigen Souverain verrathen und folglich dessen Todt verursacht hätten. Welcher Wortstreit sich nach und nach in den anliegenden Kasernen deren Garde-Regimentern also ausbreitete, dass einige Mißvergnügte in weiterer Fortsetzung des Zankes frei heraussagten: es wäre unbillig dass man eine fremde Prinzessin ohne einigem Rechte oder Zuspruch auf den Thron erhoben hätte, und weil nunmehr Kaiser Peter der Dritte nicht am Leben sei, müsse man den rechtmäßigen Monarchen in der Person des Prinzen Iwan suchen. Ja Einige wollten in erhitzter Ereiferung sogar behaupten, dass erwähnter Prinz sich verborgener Weise in St. Petersburg aufhielte, und Mittel gefunden hätte, von Schlüsselburg, wo er bis dahin verwahret worden, heimlich zu entfliehen." Als Kammerherr Grigorij Orlow eilig herbeieilte und versuchte, die Soldaten zu beruhigen, wurde er mit Schimpfwörtern verjagt, einige unter den Aufgebrachten griffen sogar drohend zu den Waffen. Erst bei einem zweiten Versuch, als er von einer Gruppe Offiziere begleitet wurde, gelang es, die Soldaten durch Ermahnungen, vor allem aber durch Geschenke etwas zu besänftigen.

Die Stimmung im Land gibt d'Argenteau auch mit folgender Beobachtung wieder: „... ausbreiteten [sich] unter dem gemeinen Volk verschiedene aufrührerische Reden ... wonebst aufhörlich und öffentlich von dem Prinzen gesprochen wurde." Auch der preußische Gesandte von der Goltz spürte die gespannte Atmosphäre: Der plötzliche Tod Peters III. habe die Bevölkerung erschreckt und verunsichert, bei Hofe höre man zweideutige Anspielungen auf die Ursache seines Todes. Niemals redete man in diesem Land so frei wie jetzt, der Name Iwan Antonowitschs wäre in aller Leute Munde. Er habe erfahren, dass Iwan Antonowitsch aus Schlüsselburg in eine andere Festung gebracht worden sei. Bei den ersten Anzeichen eines Aufstandes habe die Zarin Befehl gegeben, ihn zu ermorden.

Im Herbst 1762 wurde eine Verschwörung aufgedeckt, die sich bis in die engsten Kreise am Hof hinein ausgebreitet hatte. An der Spitze standen die zwei Brüder Chruschtschow und drei Brüder Gurjew. Soweit man von einem Plan reden kann, bestand er darin, einige Offiziere und Soldaten im Gespräch davon zu überzeugen, dass es eine einflussreiche Partei bei Hof gäbe, die Iwan Antonowitsch wieder auf den Thron bringen wolle. In diesen Unterhaltungen wurden auch Namen bekannter Leute genannt, die dieser Partei angehören sollten, darunter Panin, Korf und der ehemalige Günstling Elisabeth Petrownas Iwan Schuwalow. Wie im Fall Lopuchin zwanzig Jahre zuvor, war den Beteiligten außer Unterhaltungen mit verdächtigem Inhalt geführt zu haben, nichts nachzuweisen. Dennoch wurden die Anführer zum Tode verurteilt, später begnadigt und für immer nach Sibirien verbannt.

Seine Beobachtungen während der Krönung Katharinas II. teilte Merci d'Argenteau nach Wien mit: „… der größere Theil der Nation schien sich ein für allemal an fremde Herkunft der neuen Monarchin zu stoßen, man erinnerte sich beständig des Prinzen Iwan […]. Das Freudengeschrei einer gewissene Anzahl mit Geld gewonnenen Leuten gab mir desto merklicher zu erkennen, dass die Mißvergnügten in der That den größten Theil ausmachen." Die Worte „der größere Theil der Nation" sind hier, nicht wörtlich zu verstehen. Gemeint ist eine sehr dünne Schicht des Volkes, der Adelsstand und eigentlich nur der Petersburger Adel. Aber dieser kleiner „Theil der Nation" war ohne Zweifel die Stütze der Macht.

Im Frühjahr 1763 wurde der Plan des Kammerjunkers Chitrowo aufgedeckt. Um die erwartete Ehe Katharinas mit Grigorij Orlow zu verhindern, wollte Chitrowo die Brüder Orlow töten. Auch er hatte sich bei der Suche nach Mittätern in Gesprächen offenbart und dabei argumentiert, wenn die Zarin unbedingt heiraten wolle, so „hat Iwanuschka [Iwan Antonowitsch] zwei Brüder."

Auch der Soldat Michail Kruglikow wurde verhört. Er hatte seinen Kameraden unter Stillschweigen erzählt, dass er am Komplott zur Befreiung des Prinzen Anton Ulrich von Braunschweig teilgenommen habe. Daran seien über 500 Komplizen beteiligt gewesen. Während des strengen Verhörs gestand Kruglikow nichts und wiederholte immer wieder, dass er betrunken gewesen sei und sich auf nichts besinnen könne. Er wurde mit Stöcken geprügelt, weil Katharina II. unbedingt wissen wollte, wo sich diese fünfhundert Mann versammelten. Kruglikow aber sagte nichts und sein Schicksal verlief im Dunkeln.

Der russische Botschafter in London, Graf Woronzow, meldete im September 1763, dass in einer englischen Zeitung sehr beleidigende Artikel über den russischen Hof veröffentlicht worden seien. Der Botschafter beklagte sich bei der Zarin, weil er nicht bereit war, diese Artikel einfach hinzunehmen und bat um ihren Rat. Die Zarin machte ihrem Botschafter daraufhin einige, stark divergierende Vorschläge: „Lassen Sie den Autor an einem geheimen Ort verprügeln, oder Sie zahlen ihm etwas Schweigegeld, so dass er nichts mehr über uns publiziert. Natürlich können Sie auch eine Gegendarstellung in der britischen Presse veröffentlichen."

Auch Voltaire zeigte reges Interesse für die Ereignisse am russischen Hof. In einem Brief an Graf d'Argenteau vom 28. September 1762 fragte er voller Sorge, ob Iwan sich demnächst befreien und „unsere Wohltäterin" vom Thron stoßen werde? Eine Meinung von Iwan Antonowitsch scheint sich Voltaire gebildet zu haben, wie seine Bemerkung zeigt: „Dieser junge Mann, der von Mönchen in Russland erzogen ist, wird ja freilich kaum ein Philosoph." Die Beunruhigung, die in diesen Worten mitschwingt, konnte sehr wohl damit zu tun haben, dass sich der geschäftstüchtige Philosoph gerade in dieser Zeit mit dem Gedanken beschäftigte, in Russland die „Enzyklopädie" herauszugeben. Viel Gerüchte, die Voltaire damals zugetragen wurden, waren entmutigend und ein Jahr später grämte er sich noch mehr: „Kann es denn stimmen, dass in Russland unter der Asche Feuer glimmt, dass es dort die Partei des Kaisers Iwan gibt? Dass meine liebe Kaiserin gestürzt werden kann und wir ein Thema für die Tragödie wieder bekommen?"

Die Perspektive einer Rückkehr auf den Thron durch Iwan Antonowitsch hielten auch manche in Braunschweig für möglich. In den Briefen aus Russland, die nach Braunschweig kamen, wurde von allgemeiner Unzufriedenheit mit der Zarin, Gärung in der Armee und wachsender Sympathie für den im Gefängnis schmachtenden Iwan Antonowitsch berichtet. Es blieb der „Entwurf von einer baldigen Rückkehr Seiner Kayserlichen Majestät Ivans zum Russischen Thron wie solches bey dem jetzigen conjuncturen ohne große Kosten des durchl. Hauses Braunschweig durch Frankreich in kurze Zeit könnte zustande gebracht werden, so dass keinem als Frankreich der Schaden daraus zu wüchse." In diesem Dokument (ohne Datum und Unterschrift) wurde der folgende Plan vorgebracht: man solle den Wunsch Frankreichs nutzen, das eben geschlossene russisch-preußische Bündnis zu zerstören und für französisches Geld in Russland einen Umsturz organisieren: „Die jetzige Kayserin müsse nach Deutschland hergeschaffet werden. Und so könnte ohne große Kosten Blutvergießen und andere gefährliche Umstände die vorige Glückseligkeit wieder herbeigeführt werden."

In den zwei Jahren, die seit dem tragischen Tod Peters III. vergangen waren, sammelten sich derart viele Gerüchte, Prophezeiungen, anonyme Briefe und Briefe bekannter Autoren, Anzeigenprotokolle, Gespräche Betrunkener und Nüchterner, solche höherer und niederer Stände, dass „der große Theil der Nation" keinen Zweifel daran hatte, der Schlüsselburger Häftling werde entweder bald auf dem Thron sitzen oder im Grab liegen. Dazu bedurfte es nur eines kleinen Anstoßes, und die Waage des Schicksal würde sich nach der einen oder anderen Seite bewegen. Wassilij Mirowitsch war der Mann, der bereit dazu war, die Frage zu entscheiden.

Mirowitschs Vorfahren entstammten einer wohlhabenden ukrainischen Adelsfamilie, die aber nach 1708 Ansehen, Einfluss und den gesamten Besitz verloren hatte, weil sie zur Politik Peters I. in Opposition stand. Zweimal hatte sich Wassilij Mirowitsch mit der Bitte an Zarin Katharina II. gewandt, ihm und seiner Familie wenigstens einen Teil der konfiszierten Güter zurückzugeben. Aber diese Bitte erfüllte sich nicht. Der verletzte Ehrgeiz nötigte ihn, einen anderen Ausweg zu suchen.

Im Frühjahr 1764 wurde das Smolenskij Regiment, in dem Mirowitsch Unterleutnant war, nach Schlüsselburg verlegt. Die Offiziere und Soldaten des Regiments hielten abwechselnd in der Festung Wache – jedoch nicht in der Kaserne, wo die Häftlinge untergebracht waren. Als Mirowitsch erfuhr, wer in den Kasematten eingekerkert war, bot sich ihm die Möglichkeit, dass Schicksal durch ein verwegenes Abenteuer herauszufordern.

Mirowitsch war ein Feuerkopf von Natur, ein leidenschaftlicher Kartenspieler. Zu Beginn seiner Karriere war er Adjutant des Generals Peter Panin, aber wegen seiner unheilvollen Neigung zum unkalkulierbaren Risiko hatte der General ihn in die Armee zurückgeschickt. Zur Teilnahme an seinem Unternehmen zog Mirowitsch seinen Freund, Leutnant Uschakow, heran. Dieser, als Oberstleutnant verkleidet, sollte in die Festung kommen und einen gefälschten Erlass vorzeigen, dem gemäß der Häftling freizulassen sei. Iwan Antonowitsch sollte dann sofort nach St. Petersburg gefahren werden, wo die Garnisone der Petropawlowskaja Festung und dann alle Regimenter der Garde und der Armee dem neuen Zaren Treue schwören sollten. Der Umsturz sollte zur Zeit der Reise Katharinas II. nach Livland passieren. Aber dieser Plan kam nicht zur Ausführung, weil Uschakow bei einer Dienstreise unter ungeklärten Umständen ums Leben kam. Mirowitsch war jedoch nicht bereit, das Unternehmen aus diesem Grund auch nur aufzuschieben. Während seiner regulären Wache, bei der er einem Trupp Soldaten vorstand, suchte er das Gespräch mit einem Offizier der Wache Iwan Antonowitschs. Hauptmann Wlassejew kam Mirowitschs Bitte, ihr Gespräch geheim zu halten, bereits verdächtig vor, und er vermutete, dass die Sache „ihrer Kommission entgegen geht" und beendete die Unterhaltung. Darauf weihte Mirowitsch einige

Korporale seines Trupps, einzeln, einen nach dem anderen, in seinen Plan ein und versuchte sie zum Mitmachen zu überreden. Doch alle Korporale, außer einem, gaben alle Korporale eine ausweichende Antwort.

Inzwischen schrieben Wlassjew und Tschekin eilig eine Depesche an Panin, worin sie über das verdächtige Benehmen des Wachhabenden berichteten. Es war aber unmöglich diese Depesche mit einem Kurier abzuschicken, ohne den Wachhabenden, und das war diesmal Mirowitsch, zu passieren. Als dieser merkte, dass Wlassjew um 2 Uhr Nachts bei Kommandant Berednikow war, und beide befahlen, den Kurier aus der Festung hinauszulassen, entschied er sich, unverzüglich zu handeln. Er verhaftete den Kommandanten und führte eine kleine Truppe zum Gebäude, in dem sich Iwan Antonowitsch befand. Er verlas den Soldaten das vorbereitete gefälschte Manifest, welches er selbst im Namen Iwan Antonowitschs verfasst hatte. Dann gab er das Kommando zum Sturm auf die Kaserne. Trotz zahlenmäßiger Überlegenheit gelang es nicht sofort, das Gefängnis zu stürmen. Mirowitsch ließ vor dem Kaserneneingang eine kleine Kanone aufstellen und bot der Wache an, sich zu ergeben. Aber zu dieser Zeit war Iwan Antonowitsch schon tot. Mirowitsch hatte einfach vergessen, Hauptmann Wlassejew zu verhaften. Dieser drang in das belagerte Gefängnis ein. Zuerst kletterte er in den ersten Stock der Kaserne und ließ sich dann, an der Wand zum Hof, langsam zu seinen Soldaten und Tschekin herab. Beide Offiziere verstanden gut, dass sie der Überlegenheit Mirowitschs nicht lange Widerstand leisten könnten, und führten den vierten Punkt der Instruktion Panins vom 3. August 1762 aus: „Den Häftling töten, aber ihn nicht lebend aus der Hand geben." Gleich danach schrieben sie einen Rapport: „Da wir der großen überwiegenden Macht keinen Widerstand mehr leisten konnten, kamen wir ... überein, den uns übergebenen Arrestanten zu töten." Als sie dem hineingelaufenen Mirowitsch den Toten zeigten, schrie der außer sich vor Wut, dass sie den Großen Menschen umgebracht hätten und dafür selbst zu erstechen seien. Aber so weit ging es nicht. Mirowitsch, erschüttert, aber äußerst gelassen, befahl seinen Leuten die blutige Leiche des ehemaligen Zaren aus der Kaserne heraus zu tragen, stellte seine Soldaten viergliedrig auf, ließ trommeln, erwies dem Toten militärische Ehrenbezeugung und erklärte den Soldaten: dieser vor ihnen liegende Mann sei der große Kaiser Iwan Antonowitsch. Dann umarmte und küsste Mirowitsch jeden seiner Soldaten und sagte er nehme die ganze Schuld allein auf sich. Dann wurde er auf Befehl des inzwischen befreiten Kommandanten, Oberst Berednikow, verhaftet. Beide, der tote Iwan Antonowitsch und der noch lebendige Mirowitsch waren erst 24 Jahre alt.

Nachdem Panin aus den Rapporten der Offiziere von dem Zwischenfall erfuhr, schickte er sofort einen Bericht an die Zarin nach Riga. Auch an Berednikow ging eine Order. Darin zeichnete Panin „mit Vergnügen die Treue der Offiziere der allerdurchlauchtigsten Kaiserin und unserem lieben Vaterland" aus und versprach ihnen „Gnade und Belohnung." Im Postskriptum befahl er: „Die Leiche des irrsinnigen Gefangenen, welcher Veranlassung zu dem Aufstande war, haben Sie samt dem Stadtpriester an demselben Tag nachts in Ihrer Festung der Erde zu übergeben entweder in der Kirche oder an einem anderen Ort, welcher der Sonne und Hitze nicht ausgesetzt ist. Die Leiche ist von einigen Soldaten, die bei ihm Wache gehabt haben, in aller Stille zu tragen, damit weder der Anblick der Leiche, noch überflüssige Zeremonien die einfachen, bereits aufgeregten Leute aus der Fassung bringen und zu weiterem Unglück aufstacheln könnten."

Die Dokumente mit der Beschreibung, wo konkret und wie der „irrsinnige Arrestant" begraben wurde, sind unter den Archivalien nicht zu finden. Es gibt nur die Inventarliste der Iwan Antonowitsch noch verbliebenen Kleidung. Zum Schluss steht dort geschrieben: „Er hatte an: ein Paar Tuchhosen, Hemd mit Unterhosen, blauen Schlafrock mit Kamisol, Schlafmütze, schwarze seidene Strümpfe, Schuhe mit Schnallen, und ein Betttuch."

Es gibt auch Mitteilungen von Zeitgenossen, dass der Sarg mit der Leiche Iwan Antonowitschs in der Festungskirche zur Schau gestellt worden sei und eine Menge Menschen dorthin gekommen seien, um von ihm Abschied zu nehmen. Der zur Zeit in St. Petersburg weilende A. F. Büsching schrieb später, dass die Leiche „in einem gemeinen Sarg in die Kirche der Festung gebracht wurde und die Anteilnahme der Menschen ungemein groß war. Daher erfolgte ein Befehl, den Sarg zu verschließen, welcher hierauf mit dem Körper ganz in der Stille nach dem Kloster Tichwina gebracht."

Auch der preußische Gesandte Graf Solms berichtete König Friedrich II., dass „viele Schlüsselburger Einwohner" gekommen wären, um die Leiche des Ermordeten zu sehen. Übrigens gab es in seinem Bericht viele augenscheinliche Fehler, z.B. schrieb er, dass Mirowitsch den Häftling bewacht, aber ihn aus Mitleid aus dem Gefängnis weggeführt habe. Kommandant Berednikow hätte den Häftling erstochen.

Obwohl von dem Ereignis in Schlüsselburg schon am nächsten Tag sehr viele Menschen wussten, nannte man Iwan Antonowitsch auch nach seinem Tod weiter „den irrsinnigen Gefangnen" und „den namenlosen Häftling." Um die Ursache der nächtlichen Schießerei in der Festung zu erklären, wurde den Kommandeuren der Garderegimenter der Hauptstadt gesagt, dass in der Nacht vom 15. auf den 16. Juli 1764 die Soldaten der Garnison sich mit der Armee in der Festung geschlagen hätten, „was ausschließlich wegen der Trunksucht geschehen" wäre, wie Senator Nepljuew erläuterte.

Inzwischen begann die Untersuchung, die die Zarin General Weimarn anvertraut hatte. Dazu schrieb sie Panin am 20. Juli: „Er, Weimarn, ist ein kluger Mann und wird nicht weiter gehen, als es ihm befohlen wird. Geben Sie ihm Papiere, die ihm für seine Benachrichtigung nötig sind, und alle übrigen verwahren Sie bis zu meiner Ankunft." (Alle Dokumente, die in Schlüsselburg bei Wlassjew und Tschekin waren, darunter die geheime Instruktion mit der Vorschrift, Iwan Antonowitsch nötigenfalls zu töten, schickten sie an Panin, nachdem er sie dazu aufgefordert hatte.)

Die Untersuchung machte keine Schwierigkeiten, Mirowitsch verheimlichte nichts, im Verhör äußerte er sein Bedauern über das Schicksal der Soldaten, die er zu seinem Abenteuer verleitet hatte. Für sich selbst bat er um keine Nachsicht. Außer dem ums Leben gekommenen Uschakow hatte er, seinen Worten nach, keinen Komplizen gehabt. Wie sehr die Untersuchungsrichter sich auch anstrengten, ein verzweigtes Komplott zu enthüllen, es gelang ihnen nicht. Mirowitsch verlor während der Vernehmungen niemals die Fassung, verwickelte sich niemals in Widersprüche und wurde nie bei einer Lüge ertappt.

Nach anderthalb Monaten wurde das Ereignis in der Festung endlich offiziell bekannt gemacht. Am 28. August unterschrieb die Zarin ein Manifest, in dem berichtet wurde, wie ruhig und sicher der Häftling dank der Fürsorge der Zarin im Gefängnis gelebt habe. Und damit die Frage nicht auftauche, warum er an so einem finsteren Ort leben musste, wurde im Manifest erklärt, dass Iwan Antonowitsch „wie [es] der ganzen Welt bekannt [ist], fast gleich nach seiner Geburt, unrechtmäßiger Weise zur Beherrschung des russischen Kaiserthrones ausersehen, desselben noch in seiner ersten Kindheit, durch den Rathschluß der Allerhöchsten, auf ewig verlustig gemacht" [worden sei]. Die Zarin dachte daran zurück, wie sie beschlossen habe, „aus angebohrner Menschenliebe sein Schicksal so erträglich als möglich zu machen … Wie sehr aber wurden Wir nicht gerührt, da Wir ihn, ohne seiner schweren und anderen Leuten fast unverständlichen Sprache zu gedenken, des Verstandes und gleichsam aller menschlicher Begriffe beraubet fanden … Er kannte weder Menschen, noch hatte so viel Überlegungskraft, um das Gute von dem Bösen unterscheiden zu können, wie er denn auch nicht vermögend war, sich die Zeit durch Lesung von Bücher zu verkürzen." So hielt es die Zarin für das Beste, den unglücklichen Iwan Antonowitsch in der Behausung, wo er bis jetzt untergebracht war, bleiben zu lassen, „und ihn nur mit allem, was zur Bequemlichkeit des Lebens nöthig seyn könnte, zu versehen." Auf jeden Fall leisteten „redliche und getreue Officiere" ihm ständig Gesellschaft.

Weiter folgte die Erzählung über einen Missetäter, der in Schlüsselburg mit gefährlichen Vorhaben eingetroffen war. Aber die Wächter „faßten unter sich den, obwohl harten, doch äußersten Entschluß, durch Verkürzung des Lebens eines ohnehin zum Unglück gebohrnen Menschen vorzubeugen." Man beauftragte Senat und Heilige Synode über dieses „Ungeheuer von Menschen" Recht zu sprechen. Das Gericht wurde auch durch Personen der ersten drei Klassen und durch die Präsidenten aller Kollegien erweitert. Selbstverständlich wurde Mirowitsch zum Tode verurteilt. Über seine Soldaten verhängte man unterschiedliche Strafen.

Mirowitsch wurde am 26. September 1764 in Petersburg hingerichtet. Es war die erste öffentliche Hinrichtung seit 23 Jahren. Zarin Elisabeth hatte bei ihrer Thronbesteigung das Gelübde getan, Todesurteile nicht zu sanktionieren. Augenzeugen erwähnten, dass Mirowitsch sehr gefasst war als er zum Schafott geführt wurde. Von vielen wurde eine Begnadigung erwartet, wie im Jahre 1742, als Graf von Münnich auf dem Schafott gelegen hatte. Der österreichische Botschafter Lobkowitz berichtete nach Wien, dass Mirowitsch, aller Wahrscheinlichkeit nach, begnadigt werde. In der Menge befand sich der junge Korporal Gawriil Dershawin, der später einmal als russischer Dichter seine Erinnerungen so aufschrieb: „Das Volk drängte sich hier auf den Dächern der Häuser und auf der Brücke, es war doch an die Hinrichtungen nicht gewohnt und wartete, Gott weiß warum, auf die kaiserliche Begnadigung, und als der Henker den toten Kopf emporhob, staunte es und schauderte dabei so sehr, dass die Brücke zu beben begann und das Brückengeländer abfiel." Dann wurden drei Korporale und drei Soldaten aus dem Kommando Mirowitschs mit Knüppeln geschlagen. Jeder von ihnen bekam zehntausend Hiebe und alle wurden außerdem zur Zwangsarbeit verurteilt. Am Abend wurde die enthauptete Leiche mit dem Schafott zusammen verbrannt.

Obwohl der Fall Mirowitschs hunderte von Blätter füllt, kamen die Einzelheiten des Mordes an Iwan Antonowitsch darin kaum vor. Es gab keine Augenzeugen, und die Mörder selbst schrieben in allen Rapporten „töteten zusammen." Einige Tage nach dem Mord teilte der britische Gesandte nach Hause mit: „Der erste Stoß erweckte den unglücklichen Jungling, welcher in seinem Bett schlief. Er verteidigte sich so tapfer, dass er eines der Schwerter zerbrach und acht Wunden erhielt, bevor er starb." Dass der Häftling Widerstand geleistet hätte, schrieb auch A. F. Büsching, der die Möglichkeit hatte, mit Menschen zu sprechen, die glaubwürdige und ausführliche Informationen besaßen. Später wurden die tragischen Einzelheiten von verschiedenen Verfassern, in bildreichen Varianten ausgeführt: Der Offizier versetzte dem Arrestanten den ersten Schlag, aber dieser verteidigte sich „so gut er konnte, und zerbrach ihm sogar den Degen, mit dem er ihn umbringen wollte, er wurde wütender als alle höllische Furien, er rief um Hülfe; und sogleich erschien in dem Zimmer ein anderer Henker, der eben so grausam und blutgierig war, als der erste, indem er ihm das Herz und die Brust mit sechs oder sieben Stichen mit einem Dolch durchbohrete."

Weder in Berichten von Wlassjew und Tschekin vom 16. Juli 1764, auch nicht in ihren späteren Aussagen, noch im Manifest der Zarin, wurde die geheime Dienstanweisung erwähnt, den Prinzen bei einem Versuch seiner Befreiung zu ermorden. Die in dieses Geheimnis nicht Eingeweihten sollten den Eindruck gewinnen, dass die Offiziere aus eigenem Antrieb gehandelt hätten. Als der Gesandte Lobkowitz über die Hinrichtung Mirowitschs nach Wien berichtete, fügte er hinzu, dass die beiden Offiziere der Strafe entgangen seien.

Schon am 1. Oktober verabschiedete man Wlassjew und Tschekin mit Rangerhöhung um zwei Stufen und mit einer finanziellen Belohnung von je 7000 Rubel. Diese Entschädigung der beiden Soldaten entsprach in etwa dem gesamten Jahresbudget der „Cholmogorer Kommission". Ihr weiteres Schicksal ist aus zwei

Dokumenten von Ende 1766 bekannt. In einem Brief an Panin baten sie darum, ihr monatliches Gehalt ihren neuen Dienstgraden entsprechend anzupassen. Aus dem Brief folgt, dass die Offiziere sich damals in Moskau befanden, wohin sie vermutlich auf Befehl gezogen waren. Ihre Bitte wurde zwar erfüllt, aber sie mussten eine Verpflichtung unterschreiben, wonach sie bei Gefahr für Ehre und Leben, die Zarin niemals mehr belästigen dürften. Auch die Hauptstädte sollten sie ohne äußerste Notwendigkeit nicht besuchen, sich nirgends zusammenfinden, mit keinem im Verkehr stehen, und „über das Ereignis, welches ... im Jahre 1764 mit dem verstorbenen Prinzen Iwan geschehen war, niemandem zu erzählen ... und sich als Leute, die darüber nichts wissen, aufzuspielen." Wenn jemand die Offiziere an ihre Rolle bei diesem „Zwischenfall" erinnerte, so sollten sie auf das Manifest der Zarin verweisen, wo alles erklärt sei.

Obwohl Katharina II. versicherte, dass ihr Manifest nicht für das Ausland geschrieben war, sondern für die russischen Untertanen, die „vom Tod Iwans zu benachrigen" waren, sollte es gewiss auch dazu dienen, ganz Europa zu erklären, dass es von nun an in Russland nur einen Monarchen, Katharina II. gäbe. Mancher erinnerte sich aber an das Manifest Anna Iwanownas über die Thronfolge. Davon zeugte der Bericht des Gesandten Lobkowitzs, der ein Jahr nach dem Mord von Schlüsselburg nach Wien abgesendet wurde: „Ansonsten verlautet, dass die zwei am Leben gebliebenen Brüder des Prinzen Iwan diesem unglücklichen Prinzen ebenfalls in die Ewigkeit gefolgt wären." Aber die Prinzen in Cholmogory blieben am Leben. Es ist nicht bekannt ob sie etwas über die Ereignisse in Schlüsselburg wussten. In Cholmogory bewachte man ja die leeren Zimmer, aus denen vor acht Jahren Iwan Antonowitsch weggebracht worden war. Man bewachte sie noch anderthalb Jahre nach seinem Tod.

Hoffnung auf Freiheit

Nachdem Iwan Antonowitsch im Jahr 1756 unter größter Geheimhaltung nach Schlüsselburg gebracht worden war, ging das Leben im Klostergefängnis von Cholmogory unverändert weiter. Anton Ulrich und seine Kinder hatten seit ihrer Inhaftierung jeden Kontakt mit Iwan verloren. Obwohl er über Jahre in einem Haus auf der anderen Seite des Hofes lebte, wussten sie über ihn nichts. Die Familie führte ein Leben ohne Abwechslung in oft quälender Langeweile, worin das immer wiederkehrende Schauspiel des Wechsels der Jahreszeiten, besonders nach den langen Wintermonaten, eine bescheidene Unterhaltung bot. Die Fenster der Wohnzimmer der Familie gingen auf den Teich hinaus, der von Sträuchern und Beeten umgeben war. Während des kurzen nördlichen Sommers pflanzten die Soldaten hier Gemüse an. Die Fenster zu öffnen war strengstens verboten, aber wenn die Bewohner hinausschauten, sahen sie über den hohen Zaun hinweg den grauen Himmel und die endlose weite Ebene, die im Winter von Schnee weiß bedeckt war und bis an die zugefrorene nördliche Dwina reichte. Die Geschwister vertrieben sich die Zeit mit Kartenspielen und langen Gesprächen. Außerdem hatte Anton Ulrich in Cholmogory deutsche und französische Bücher, aus denen er seinen Kindern vorlas.

Im November 1761 bat Anton Ulrich Elisabeth Petrowna um Erlaubnis, seinen Kindern Lesen und Schreiben beibringen zu dürfen. Zur Begründung schrieb er ihr, er fühle sich körperlich schwach und er glaube, dass er trotz seiner erst siebenundvierzig Jahre „fast mit einem Fuße in Grabe gehe". Er wünschte sich daher, dass seine Kinder später „im Stande kommen Ew. Kaiserl. Majestät selbsten fußfälligst zuwenden" zu können. Anton Ulrich erhielt keine Antwort auf diesen Brief. Probleme der Braunschweiger Familie gingen Elisabeth nichts an. Die Zarin war schon lange krank und mit ihren zweiundfünfzig Jahren stand sie selbst „mit einem Fuß im Grabe". Sie starb am 5. Januar 1762, keine zwei Monate nach Anton Ulrichs Brief.

Der neue Zar Peter III. entband Graf Schuwalow von seinen Aufgaben in der „Cholmogorer Kommission" und übergab sie an drei dem Zaren nahe stehende Offiziere. Die neuen Offiziere fanden einen dicklichen, häufig kranken, aber ruhigen Prinzen Anton Ulrich vor. Die älteste Tochter Katharina war ebenfalls kränklich, sie redete stotternd und hatte wie der Vater einen ruhigen Charakter. Tochter Elisabeth war von hohem Wuchs und kräftiger Gestalt, sie war lebhaft, öfter krank und litt an Nervenschwäche. Prinz Peter sah schwächlich aus, hatte krumme Beine und eine gebeugte Haltung. Prinz Alexej, der jüngste, war dagegen kräftig und hatte eine gute Gesundheit, wurde aber von den gewöhnlichen Kinderkrankheiten nicht verschont, und ließ noch keinen ausgeprägten Charakter erkennen. Aber die Kinder wussten wer sie waren. Die Wache nannte sie Prinzen und Prinzessinnen. Alle waren von liebevollem und weichem Gemüt. In der Stunde, als die Braunschweiger Familie vom Tod der Zarin Elisabeth informiert wurde, begannen alle zu weinen. Anton Ulrich sagte schluchzend: „Wir haben geglaubt und gehofft, dass unsere Geduld ... die höchste Gnade verdienen wird." Anton Ulrich kannte den Charakter der Zarin jedoch nur zu gut und wusste in seinem tiefsten Inneren, dass „die höchste Gnade" von Elisabeth wohl nicht kommen würde. Aber jetzt, als Peter III., der am Umsturz 1741 nicht beteiligt war, den Thron bestieg, konnten sich alle ein wenig Hoffnung auf eine Befreiung machen.

Die Hoffnungen Anton Ulrichs wuchsen noch mehr, als er nach einem halben Jahr die erneute Veränderung auf dem russischen Thron erfuhr. Er wusste nicht, unter welchen Umständen Katharina II. den Thron bestiegen hatte. Es hätte ihn durchaus an die Ereignisse von vor 20 Jahren erinnern können. Am 7. Juli 1762 wurde Katharina als Zarin ausgerufen, und schon am 11. August benachrichtigte Major Wymdonskij aus Cholmogory die Zarin: „Dem Prinzen ... wurde es einfach erklärt, dass Ihre Kaiserliche Majestät ... den russischen Thron zu besteigen geruhet hatte, und der ehemalige Zar Peter III. von Gottes Willen verschieden war."

Anton Ulrich schrieb einen langen Brief an die neue Zarin. Darin beklagte er auch das Schicksal seiner Familie. Seine einzige Bitte aber war es, die Kinder Lesen und Schreiben lehren zu dürfen. Die Zarin antwortete bereits nach 13 Tagen, also sofort nach Erhalt des Briefes. Aus ihrer Antwort konnte Anton Ulrich erfahren, dass Katharina II. immer Mitgefühl mit dem traurigen Schicksal der Familie gehabt hatte. Es sei ihr von Gott vorausbestimmt, nicht nur menschliches Leiden zu lindern, sondern auch Wohlfahrt zu begünstigen, und dazu habe sie von Natur eine besondere Veranlagung. Die Befreiung der Familie sei nur von einigen momentanen Schwierigkeiten abhängig, die Anton Ulrich kenne. Die Zarin wolle diese Schwierigkeiten jedoch untersuchen lassen, doch das brauche Zeit. Fürs Erste versprach sie, die Haftbedingungen zu mildern, und die Kinder in Religion und der Heiligen Schrift unterrichten zu lassen. Die Zarin wusste sehr vieles über die Familie. Es ist nicht sicher, ob Anton Ulrich nach zwanzigjähriger Gefangenschaft überhaupt begreifen konnte, welche Schwierigkeiten es waren, von denen die Befreiung der Familie abhing.

Am 23. Juli schickte Katharina II. an den archangelsker Vizegouverneur Suchotin einen Erlass, worin sie ihm befahl, sich einerseits nicht in die Angelegenheiten der „Cholmogorer Kommission" einzumischen, andererseits jedoch „dem Bösen zuvor zu kommen und es auszurotten." Eigenhändig fügte die Zarin hinzu: „Die Wichtigkeit der Kommission besteht darin, dass in Cholmogory, unter der Wache des Sekund-Majors Wymdonskij, der Ehemann der Prinzessin Anna mit den Kindern gefangen gehalten wird." Durch Erlass wurde auch der lang ersehnte Abschied gewährt. Er wurde zum Generalmajor befördert und erhielt als Dank für seine treuen Dienste ein Dorf mit leibeigenen Bauern. An seine Stelle rückte Hauptmann Sybin. Die Häftlinge bekamen „ihrem Stand und ihrer Lage angemessene" Geschenke aus St. Petersburg. In vier großen Truhen befanden sich teure Kleidung, mehrere Stücke Samt, Seide, Tuch, auch Strümpfe, Hüte, dazu ausländische Weine und Wodka.

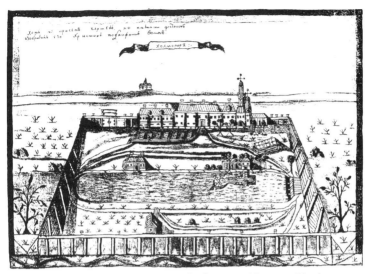

Gefängnis Kloster Cholmogory

Um einzuschätzen ob Mitglieder der Braunschweiger Familie als Prätendenten auf den Thron gefährlich werden könnten, wollte sich Katharina II. zu allererst, von diesen Personen ein Bild machen. Nach ihrer Ansicht, hatte sie Iwan Antonowitsch schon gesehen, vermutlich war das im August 1762. Sie sandte ihren Vertrauensmann, Generalmajor A. I. Bibikow, nach Cholmogory. Seinem Auftrag entsprechend, sollte der General Anton Ulrich den Willen der Zarin mündlich erklären. Sie beabsichtige, „ihn allein ... nun zu befreien und in sein Vaterland wohlanständig zu entlassen." Ferner sollte Bibikow erläutern, dass die Kinder vorerst nicht freigelassen werden könnten, weil „unseres Staates Umstände" noch nicht genügend gefestigt seien. Für den Fall, dass Anton Ulrich zu gehen bereit sei, sollte der General ihn nicht sofort mitnehmen, ihm aber versprechen, dass Oberst Heimburg, der noch in Oranienburg gefangen saß, ihm zur Gesellschaft nach Cholmogory geschickt werde. Anton Ulrich würde dann in Begleitung des Oberst die Heimreise antreten. Wollte Anton

Ulrich in Cholmogory bei seinen Kindern bleiben, sollte sich an seiner Lage vorerst nichts ändern. Es stellte sich schnell heraus, dass alle Bemühungen die Familie auf diese Weise zu trennen, vergeblich waren.

In seinem Bericht über Charakter und Verhalten der einzelnen Familienmitglieder berichtete General Bibikow, dass Anton Ulrich als Vater alle Liebe und das Vertrauen seiner Kinder besäße. Sie seien alle von freundlichem Wesen und hervorzuheben sei die Begabung Prinzessin Katharinas. Die Zarin war über das Mitleid und die, wie sie meinte, übertriebene Begeisterung des Generals für die Braunschweiger Familie ziemlich verärgert. Aber sie hielt ihr Versprechen, dass sie in Bezug auf Oberst Heimburg gegeben hatte. Zusammen mit den Schwestern von Mengden konnte Heimburg Russland bald verlassen. Von Oranienburg wurde er zuerst nach Moskau transportiert. Dort befand sich Juliane von Mengden, die einige Tage früher in das Haus von Münnichs gebracht worden war. Ernst von Münnich, Sohn des Feldmarschalls, war mit der Schwester Julianes, Anna Dorotee von Mengden, verheiratet. Aus Moskau führte man Juliane und Heimburg nach Riga und dort waren sie endlich frei. Der Erlass der Zarin an den Rigaer Gouverneur; General Braun, datiert vom 24. Januar 1763. Heimburg durfte in Livland, Riga oder in einem anderen Ort leben, er durfte auch in sein Vaterland zurückkehren. Juliane von Mengden wurde erlaubt, in Livland bei ihrer Mutter zu bleiben. Heimburg fuhr in seine Heimatstadt Braunschweig zurück, wo er 1767 starb. Er liegt in Wolfenbüttel in der Trinitatis-Kirche begraben. Auf seinem Grabstein steht geschrieben:

> „Ein Bild der echten Redlichkeit
> Und gläubiger Gelassenheit
> Liegt hier, sofern er sterben war
> Der Geist sich seinem Schöpfer dar."

Nach einigen Monaten wurde auch Jakobine von Mengden in die Freiheit entlassen. In einem Erlass, der die Einzelheiten ihrer Freilassung regelt, findet sich eine Anweisung, die erkennen lässt, dass sich die Gefangene von ihrem tragischen Zusammenbruch im Jahr 1754 nicht erholt hatte: „Weil es bekannt ist, dass sie, Bine, von ihren Krankheiten nicht richtig im Kopf ist, und üblicherweise nackt geht, so soll man sie ordentlich kleiden ..."

Ein halbes Jahr nach dem Besuch General Bibikows verbreitete sich bei Hofe ein Gerücht, welches der preußische Gesandte, Graf Solms, an König Friedrich II. weitergab. Es existiere angeblich der Plan, Anton Ulrich mit seinen Kindern, bis auf eine Tochter, nach Deutschland fahren zu lassen. Die in Russland verbliebene solle mit Pavel Petrowitsch, dem Thronfolger verheiratet werden. Solms hielt dieses Gerücht für wahrscheinlich und erläuterte auch Vorteile, die die Zarin dadurch hätte. Erstens, würden die Ansprüche der Braunschweiger Familie auf den russischen Thron neutralisiert, zweitens, werde Katharina II. durch diese Ehe das Recht ihres Sohnes auf die Thronfolge festigen. Weiter fügte Graf Solms hinzu, Anton Ulrich befände sich in einem Kloster nicht weit von Archangelsk und die Kinder wohnten mit dem Vater zusammen. Andere behaupteten die Familie sei irgendwo in der Ukraine, niemand könne jedoch sagen, ob sie überhaupt noch am Leben wäre. Über Iwan Antonowitsch wusste Graf Solms nichts, abgesehen davon, dass er immer noch von der Familie getrennt gefangen gehalten werde. Obwohl Graf Solms mit Graf Panin schon aus der gemeinsamen Zeit in Stockholm – beide waren dort Botschafter – gut bekannt war, verriet Panin, der mit den Vorgängen um die „Cholmogorer Kommission" in allen Einzelheiten vertraut war, dem preußischen Gesandten nicht das Mindeste.

Georg Macartney, Gesandter Englands, wusste 1765 zu berichten, dass Katharina II. zur Freilassung Anton Ulrichs, fest entschlossen sei. In Deutschland werde er eine der Würde seiner Person angemessene Pension erhalten. Allerdings müsse er zwar im Namen seiner vier Kinder eine Verzichtserklärung auf den russischen Thron unterschreiben. Macartney fügte nicht ohne Ironie hinzu, dass Geschichte und Lebenserfahrung zeigten, wie leicht man unter Pression solche Dokumente zu unterzeichnen pflege, diese aber wenig Wert hätten, weil sie ebenso leicht ihre Bedeutung wieder verlören. Was die Töchter betrifft, werden sie nach Macartneys Ansicht niemals die Freiheit erlangen. Die Söhne wurden in diesem Bericht nicht erwähnt. Die Haft der Familie, so habe er in Erfahrung bringen können, sei so mild und angenehm gewesen, wie man sich es in Russland überhaupt nur wünschen könnte. Der Inhalt dieses Schreibens wiederholt die Vorschläge mit denen General Bibikow 1762 die Familie in Cholmogory besucht hatte. Es ist zu vermuten, dass Macartney, der erst 1765 nach Russland gekommen war, etwas über die Reise des Generals gehört hatte und wie selbstverständlich annahm, es handele sich um ein gerade laufendes Projekt.

Nach der Abreise Bibikows vergingen der lange nördliche Winter, und dann der kurze Sommer. Man kann sich vorstellen, wie sehr die Familie auf eine Nachricht von der Zarin wartete, wie sie während der langen Winterabende ihr zukünftiges Leben besprach und Pläne machte, wie der Vater seinen in der Haft geborenen und aufgewachsenen Kindern über sein Vaterland, über Städte, Paläste und Schlösser erzählte ... Aber die Zarin schwieg, und Anton Ulrich entschloss sich, 1763 in einem Brief an sich zu erinnern. Auf die „allergnädigste Kayserliche Versicherung durch denn General Bibekow" sich berufend, bat er wenigstens um „etwas mehr Freiheit von Ew. Kayserl. Majestät." Damit die Kinder die Hoffnung auf die versprochene Freiheit nicht ganz verlieren („da aber Abende lang werden und es gegen den Winter get anfangen etwas kleinmuthlich zu werden"), bat er um Erlaubnis, den Gottesdienst in der hinter dem Gefängniszaun liegenden Kathedrale zu besuchen. Die Zarin antwortete wie immer sofort. Worten des Bedauerns folgte zunächst ein schmeichelhaftes Portrait ihrer selbst. Ihr Herz habe „mit jedem sogar kleinsten menschlichen Unglück Mitgefühl." Dann folgte die knallharte Zurückweisung fremder Ansprüche. Noch immer bereiteten ihr einige Fragen, die mit der Freilassung verknüpft wären, große Schwierigkeiten. Auch der Besuch der Kathedrale könne sie daher nicht gestatten. („Wir betrachten es als

Ihnen selbst nicht zu gute kommendes, wenn Sie in der Domkirche, auch in einer anderen öffentlichen Stelle erscheinen.") Um den Verdruss zu mildern, schickte Katharina wieder Geschenke, darunter warme Bettdecken. Anton Ulrich verstand, dass sie in Cholmogory überwintern müssen, und bedankte sich demütig für die „Übersendung der Decken und kostbaren Getränke und insbesondere ... für die allergnädigste Übersendung des Antwortschreibens auf meinen Brief von 4. September."

Nachdem ein weiteres Jahr mit vielen Krankheiten ohne ein Zeichen von Seiten der Zarin vergangen war, wagte es Anton Ulrich nicht mehr, sich wieder an sie zu wenden. Was ihm noch blieb, war die Hoffnung auf Panins Einfluss „bei glücklicher Stunde, meinen armen Weysen ... etwas freie Luft zu verschaffen, indem sie fast vergehen." Auf diesen, sowie auf seine nächsten Briefe an Panin, erhielt er keine Antwort. An die Zarin wendete er sich nie mehr mit einer Bitte, dankte ihr nur für Geschenke und beglückwünschte sie zum einen oder anderen Feiertag.

Im November 1763 starb der langjährige Gefängnisarzt Ledowskoj in Cholmogory. Katharina nahm seinen Tod zum Anlass, einen Informanten im Kloster zu etablieren. Obwohl Hauptmann Sybin regelmäßig über die Gefangenen nach St. Petersburg berichtete, hegte die Zarin ein gewisses Misstrauen, weil der Hauptmann immer nur das Gleiche berichtete, dass „alle gewissen Personen sich wohl fühlten", oder diverse Erkrankungen der Familie zu behandeln seien. Graf Panin begann sorgfältig nach einem geeigneten Kandidaten für die freie Stelle zu suchen. Dazu durchsuchte er eine Akte des Medizinkollegiums, in der die Beurteilungen der Mediziner über ihre politische Zuverlässigkeit enthalten war. Auf diese Weise stieß er auf den Arzt Peter Lund, der von „hiesigen Deutschen" abstammte, und der die deutsche Sprache besser als Russisch beherrschte. Außer seinen Aufgaben als Arzt sollte Lund sich auch mit den wirtschaftlichen und finanziellen Angelegenheiten der Kommission vertraut machen „ohne den Captein Siibin zu beleidigen ... Mit einem Worte, von allem, wovon Sie nur erkundigen können, betreffend Unterhalt und Ausgaben, ohne in undere Sachen sich zu mischen, schreiben Sie mir in teutsche Sprache." Die mit seinem eigenen Stempel versiegelten Briefe sollte Lund an Sybin geben, dass der sie nach St. Petersburg übersende.

Die Rapporte Lunds übertrafen die Befürchtungen der Zarin bei Weitem. Jedesmal schrieb er, wenn er zu Sybin kam, am Morgen, bei Tage oder am Abend, sei der besoffen. Dabei bedienten sich er und seine Untergebenen unverfroren an den Geschenken der Zarin. „Berichte auch, dass den ersten Pfingsttag ein Gastmahl bey den neugewerdenen Brand-Meister gewesen und der Herr Capitain Sybin nebst denen Officier bey ihm gewesen sind, da ich dann beobachtet, dass erstaunlich viel Wein und Branntwein aufgegangen ist; solches ist hier aus der Krons-Keller genommen, ob es nachher ... von dem Brant-Meister wieder ersetzt werden wird, das weiß ich nicht. Von Ungarischen Wein ist nichts mehr vorhanden und haben andere Wein auf den Ungarisch Hefen gegossen ..." Auch als Arzt hatte Lund alle Hände voll zu tun. Anton Ulrich und seine Kinder waren oft krank. Im Frühjahr 1764 hatte „die älteste gewisse Person" Fußweh, litt an Wassersucht und Skorbut. Anton Ulrich schien im Sterben zu liegen und Sybin richtete eine Anfrage an Panin, was im Fall des möglichen Todes zu tun sei. Die Leiche des Herzogs sei zu obduzieren, schrieb Panin, in den mit schwarzem oder himbeerfarbenem Samt bezogenen Sarg zu legen, den Sarg in den Keller zu stellen und auf weitere Anordnung zu warten.

Für den Todesfall eines der Kinder war vorgesehen, die Leiche neben der Kirche nach kirchlichem Brauch ohne weltliche Zeremonie zu begraben. Während der Gebete sollte man ihrer nur mit Namen gedenken, ohne sie Prinzen oder Prinzessinnen zu nennen. Ein halbes Jahr später, nachdem er einen neuen Rapport von der Krankheit Anton Ulrichs erhalten hatte, schickte Panin eine neue Instruktion. Die Leiche des Herzogs solle in einen einfacheren, nicht mit Samt, sondern mit Tuch bezogenen

Sarg gelegt und ohne weiteres neben der Kirche, wo sich die Arrestanten befinden" begraben werden und „alles so tun, dass über den Tod und die Begrabung kein Fremder erfahren und unter die Leute verbreiten könnte." So der Kranke einen Priester rufen ließe, sollte man diesen aus Archangelsk herbei fahren (dort war eine lutherische Gemeinde), nachdem dieser eine schriftliche Verpflichtung abgegeben hätte das Staatsgeheimnis zu wahren.

Die Änderungen der Begräbniszeremonie sind dadurch zu erklären, dass inzwischen Iwan Antonowitsch in Schlüsselburg zu Tode gekommen war. Dadurch hatte sich der Status Anton Ulrichs, Vater eines zwar inhaftierten aber noch lebenden Zaren zu sein, verändert. Auf das Maß eines Normalsterblichen gesunken, hielt man eine prachtvolle Zeremonie zu Ehren des ehemaligen Generalissimus der russischen Armee nicht mehr für nötig. Vielleicht war mit dieser veränderten Position der Familie auch Katharinas Entscheidung verbunden, die „Kommission" jetzt der Führung des archangelsker Gouverneurs Golowzyn zu unterstellen. Die oberste Aufsicht blieb in den Händen Graf Panins, an den Golowzyn berichten sollte. Golowzyn machte sich mit einem Eifer an die Arbeit, der während der nächsten fünfzehn Jahre niemals nachlassen sollte. In der Regel besuchte er Cholmogory einmal im Monat und verbrachte dort einige Tage. Eigens für seine Besuche wurde in Cholmogory ein Holzhaus gebaut. Obwohl die Strecke von Archangelsk mit einer Entfernung von sechzig Kilometern nicht weit war, wurde es doch jedes Mal eine beschwerliche Reise. Es galt viermal über Nebenflüsse und Flussarme der nördlichen Dwina überzusetzen, wobei eine der Überfahrten sogar vier Kilometer breit war. Frühlingsanfang war einen Monat lang überhaupt keine Fahrt möglich. Die Wege waren durch das über die Ufer getretene Wasser aufgeweicht oder gänzlich überschwemmt.

„Während meines ersten Besuches konnte ich aus den Gesprächen feststellen, dass der Vater seine Kinder liebt, und die Kinder ihn achten, und es kein Zerwürfnis unter ihnen gibt. Die älteste Töchter Katharina ist taub und spricht sehr wenig. Wie der Arzt mir erklärte, hat sie regelmäßig hysterische Anfälle. Die jüngere Elisabeth leidet an Kopfschmerzen infolge eines Unfalls, in früher Kindheit ist sie von der Treppe gefallen. Seitdem hat sie ein weiches Gemüt. Und die Söhne – der ältere Peter scheint von Natur aus nicht sehr gescheit zu sein. Das linke Bein ist krumm, aber er hat einen sanften Charakter. Der jüngste Alexej ist im Vergleich zu seinem Bruder nicht nur ungezwungener, sondern scheint, wie auch die jüngere Schwester, aufgeweckter als die übrigen. Der Vater hat von Skorbut geschwollene Beine und Füße bekommen, an dieser Krankheit leidet er wohl schon sehr lange."

„Die steinernen Gemächer, wo sie jetzt wohnen, sind, meiner Meinung nach, unsauber und nicht genug geräumig, ihre Betten haben keine Bettvorhänge und sind schlecht; Tische und Stühle sind ganz gebrechlich, und an solche mangelt es, darum benützt man in einigen Zimmern grob gebastelte Tische und Bänke, Öfen sind auch schlecht; darum ist es befohlen, in diesen steinernen Gemächern mit gebührender Vorsicht zu weißen und die Öfen in diesem Sommer neu zu setzen; und damit Ofensetzer „die gewissen Personen" nicht sehen könnten, werden diese hier im Saal wohnen, gerade auf solche Weise, wie es auch früher gewesen war. Es ist auch befohlen, neue Betten, auch Tische und Stühle von guter Qualität und zwei Canapee herzustellen."

Darüber hinaus bat Golowzyn in diesem Rapport um Erlaubnis, ein neues Badhaus bauen zu dürfen, weil die Prinzen geklagt hätten, dass sie sich im Laufe von drei Jahren in der Badstube nicht gebadet haben. Außerdem bat er um Stoff für Kleidung, Schuhschnallen und anderes mehr. Während seiner Besuche in Cholmogory speiste Golowzyn mit der Familie und führte lange Gespräche. Sie hatten, wie er in den Rapporten schrieb, zu ihm Vertrauen und freuten sich über jeden seiner Besuche. Einmal erzählte die Prinzessin Elisabeth Golowzyn zutraulich darüber, wie man sie als kleines anderthalbmonatiges Kind aus Riga nach Oranienburg in „böser Kälte" gefahren habe, und „ihre Windeln zugefroren waren", und ihre Amme, um das

Leben der Kleinen behütend, sich den Rücken abgefroren habe. Die Amme selbst hatte Elisabeth diese Geschichte erzählt. Anton Ulrich fügte hinzu, „dass Elisabeth das alles zu erleben gehabt hatte, weil die Abreise nicht aufgeschoben worden war und es ... vom General Saltykow eine für das kalte Wetter nicht passende Kaletsche bestimmt hatte ..." Als sie diese traurige Geschichte beendet hatte, begann Prinzessin Elisabeth zu weinen und sagte nach Golowzyn, folgendes: ihre einzige Schuld sei, dass sie zur Welt gekommen seien. Und sie äußere ihre geheime Hoffnung, dass das Glück ihnen zulächle und die gute Zarin sich erbarmen und die beiden Schwestern als Kammerjungfern bei Hofe aufrufen werde.

Aus den ausführlichen Rapporten Golowzyns ist zu entnehmen, dass er in alle Details der Kommissionstätigkeit eindrang und dafür sehr viel Zeit und Kräfte verwendete. Golowzyn deckte bald das Ausmaß der von Sybin begangenen Unterschlagung und das direkte Stehlen auf. Er konnte den fortwährend betrunkenen Hauptmann nötigen, über den Schaden eine ungefähre Aufstellung zu machen. Als Golowzyn erfuhr, wie viel Fässer und Flaschen Wein Sybin und seine drei Offiziere während eines Jahres tatsächlich für ihre eigenen Bedürfnisse verbraucht hatten, war er erschüttert: „... dass einige Menschen so eine Menge Wein ganz einfach gebraucht haben könnten, meine ich für unwahrscheinlich." Er konnte nicht eigenmächtig über das Schicksal Hauptmann Sybins entscheiden und richtete an Graf Panin die Bitte, den 70-jährigen Kommandeur nun endlich zu ersetzen. Graf Panin schlug vor, dass der Gouverneur einen würdigen Offizier in der archangelsker Garnison ausfindig machen solle. Erstaunlicherweise war ein solcher dort nicht zu finden. Aus der von Golowzyn eingereichten Liste ging hervor, dass alle Anwärter von Geburt Ausländer waren, dabei krank, alt oder die russische Sprache nicht beherrschten. Der einzige Russe, Major Abaturow, war wegen eines Skandals in Untersuchungshaft. Nicht nur Sybin stand in fortgeschrittenem Alter sondern auch viele seiner Untergebenen.

Am 11. Februar 1764 erlaubte Panin zwei Dutzend Soldaten und Korporalen aus Altersgründen den Abschied zu nehmen. Viele unter ihnen waren noch in der Zeit Anna Iwanownas angestellt worden, einige sogar noch früher. Alle sollten sich schriftlich verpflichten bei Todesstrafe das Geheimnis der „Cholmogorer Kommission" zu bewahren. Außerdem sollten sie aus einem Verzeichnis dreißig abgelegener kleiner, von der Hauptstadt entfernter Städte den Wohnort wählen, und dort ohne Recht auf Ausreise leben. An ihre Stelle traten Soldaten und einige Sergeanten der archangelsker Garnison. Für sie wurde die „Cholmogorer Kommission" für viele Jahre zum Gefängnis. Beförderung zu erlangen war praktisch unmöglich. Nach fünf Jahren Dienst in der Kommission reichten alle Unteroffiziere Gesuche ein und baten um Versetzung in die Armee, „um dort ihren Diensteifer zu demonstrieren und sich avantage zu erwerben." Dabei konnten sie sich darauf berufen, dass ihre ehemaligen jüngeren Genossen schon Offiziere waren.

Sybin wurde verabschiedet und Golowzyn ersetzte ihn durch Offizier Mjatschkow, der auch in der Kommission eine Stelle hatte, dabei erhielt Mjatschkow den Majorsrang. Aber nichts besserte sich. Während jeden Besuches deckte Golowzyn verschiedene Dienstversäumnisse auf, darüber kann man in seinen ausführlichen Rapporten nach St. Petersburg und in seinen Anweisungen an Mjatschkow lesen. So wurde Graf Panin darüber in Kenntnis gesetzt, dass ranziges Mehl für Kringel gebraucht wurde, dass betrunkene Soldaten Wache standen oder nicht immer auf ihrem Posten blieben, dass einige Soldaten und der Diener Mjatschkows an einem Mord eines hiesigen Bauern verwickelt waren und von solchen Verfehlungen und Verbrechen gab es viele mehr. Gerade zum Besuch Golowzyns bereitete der ständig besoffene Koch Fleischsuppe im Kochtopf für Fischspeisen zu, „dadurch wurde Unzufriedenheit bei den gewissen Personen erweckt." Ein anderes Mal befahl der empörte Gouverneur den Soldaten, der Bier zu brauen hatte, zu prügeln. Man hatte den Soldaten diese

Kunst besonders gelehrt, „doch dieser Missetäter breut Bier bis heute schlecht, obwohl er dadurch auch seinen eigenen Nutzen verschmäht."

Die Öfen im erzbischöflichen Haus und in den Kasernen bereiteten Golowzyn besondere Sorge. In vielen seiner Befehle gab er Anweisungen, wie man im kalten Winter diese Öfen heizen solle, ohne dabei das Haus in Brand zu stecken. Eine Ironie des Schicksals war es, dass einige Jahre später seine eigene Kanzlei in Archangelsk in Flammen aufging. Anfangs sendete Golowzyn mehrseitige, meist eigenhändig geschriebene Berichte nach St. Petersburg. Er richtete zahlreiche Anfragen an Graf Panin oder bat ihn um Hilfe. Aber bald warnte Panins Sekretär Teplow „freundschaftlich" den Gouverneur: Panin bekäme langsam den Eindruck, dass er selbst mehr Arbeit für die Kommission leisten müsse, seit er dem Gouverneur die Kommission anvertraute. Teplow gab den Rat, Golowzyn solle selbständiger handeln und die meisten Probleme vor Ort lösen. Vielleicht hatte Golowzyn durch seine zahlreichen Rapporte diesen „Freibrief" ganz bewusst herausgefordert.

Jetzt begann der Gouverneur die Familie zu verwöhnen, er brachte selbst oder ließ ihnen bringen – Billard mit Billardqueues und Kugeln, „Volantspiel" mit fünf Paar „Federzapfen", Schafpelze für die Winterspaziergänge, Gemüse- und Blumensamen. Er bestellte für sie ausländische Waren: Weine, Pfefferkuchen, Seife, zwei Tausend Korken, Nüsse, Chokolade, italienische Nudeln, Stärkepuder, Apfelsinen, Zitronen, holländischen Käse, Gewürze, Bier, Schminke, Kölnischwasser ... auch aus St. Petersburg wurden Geschenke geschickt. Alljährlich lieferte der Kurier ungarischen Süßwein, Danziger Wodka, Süßwodka und 26 Flaschen Liköre. Von Zeit zu Zeit (8 Mal in 12 Jahren) wurden Stoffe, Strümpfe, Kleidung, darunter prachtvolle, mit silberner Stickerei geschmückte Kleider für die Prinzessinnen, Spitzenmanschetten, Kragen u. dgl. gesandt. Jedes Mal, wenn sie Truhen mit Geschenken bekommen, „amüsieren sich die Geschwister außerordentlich", teilen alle

Sachen untereinander und bewahrten dann die Geschenke jeder in seiner eigenen Truhe auf. „Sie sind gar nicht sparsam, sondern verschwenderisch und tragen alles, kleiden sich oft, so, wie es sich diesem oder jenem Tag gebühret."

Golowzyn gab sich alle Mühe, keine Informationen über die „Cholmogorer Kommission" nach außen dringen zu lassen. Einer der Offiziere der Archangelsker Garnison, Oberleutnant Salz, wurde wegen eines Vergehens zum Soldaten degradiert, saß in der Festung unter Arrest, und sollte ins Ausland ausgewiesen werden. Golowzyn befürchtete aber, dass dieser dort Informationen über die Braunschweiger Familie verbreiten könne, und bat um die Einschätzung Graf Panins, ob es nicht besser wäre, den Soldaten Salz aus Sicherheitsgründen nach Sibirien zu verbannen.

Ende 1763 geschah etwas, dass die Zarin besonders beunruhigte. Prinzessin Elisabeth schrieb eigenhändig Briefe an die Zarin, den Thronfolger Paul Petrowitsch, und an Graf Panin. Alle Briefe enthielten Glückwünsche anlässlich der Ehe Paul Petrowitschs mit der Prinzessin von Hessen-Darmstadt, sowie eine Bitte um Begnadigung und Befreiung der Braunschweiger Familie. Die ersten zwei Briefe wurden im Namen aller vier Geschwister geschrieben, den Brief an Graf Panin unterschrieb Elisabeth allein. In diesem Brief erklärte sie, dass alle Briefe von ihr im Auftrag des Vaters, der schwache Augen habe, geschrieben worden seien.

Graf Panin, wie es aus seinem Brief an Golowzyn hervorgeht, war über die Handschrift und den Stil der Briefe erstaunt. Diese sollten, seiner Meinung nach, „der Bescheidenheit der Erziehung der Kinder nicht entsprechen." Sowohl er als auch die Zarin waren davon überzeugt, dass die Prinzen und die Prinzessin ungebildet waren. Graf Panin äußerte auch den Verdacht, diese Briefe hätte jemand anderes geschrieben. Er fügte hinzu: „Abgesehen von diesen Briefen haben sie eine Möglichkeit, mit den anderen Orten im Briefwechsel zu stehen." Auf Verlangen der Zarin sollte man den Prinzen und Prinzessinnen die Schreibsachen sofort wegnehmen und auch ermitteln, auf welche Weise sie die Kunst des Lesens und

Schreibens erlernt hatten. Golowzyn untersuchte alles sorgfältig und berichtete an Panin. Wie ihm Anton Ulrich erzählte, hätten die Kinder das Lesen und Schreiben bereits seit Jahren geübt. Dazu hätten sie das alte ABC-Buch Anna Leopoldownas benutzt; außer diesem Buch hätte sie einige heilige Bücher und Predigten gehabt, die die Prinzen „für die Schreibart gelesen und gelobt" hätten. Nachdem die Kinder selbst alles gelernt hatten, lehrten sie auch ihre Diener die Kunst des Schreibens. Anton Ulrich verwahrte deutsche und französische Bücher, auch das Psalmbuch in russischer Sprache. Er versicherte Golowzyn, dass die Kinder weder Deutsch noch Französisch beherrschen würden. Golowzyn beschlagnahmte dieses Psalmbuch sowie das völlig zerlesene ABC-Buch und sendete alles an Panin. Dieser wies im nächsten Brief an, da die Kinder selbständig lesen und schreiben gelernt hätten, müsse es wohl so bleiben. Man solle nur ein Auge darauf haben, dass diese Fähigkeiten keine weiteren Folgen hätte. Golowzyn befahl Hauptmann Mjatschkow streng auf die Prinzessin zu achten, damit sie in Zukunft keine Tinte und Feder bekäme. Aber wenn sie den Wunsch äußere, einen Brief zu schreiben, so solle Hauptmann Mjatschkow es ihr in seiner Anwesenheit erlauben, und diesen Brief dann sofort dem Gouverneur vorlegen.

Prinzessin Elisabeth war die begabteste unter den Geschwistern. Im Jahre 1767 entwickelte sich zwischen ihr und dem Sergeant Trifonow, dessen Wachtposten direkt im ersten Stock des erzbischöflichen Hauses war, eine ernsthafte Romanze, die Hauptmann Mjatschkow in helle Aufregung versetzte. Trifonow wurde oft zum Mittagessen eingeladen. Er amüsierte die Geschwister, indem er mit ihnen Flöte und Karten spielte und mit allen gemeinsam regelmäßig durch den Gemüsegarten spazierte. Die Prinzessin schien ihn besonders zu mögen, und Mjatschkow hegte den Verdacht, dass es schon nicht mehr nur gegenseitige Zuneigung, sondern Liebe war, was die beiden verband. Hauptmann Mjatschkow verbot Trifonow infolgedessen den Zutritt zu den Zimmern der Häftlinge und überhaupt jeden

Umgang mit ihnen, und schrieb an Golowzyn einen ausführlichen Rapport.

Für Sergeant Trifonow hatte diese Geschichte dann aber keine weiteren Folgen, er blieb in Cholmogory, und wurde lediglich von seinem Posten im erzbischöflichen Haus entfernt und durfte die Familie nie besuchen. Aber Panin behielt den Rapport Mjatschkows im Gedächtnis und, nachdem er 1774 die Briefe von Elisabeth erhalten hatte, wünschte er noch einmal genauere Informationen darüber, was vor sieben Jahren unternommen wurde, „um den Liebesverkehr" der Prinzessin mit dem Sergeanten „abzubrechen". Darüber hatten Mjatschkow und Golowzyn ihm gewiss berichtet, aber wie Panin selbst zugab, waren diese Rapporte in seiner Kanzlei verloren gegangen. Das war anscheinend nichts ungewöhnliches. So bat Teplow einmal, im Herbst 1774, darum, dass Golowzyn ihm Kopien aller Berichte der letzten drei Monate sende, weil „alle von Ihnen geschickten Papiere so verlegt sind, dass Panin sie nicht finden kann ..."

Seit beinahe 1767 wiederholten sich die Berichte über Krankheiten, besonders häufig betreffen sie Anton Ulrich. Seine eigenen Klagen in Briefen an Panin und an die Zarin über die schlechte Gesundheit und sein sich Nähern des „Pforte des Todes" waren nicht besonders übertrieben. Ständig litt er an Wassersucht und Skorbut. Die Skorbutwunden auf den Beinen waren nicht zu heilen. Aus einigen Rapporten kann man schließen, dass der Prinz lungenkrank war und auch einen kaputten Magen hatte. Infolge der unbeweglichen Lebensweise wurde er dick und gegen 1770 begann er auch blind zu werden. Anfang 1773 war Anton Ulrich besonders schwer krank. Golowzyn meldete der Zarin, dass alle Familienmitglieder bis zum 16. Januar gesund waren, aber darum wurde Anton Ulrich an „inflamatorischem Fieber" krank, auf beiden Füßen entwickelten sich Rosen und der Kranke kam ins Delirium. Am 23. Januar wurde die Krankheit noch stärker, die Haut des Kranken bedeckte sich mit Blasen, seine Beine schwollen an, der Arme verlor vollständig die Sicht, Husten erschütterte seine kranke Brust. Und „obwohl vom Arzt allermöglichste Heilmittel und Arzneien angewandt wurden, blieb es keine Hoffnung auf die Genesung." Während Golowzyn den Kranken besuchte, wurde das für das 18. Jahrhundert traditionelle Mittel, Aderlass, versucht. Man gab auch verschiedene Arzneien.

Golowzyn schrieb später, dass er den Tod des Anton Ulrichs jede Stunde erwartete. So schwer war dieser bisher noch nicht erkrankt. Am Tag nach dem Aderlass fühlte er sich „zum unerwarteten Glück" besser und begann sich zu erholen. Ende Januar war das Fieber vorbei und wenigstens mit dem rechten Auge konnte er wieder sehen. Im Rapport an Panin erzählte Golowzyn ausführlich, dass Anton Ulrich in der schwierigsten Phase der Krankheit für kurze Zeit zu sich gekommen sei und um den Pastor gebeten habe, um christlich zu sterben. Vorher nahm er von seinen Kindern Abschied, „und sagte sein Abschiedswort."

Mit vielen Vorsichtsmaßnahmen wurde der Pastor Klug aus Archangelsk nach Cholmogory gebracht. Nach Cholmogory wurde er in der Nacht gefahren und auch in der Nacht von dort wieder fortgeführt; er sollte nicht wissen, wo er sich befand und wem er das heilige Abendmahl reichte. Er durfte auch nicht mit dem Kranken sprechen. Die Todeskrankheit Anton Ulrichs begann im Vorfrühling 1776. Oberstleutnant Polosow, der 1774 die Stelle Mjatschkows übernommen hatte, benachrichtigte den Gouverneur von der beunruhigenden Verschlechterung des Gesundheitszustandes am 9. Mai. Golowzyn gab den Befehl, sich im Todesfall an die Begräbnisinstruktionen von 1764 zu halten. Wegen des Eisganges und des weit über die Ufer getretenen Flusses wagte er es nicht, den Pastor nach Cholmogory zu schicken. Auf die Frage Polosows, ob es möglich wäre, dem Prinzen das Heilige Abendmahl zu reichen, antwortete der Gouverneur, dass er ohne Erlaubnis Graf Panins die Verantwortung dafür nicht übernehmen könne. Weil Golowzyn befürchtete, sein Bote könnte unterwegs ertrinken, wiederholte er am Abend noch einmal seine Order und fügte eine Kopie der Instruktion von 1764 hinzu. Er war anscheinend ziemlich besorgt und verfasste den Wiederholungsbefehl in großer Eile, jedenfalls ist seine Schrift diesmal schwer zu lesen. Schon am nächsten Morgen gab er eine weitere Order heraus und verlangte Nachrichten über den Zustand des Kranken, falls ein Bote über den Fluss, von einer Eisscholle auf die nächste springend, hinüber gelänge.

Der Zustand Anton Ulrichs verschlechterte sich am 9. Mai, nachmittags gegen 4 Uhr. Da bekam er hohes Fieber und starke Seiten- und Brustschmerzen, wogegen Arzt Hasselmann seine erprobten Heilmittel anwendete. Aderlass, Klystiere und heiße Umschläge, „danach fühlte sich [der Kranke] angeblich besser." Aber am 12. Mai fühlte er sich schlimmer als je zuvor, begann Blut zu spucken und äußerte den Wunsch, beim Pastor zu beichten. Nachdem er von Polosow erfuhr, dass es wegen des Hochwassers zwischen Cholmogory und Archangelsk keine Verbindung gab, bat er darum den griechisch-orthodoxen Popen zu ihm zu lassen. Dazu hatte Polosow keine Erlaubnis und so blieb ihm nur, den Sterbenden zu beruhigen und ihm zu beteuern, dass sein Zustand nicht so schlecht sei. Auch die Kinder, die an den Tod des Vaters nicht glauben wollten, wiederholten diese Lüge des Oberstleutnant. Anton Ulrich aber wusste nur zu gut, wie es um ihn stand und bat Polosow, eine letzte Bitte an die Zarin zu überbringen, „wenn sie auch ein kleines Tautröpfchen ihrer Milde auf die armen Waisen ausgösse ..." Er fügte noch hinzu, dass er nie auf Befreiung gegen den Willen der Zarin gehofft habe. Den Atem in Agonie verlierend, bat er die Zarin ein letztes mal, den Kindern nach seinem Tode „ein bisschen mehr Freiheit" zu geben, und vertraute sie der Gunst und der Großmut aller Exellenzen und Erlauchten an, namentlich Golowzyn, Teplow und Graf Panin.

Am 15. Mai 1776 gegen 7 Uhr morgens schlossen die Augen für immer. Der Sarg war mit schwarzem Tuch bezogen und mit silbernen Bändern dekoriert. Am 16. Mai gegen zwei Uhr in der Nacht trugen die Wachsoldaten den Sarg mit der Leiche des ehemaligen Generalissimus hinaus und begruben ihn in aller Stille neben der Kirche am Zaun des Hauses. Keiner der Teilnehmer durfte jemals über diese traurige Zeremonie sprechen. Es ist nicht klar, ob die Kinder wussten, wo der Vater begraben war, oder ob sie wenigstens von weitem einen Blick auf sein Grab werfen konnten. Das Grab war weder mit einem Kreuz, noch mit einem Stein oder Blumen geschmückt worden.

Die Handlungen des Gouverneurs Golowzyn erhielten die allerhöchste Billigung der Zarin Katharina II.. Man war mit der Arbeit des Gouverneurs in St. Petersburg sehr zufrieden. Graf Panin teilte Golowzyn in einem Brief mit, er solle die Prinzen und Prinzessinnen jetzt häufiger besuchen, um „sie zu belehren und ihnen gute Ratschläge zu erteilen." Von nun an besuchte Golowzyn das Kloster Cholmogory in der Regel zweimal im Monat und verbrachte dort 2 oder 3 Tage in der Gesellschaft der Braunschweiger Familie. Katharina II. antwortete erst gar nicht auf die Meldung Golowzyns, in der er beschrieb, wie die Geschwister vor ihm auf die Knie gefallen seien und ihn angefleht hätten, die Zarin um ihre Befreiung zu bitten. Obwohl Katharina II. nach dem Zwischenfall mit den Briefen Elisabeths darüber im Bilde war, dass die Kinder Anton Ulrichs sehr gut lesen und schreiben konnten, hielt sie es nicht für notwendig, einige Worte des Mitgefühls nach dem Tode des Vaters an sie zu richten.

Anfang November 1777 war die Dwina zugefroren, und Golowzyn konnte nicht wie geplant nach Cholmogory kommen. Sobald das Eis wieder fest war, machte sich Golowzyn auf den Weg. Im Dezember besuchte er die Geschwister dreimal. Neujahr brachte ein Bote aus Archangelsk die Nachricht von der Geburt des Enkels der Zarin, Alexander Pawlowitschs, des zukünftigen Zaren Alexander I.. Golowzyn leitete diese glückliche Neuigkeit nach Cholmogory weiter. In der Kathedrale wurde ein feierlicher Gottesdienst abgehalten, die Prinzen beteten für die Gesundheit des neugeborenen Thronfolgers in ihrer Hauskirche. Ob sie an ihre eigene Lage dachten, als sie das Neugeborene mit den Worten priesen: „Christus wurde für die Rettung der Welt geboren und der Großfürst Alexander Pawlowitsch für ihre Befreiung", lässt sich nicht sagen.

Katharina II. konnte des Thrones sicherer sein, denn die Existenz der Kinder Anna Leopoldownas, war für sie nicht mehr so gefährlich. Darum hofften die Prinzen und Prinzessinnen vielleicht ganz naiv auf die Gnade der über die Geburt des Enkels erfreuten Zarin. Deshalb baten sie Golowzyn um Erlaubnis, außerhalb der Umzäunung spazieren fahren zu dürfen. Sie glaubten, dass die Zarin wenigstens ihre Lebensbedingungen in der Gefangenschaft mildern werde, wenn sie sie nicht sofort befreien wollte. Zarin Katharina II. aber antwortete ablehnend. Zu ihrem „großen Bedauern" schlug sie ihre Bitte ab, weil „dadurch die Neugier der hiesigen Einwohner wiederaufleben könnte, und die viel zu schaffen machen werde."

Am 8. Mai 1779 wurde der zweite Enkel der Zarin, Konstantin, geboren. Mit dieser Nachricht eilte Golowzyn wieder nach Cholmogory, wo die Geschwister den Namenstag des heiligen Konstantin feierten (am 1. Juni). Auch aus diesem Anlass baten die Geschwister erneut um Begnadigung, „wenigstens durch etliche Milderung der Gefängnisordnung." Wie die vorherige, hatte auch diese Bitte keinen Erfolg.

Im großen und ganzen war und blieb das erzbischöfliche Haus, ungeachtet teurer Geschenke, sogar nach großstädtischem Standard, prachtvoller Kleidung, ausländischer Weine, silbernen oder vergoldeten Geschirrs, für die Prinzen und Prinzessinnen immer eine enge und stickige Zelle. Die Häftlinge durften auch weiterhin das Haus nicht verlassen, Spaziergänge waren nur im Gemüsegarten in Begleitung der Wachsoldaten erlaubt. Legten sich die Gefangenen schlafen, wurden Zusatzposten im Garten aufgestellt. „Und morgens, ehe sie erwachen, sind die Posten einzuziehen, damit sie diese Wache nicht sehen können. Und die Soldaten sollten aufgepasst Wache stehen, als ob der Feind ringsum wäre." Weiter hieß es in der entsprechenden Instruktion: die Wachsoldaten sollen ihre Gewehre geladen haben, die Wache sei in der Nacht mehrmals zu verschiedenen Zeiten zu kontrollieren, damit die Soldaten den Zeitpunkt der Kontrolle nicht wüssten.

Es sei den Arrestanten weiterhin verboten, mit jemandem im Briefwechsel zu stehen, darum solle man ihnen Papier, Tinte und Siegellack vorenthalten. Es sei den Wachsoldaten streng verboten, über Begebenheiten in Cholmogory zu berichten.

Ohne Wissen des Gouverneurs konnten die Prinzen und Prinzessinnen nicht fortgeführt werden, auch wenn ein Bote den Erlass für ihre Befreiung vorwiese. Das heißt, die Haftbedingungen waren unvermindert streng, und nichts hatte sich an der Situation der Gefangenen geändert.

Abschied aus Russland

Vier Jahre waren seit dem Tod Anton Ulrichs vergangen, als Katharina II. beschloss, seine Kinder aus Russland auszuweisen. Ganz oben auf dem Stoß alter Akten, in denen die Geschichte dieser sorgfältig geplanten Aktion nachzulesen ist, liegt das „Protokoll des Gesprächs zwischen Generalmajor Besborodko und Graf Nikita Iwanowitsch Panin, das auf höchsten Befehl am 22. Januar 1780 stattfand." Schon im ersten Satz ist zu lesen, dass ihre Majestät die „allergnädigste" Absicht habe, die „gewisse Familie" nach Norwegen fahren zu lassen, damit sie in der Hauptstadt Bergen ihren ständigen Aufenthalt nähme.

Norwegen gehörte zum Königreich Dänemark, und die Geschwister wurden auf diese Weise der Fürsorge des dänischen Hofes anvertraut, wobei die Unterhaltskosten der russische Hof tragen sollte. Der dänische König Christian VII., der 1766 seinem Vater Friedrich V. nach dessen Tod auf den Thron gefolgt war, litt unter schweren Depressionen und war nach Aussagen zahlreicher Zeitgenossen nicht in der Lage, das Land zu regieren. Es war seine Stiefmutter, Juliane Marie, die Friedrich V. in zweiter Ehe geheiratet hatte, die die Staatsgeschäfte de Facto führte. Dazu hatte sie sich allerdings 1773 der Konkurrenz der Ehefrau Christians, Caroline Mathilde, Schwester König Georgs III. von Großbritannien, zu entledigen. Diese hatte in Johann Friedrich Struensee, den sehr auf Reformen bedachten Geheimen Kabinettsminister, ihren wichtigsten Berater. Struensee besaß allerdings nicht nur wegen seiner politischen Ansichten in Dänemark viele Feinde, sondern auch, weil er als Günstling Carolines aus der Stellung eines Leibarztes des Königs in die höchsten politischen Ränge aufgestiegen war. Schließlich gelang es Juliane Marie sich im Kampf um die Macht durchzusetzen. Sie hatte herausbekommen, dass zwischen Caroline und Struensee ein Liebesverhältnis bestand. Dass die Ehefrau des dänischen Königs ein Verhältnis mit seinem ehemaligen Leibarzt hatte, löste im ganzen Land einen kolossalen

Skandal aus. Die Konsequenzen für die Beteiligten waren allerdings mehr als drastisch. Struensee wurde öffentlich hingerichtet und Caroline Mathilde wurde des Landes verwiesen. Sie verbrachte ihre wenigen Lebensjahre in Schloss Celle bei Hannover, dem Stammland ihres Bruders Georgs III., dem englischen König. So sicherte sich Juliane Marie auch für ihren Sohn Friedrich, der aus ihrer Ehe mit Friedrich V. entstanden war, im Lande die Macht.

Katharina II. und Graf Panin waren nicht sicher, ob Juliane Marie die Idee, die Braunschweiger Familie in Bergen anzusiedeln, akzeptieren werde. Graf Panin war optimistisch und meinte, dass „infolge der engen Freundschaft der zaristischen und dänischen Höfe" dieser die Unglücklichen empfangen wird Kraft „der Blutsverwandtschaft und Humanität." Juliane Marie war eine Schwester des verstorbenen Anton Ulrich.

Panin beabsichtigte einen vertrauenswürdigen Mann, entweder einen Generalgouverneur oder einen der obersten Staatsbeamten nach Cholmogory zu schicken. Er war der Meinung, dass es nach der Ausweisung der Braunschweiger Familie „aus vernünftiger Vorsicht nötig wäre, bei ihr einen Informanten zu haben, der den Hof über ihr Benehmen und ihre Taten berichten wird." Am besten könnte in diese Rolle „ein geschickter Geistlicher" passen. Die Wahl fiel auf Aleksej Petrowitsch Melgunow, Generalgouverneur von Jaroslawl und Wologda.

Am 12. Februar 1780 bekam Melgunow einen von der Zarin unterschriebenen Geheimbefehl, der mit den Worten begann: „Unsere Absichten in Bezug auf die Familie, die sich in Cholmogory befindet, sind Ihnen bekannt …" Katharina II. hatte von Kabinettsekretär Elagin Auskunft über die Ausgaben der Kommission verlangt. Es stellte sich heraus, dass sie pro Jahr 15.000 Rubel kostete. Melgunow wurde befohlen, den Gesundheits- und Gemütszustand der Prinzen und Prinzessinnen sowie der Diener zu beurteilen, finanzielle Angelegenheiten der Kommission zu prüfen, eine „Feldkirche" vorzubereiten, dazu einen Popen und Kirchendiener aufzusuchen, ein Schiff für die voraussichtliche Reise zu mieten oder zu bauen und über alles all stündlich zu berichten. Melgunow machte sich am 23. Februar aus St. Petersburg auf den Weg, und schon nach 10 Tagen sendete er der Zarin seine ersten Mitteilungen aus Cholmogory. Die Geschwister wurden auf den Besuch Melgunows durch General Golowzyn vorbereitet. Er wusste, dass „wenn sie ohne vorläufige Benachrichtigung eine Person von solch einem hohen Rang ... sehen, so werden sie zittern und werden nicht imstande sein, ein Wort zu sagen."

Melgunow gab von diesem ersten Zusammentreffen einen ausführlichen Bericht: „Nach seiner Ankunft meldete mir der Gouverneur, dass sie auf meinen Besuch mit Freude warten, und ich fuhr mit ihm zusammen ins Haus, wo sie sich befanden. Bei meinem Eintritt in ihr Gemach kamen sie mir alle bis in das Vorzimmer entgegen. Sie sahen sehr scheu aus und baten fast demütig um Wohlwollen. Als ich ihre große Zurückhaltung bemerkte, beschloss ich, sie ein wenig aufzumuntern und erzählte ihnen, dass die Zarin mich zum Oberhaupt dieses Gouvernements ernannt hatte, und dass ich alles über das hiesige Land wissen wolle, daher mein Besuch. Als sie diese Worte vernommen hatten, fielen sie alle zu Boden und die beiden Schwestern brachen in Tränen aus. Dabei sagte die Jüngere, dass sie von Herzen für die Gnade und Wohltaten danke, die die Zarin ihnen erwiesen habe. Seitdem sie regiere, fühlten sie sich wie neu geboren. Bisher wäre ihre Not so groß gewesen, dass sie sich nicht einmal ein Paar neue Schuhe hätten leisten können. Dann bat sie mich im Namen aller Geschwister, untertänig der Zarin ihrer aller aufrichtigste Dankbarkeit zu überbringen. Die älteste Schwester, Katharina, ist 38 Jahre alt, von Kindheit an taub, darum ist ihre Rede fast unverständlich, und die Geschwister verständigen sich mit ihr durch Gesten. Sie ist mager und klein von Wuchs, blond und ihrem Vater ähnlich. Die jüngere Schwester Elisabeth ist 36 Jahre, im Alter von 10 Jahren ist sie von der obersten Stufe einer steinernen Treppe heruntergefallen, und hat sich am Kopf verletzt, weshalb sie jetzt oft Kopfschmerzen hat, besonders bei schlechtem Wetter. Von Gesicht und Wuchs ist sie der Mutter ähnlich. Der ältere Bruder, Peter, ist 35 Jahre alt und hat in der frühen Kindheit einen Unfall gehabt, weshalb er jetzt schief und krummbeinig läuft. Der jüngere Bruder, Aleksej, ist 34 Jahre alt. Beide Brüder sind klein von Wuchs, blond und dem Vater ähnlich."

Melgunow wollte sich nicht mit diesem ersten Eindruck begnügen und stellte sich krank. Unter diesem Vorwand war es ihm möglich, sich weitere sechs Tage in Cholmogory aufzuhalten, ohne das Misstrauen der Geschwister zu wecken. Er aß mit ihnen zu Mittag und zu Abend, spielte mit ihnen Karten und gewann mehr und mehr ihr Vertrauen. Eine besondere Stellung in seinem Bericht wurde von Prinzessin Elisabeth eingenommen, die „an Behandlung, Liebenswürdigkeit, Gesprächigkeit und Vernunft ihre Geschwister überbot." Sie hatte die Stelle des Familienoberhauptes eingenommen, nach dessen Bitten sich alle richteten. Sie verbesserte Fehler in der Sprache der Brüder und der Schwester und antwortete auf die Fragen Melgunows, mit dem sie oft lange Gespräche führte. Sie erzählte ihm, wie sie alle, als der Vater noch lebte, darauf hofften, gemeinsam in seine Heimat zu fahren und dort in Freiheit und Wohlstand zu leben. Mehrfach hätten der Vater und sie sich mit verschiedenen Bitten, auch um Freilassung, an die Zarin gewand, aber nie eine Antwort bekommen. Damals seien sie noch jung gewesen und hätten in ihrem Leben noch etwas Neues anfangen können. Jetzt hätten sie nur noch den Wunsch, weiter in Cholmogory zurückgezogen leben zu dürfen. Dank der Gunst ihrer allergnädigsten Majestät seien sie hier ganz und gar zufrieden. „Wir sind hier geboren und alt geworden, sind an diesen Ort gewöhnt, also jetzt brauchen wir die weite Welt keineswegs, sonst haben wir Angst davor, weil wir nicht verstehen, mit den Menschen umzugehen, und es wäre schon zu spät, das zu tun."

Trotzdem hatten sie einige Wünsche, die Melgunow der Zarin vortragen sollte. Wieder baten die Geschwister darum, auf der Wiese hinter dem Zaun spazieren fahren zu dürfen, („wir haben gehört, dass dort Blumen wachsen, welche in unserem Garten fehlen"), den Offiziersfrauen solle erlaubt werden, die Prinzen jederzeit zu besuchen. Auch einen Schneider bräuchten sie, der sie lehre, die von der Zarin geschickte Kleidung korrekt anzuziehen. Das Badehäuschen solle, um Brandgefahr zu vermeiden, weiter von den hölzernen Bauten entfernt aufgebaut werden, für die Diener eine Gehaltszulage und die Erlaubnis für sie, auf der anderen Seite des Zaunes spazieren gehen zu dürfen. Der Generalgouverneur war von der Bescheidenheit der Wünsche Elisabeths überrascht, er habe „nicht bemerkt, dass sie so außergewöhnliche Vernunft besaß." Er hatte erwartet, dass die Gefangenen ihn anflehen würden, für sie bei der Zarin um ihre Befreiung zu kämpfen. Die Welt der Geschwister war nun seit fünfunddreißig Jahren durch den Gefängniszaun begrenzt. Katharina, die älteste, war überhaupt als einzige in Freiheit geboren worden. Über diesen Zaun konnten sie aus ihren Fenstern die sich bis zum Horizont ausdehnende trostlose Ebene sehen, die mehr als ein halbes Jahr mit Schnee bedeckt war, und auf dem weißen Schnee schimmerten im Winter ein paar dutzend hölzerne Häuser. Im Sommer wurde die Ebene für einige Monate grün, in der Ferne konnte man einen Fluss erkennen, eine graue Linie, die sich mit dem grauen Himmel vereinte. Die massive Kathedrale, mit einem Glockenturm nicht weit vom Zaun, sollte an die Kürze des menschlichen Daseins erinnern.

Nachdem der Vater gestorben war, verblassten bei den Geschwistern allmählich die Erinnerungen seiner Erzählungen über große Städte, Paläste und Schlösser seiner Heimat. Hinzu kam, dass die Zarin innerhalb der letzten 12 Jahre auf Bitten um Befreiung nur mit formellen Schreiben oder gar nicht geantwortet hatte. Die Prinzen und Prinzessinnen waren sich daher ihrer aussichtslosen Lage nur allzu bewusst, was ihre „ausgezeichnete Vernunft" bewies.

Um seine Beurteilung noch einmal zu prüfen, schlug Melgunow Prinzessin Elisabeth vor, sie möge ihre Bitten schriftlich verfassen. Er erinnerte sie daran, dass sie früher viele Briefe geschrieben hätte. Aber die Prinzessin lehnte zunächst ab, indem sie vorgab, sie beherrsche keinen guten Stil. Früher habe sie nach des Vaters

Zarin Katharina II. die Große

Diktat geschrieben. Aber Melgunow setzte seinen Willen damit durch, indem er sagte, er sei ein vergesslicher Mensch, und brauche darum etwas Schriftliches. Die Prinzessin war also gezwungen, an die Zarin einen kurzen Brief zu schreiben. Darin bedankte sie sich für alle vorherigen Gnadenbezeugungen, und besonders für die Entsendung einer so wichtigen Person wie Melgunow, der der Zarin alle Bitten der Prinzen übergeben werde.

Wie Melgunow in seinem Bericht an die Zarin bemerkte, war es nicht leicht, aufgrund dieses Schreibens auf Elisabeths scharfen Verstand zu schließen. Sie war nicht in der Lage gewesen, ihre Bitten im Einzelnen vorzutragen. Sie sagte: „Verschonen sie mich damit, doch ich bin nicht imstande das zu tun, ersparen sie mir das." Es spricht manches dafür, dass gerade diese vermeintliche Unfähigkeit der Prinzessin ein Beweis für ihren „scharfen Verstand" war. Vielleicht hatte sie Melgunow durchschaut und wusste ganz genau, dass der Generalgouverneur der Zarin den Inhalt ihrer Gespräche bis ins kleinste Detail berichten werde. Tatsächlich hatte Katharina II. Melgunow befohlen, ihr über alles, was er in Cholmogory erfahre, stündlich zu berichten. Die Geschwister seien „alle fröhlich und lachlustig", schrieb Melgunow. Nur Elisabeth und der jüngere Bruder sähen manchmal ernst aus. Zueinander wie anderen gegenüber seien sie freundlich und gutherzig. Die Brüder gehorchten Elisabeth aufs Wort und befolgten ausschließlich ihren Rat. Ihre Zeit verbrächten sie im Sommer mit Arbeit im Garten, pflegten Enten und Hühner, fütterten die Tiere auch. Im Winter liefen sie im Garten auf dem gefrorenen Teich Schlittschuh um die Wette, läsen fromme Bücher und spielten Dame und Karten. Die Fräuleins seien außerdem manchmal mit dem Nähen der Wäsche beschäftigt. Wenn man Briefe Elisabeths liest, ist es, entgegen der Ansicht, die Melgunow in seinem Bericht für die Zarin vertreten hat, nicht schwierig, sich von Elisabeths geistigen Gaben ein Bild zu machen.

Es ist wahrscheinlich, dass Melgunow, genauso wie Golowzyn und früher General Bibikow, mit den Gefangenen sympathisierte und auch wünschte, dass sie befreit werden. Er war ein erfahrener Staatsmann, in diplomatischen Angelegenheiten gewandt, und wie früher General Bibikow, wollte er die wahren geistigen

Fähigkeiten Elisabeths der Zarin nicht darstellen. Katharina II. hätte sich niemals dafür entschieden, zu kluge Gefangene aus Russland zu entlassen, auch nicht unter Aufsicht eines „geschickten Geistlichen". Nebenbei sei erwähnt, dass es für Melgunow sehr umständlich gewesen wäre, einen Popen sogar für die kurze Zeit der Reise zu finden. Betrübt berichtete er Besborodko, dass „es in der ganzen archangelsker Eparchie keinen ehrlichen Priestermönch oder einen einfachen Mönch gibt, der nicht trunksüchtig ist oder, zum Kassenwart ernannt, nicht stähle." Deshalb hoffte der Generalgouverneur einen Popen in einem anderen Gouvernement zu finden, oder den cholmogorer Popen, obwohl dieser schon 76 Jahre alt war, mitzunehmen.

Die Zarin hatte von Melgunow die Charakteristik der Gefangenen erhalten und wandte sich daraufhin mit ihrem Vorschlag an die dänische Königin Juliana Marie. Katharina II. erwähnte am Anfang ihres Briefes die „hohe Tugend" der Königin, ihr „großes, großmutiges und wohltätiges Herz", bezeugte auch ihre eigene „Hochachtung und grenzenloses Zutrauen", und verkündete, dass sie „immer mit dem Schicksal des verstorbenen Prinzen Anton Ulrich von Braunschweig und dessen Kinder von der Prinzessin Anna Mitgefühl empfand." Es sei jetzt an der Zeit, sie zu befreien. Und wenn König Christian VII. und Juliana Marie selbst sich einverstanden erklären würden, so würde sie die Prinzen und Prinzessinnen in diesem Sommer zu ihnen ausweisen. Die Zarin versprach, „für sie jedes Jahr die Pension, die sie bisher erhalten hatten, zu schicken", und meinte damit die Kosten der „Cholmogorer Kommission"; denn Häftlinge bekamen selbstverständlich kein Geld.

Es ist unbekannt, ob die Diplomaten Vorverhandlungen führten, wie Graf Panin es beabsichtigt hatte; doch berichtete der russische Botschafter in Dänemark, Karl Iwanowitsch von Osten-Sacken, der Zarin, dass er „Verwunderung und Freude" der Königin bemerken konnte, als er ihr diesen Brief übergab, noch bevor sie ihn aufmachte. Die Antwort der Königin war voll von Komplimenten und Dankesbezeugungen für die Herzensgüte und den Großmut der Zarin gegenüber den Kindern ihres verstorbenen Bruders. Die Königin versicherte alle Wünsche der russischen Zarin in die Tat umzusetzen, und dass der Empfang der „Familie Braunschweig" in Dänemark bis ins Einzelne dem Wunsche der Zarin entsprechen werde.

Von nun an standen die beiden Monarchinnen miteinander einige Monate lang in brieflichem Kontakt. Nachdem Katharina die Zustimmung Juliane Maries erhalten hatte, sandte sie einen ausführlichen Brief an die Königin, in dem sie erklärte, wie die Prinzen und Prinzessinnen nach Dänemark gebracht werden sollten, wer sie begleiten werde, und welcher Begleiter die Vollmacht besäße, das Schreiben der Königin, mit dem sie die Ankunft der Geschwister bestätigte, in Empfang zu nehmen und an sie weiter zu leiten. Außerdem bat sie darum, die Prinzen in einer Stadt im Inneren Norwegens anzusiedeln, wo sie ihre Freiheit, ihrem physischen und moralischen Zustand entsprechend genießen könnten. Die Königin erklärte in ihrer Antwort, dass alle norwegischen Städte an der Meeresküste lägen, und schlug die Stadt Horsens in Jütland als Lebensort der Familie vor. Katharina II. hatte in keinem ihrer Briefe betont, dass die für den Aufenthalt der Prinzen und Prinzessinnen gewählte Stadt sich weit entfernt von See- und Landwegen befinden müsste. Sie schrieb nur einmal, dass für sie „ein stilles Christliches Leben jederzeit das Beste sei." Doch verstand die Königin den Wunsch der Zarin dahingehend, die Braunschweiger Familie möglichst streng von neugierigen Besuchern zu isolieren, und teilte ihr mit, dass Horsens acht Meilen weit vom Landweg läge, und in seinen Hafen nur hiesige kleine Boote einlaufen könnten.

Zur gleichen Zeit begann auch in Russland die Vorbereitung für die Abreise. Nachdem Melgunow seine Berichte an die Zarin geschickt hatte, entwarf er einen ausführlichen Maßnahmenplan. Er war der Meinung, dass den Häftlingen die bevorstehende Freilassung erst im letzten Moment mitgeteilt werden sollte.

Etwas früher sollte man die Haftbedingungen mildern, z. B. die gewünschten Spazierfahrten auf der Wiese erlauben, jedoch nur zu zweit und in Begleitung von Golowzyn und Soldaten. Außerdem schlug Melgunow vor, auch die übrigen Bitten der vier Geschwister zu gewähren, der Frau des Oberstleutnants Polosow zu erlauben, die Prinzessinnen zu besuchen, damit sie sie lehrte die Hauben aufzusetzen, einen Schneider zu finden, weil sie außer Frauenröcken und kurzen Jacken nichts besäßen, sowie das Gehalt der Diener zu erhöhen. Das alles sollte die Häftlinge auf die bevorstehende Befreiung moralisch vorbereiten. Und ohne solche Vorbereitung, schrieb Melgunow, „werden sie nicht nur in Erstaunen versetzt werden, sondern könnten auch glauben, dass sie bald umgebracht werden sollen ... denn so verhalten sich scheue und schüchterne Herzen, die sehr wenig Lebenskraft und Mut besitzen." Melgunows Probleme setzten sich auch beim Anheuern archangelsker Seefahrer fort: „Alle sind sittlich verdorben und Trunkenbolde." Dennoch wollte er ein Flussschiff nach Cholmogory schicken, unter dem Vorwand, damit seine eigene Familie abzuholen. Tatsächlich sollten die Prinzen und Prinzessinnen zusteigen und in die Festung Nowodvinskaja gebracht werden. Archangelsk wollte er in der Nacht passieren. In der Festung sollten die Geschwister zwei oder drei Tage bleiben, und danach mit dem Seeschiff „Polarstern" weiterfahren.

Zuallerletzt fragte Melgunow die Zarin, was er tun sollte, wenn die Prinzen und Prinzessinnen sich weigerten, Cholmogory zu verlassen, einer von ihnen krank würde, oder ungünstiger Wind sie an der Weiterfahrt hinderte. Die Zarin beantwortete nicht nur seine Fragen, sondern war mit so gut wie allen Vorschlägen Melgunows einverstanden, nur das Spazierengehen hinter dem Gefängniszaun wollte sie noch immer nicht erlauben. Indem Melgunow ihnen ihre Befreiung erkläre, solle er sie auch davon überzeugen, „wie groß die Gnade unserer Zarin ist", und wie tief ihr Dankgefühl der Zarin gegenüber sein sollte. Melgunow sollte im Auftrag der Zarin den Prinzen und Prinzessinnen vorsichtig mitteilen, „sie sollen sich nicht einbilden, dass man hier ihre Personen für wichtig hält ..." Aber zu ihrer Ausweisung gab es keine Alternative. „Falls sie womöglich ihren Eigensinn äußern, so werden sie alle Gunst und Gnaden der Zarin verlieren."

Melgunow ernannte zwei verlässliche Personen als Begleiter der vier Gerschwister nach Norwegen, Oberst Ziegler und die Witwe des livländischen Landrates, Marfa Iwanowna Lilienfeld (geborene von Keyserlingk), aus Jaroslawl. Frau Lilienfeld wurde gestattet ihre zwei Töchter mitzunehmen. Ziegler erhielt vor der Reise von Melgunow entsprechende Instruktionen. Beim ersten Treffen mit den Prinzen und Prinzessinnen solle der Oberst „sich ein lustiges Aussehen geben und sie mit Respekt begrüßen", und ihnen erklären, dass Melgunow in St. Petersburg für sie Fürsprache eingelegt und schon einiges für sie erreicht habe. Die Prinzen und Prinzessinnen seien schonend zu behandeln, der Oberst solle ihnen gegenüber niemals Härte oder Rohheit zeigen, sondern sie glauben lassen, dass er ihr „echter Freund und guter Gesellschafter" sei. Der Oberst solle mit den Prinzen und Prinzessinnen täglich zusammen sein, mit ihnen im Garten spazieren, Karten spielen, „ihre Charaktere und Besonderheiten erkunden" und Melgunow über alles unterrichten. Frau Lilienfeld und ihren Töchtern wurde vorgeschrieben, „sich ein lustiges Aussehen zu geben, die Geschwister mit Respekt zu begrüßen" und sie glauben zu lassen, „dass sie ihre echten Freundinnen und Gesellschafterin sind", der Sachverwalter Boschnjak solle sie dabei unterstützen.

Trotz des schlechten Wetters und des Hochwassers kam Ziegler am 4. Mai in Archangelsk an. Er musste für jede Überfahrt Flösse bauen lassen, und über die Nord-Dwina musste er zu Fuß gehen, weil das Eis für Pferde und Kutschen zu dünn war. Eine Woche später traf er in Cholmogory ein. Golowzyn begleitete ihn und stellte ihm die Prinzen und Prinzessinnen vor.

Gewissenhaft erfüllte Oberst Ziegler alle Punkte der Instruktion. Die Zeit von 8 Uhr morgens bis 11 Uhr abends verbrachte er im Gefängnis, ging mit den Gefangenen spazieren und spielte mit ihnen Karten. Die Prinzen und Prinzessinnen waren ihm sehr dankbar, doch Elisabeth war noch immer nicht zufrieden und bat Ziegler erneut um die Erlaubnis, auf der Wiese spazieren gehen zu dürfen.

Aus St. Petersburg wurden im Mai zwei Sack Geld, ein großes silbernes Service mit mehr als fünfhundert Teilen und ein mit Silber und Gold besticktes Messgewand geschickt. Aufgrund der schlechten und holprigen Wege kam nicht alles unversehrt an – Deckel von Kasserollen und Leuchter wurden verbogen und alle Porzellantassen waren zerbrochen! Es wurden für die Prinzen auch neue Kleider, Leibwäsche, Hüte, Strümpfe, Halstücher, Bettwäsche, goldene Uhren, Tabakdosen, Armbänder, Fingerringe, Ohrgehänge und sogar ein Samowar geschickt. Im April wurden Kleidungs- und Schuhmuster von jedem der vier Geschwister nach Jaroslawl geschickt. Dort wurden für sie neue Kleider und Schuhe gemacht. Alle diese Sachen sollte man den Prinzen und Prinzessinnen nach der Ankunft an ihrem neuen Aufenthaltsort übergeben.

Anfang Juni kamen Frau Lilienfeld mit den Töchtern und Boschnjak in Cholmogory an. Es begann für die Geschwister ein neues, fast „mondänes" Leben. Jeden Tag verbrachten sie in der Gesellschaft des Oberst, der Frau des Oberstleutnants Polosow und der Familie Lilienfeld. In der Jaroslawler Gemeinde hatte Melgunow einen Popen mit zwei Kirchendienern gefunden, obwohl er sich schwer getan hatte. Die meisten Kandidaten sagten wegen Krankheiten oder schwieriger Familienverhältnisse ab, oder waren zu alt.

Melgunow selbst kam am 2. Juli nach Archangelsk und besichtigte das vorbereitete Schiff. Einen erfahrenen Kapitän für die bevorstehende Reise fand er vor Ort. Es war Kapitän Arssenjew, der die skandinavische Halbinsel bereits viermal umschifft hatte. Am 6. Juli war Melgunow schon in Cholmogory und verkündete den Prinzen und Prinzessinnen die Entscheidung der Zarin. Die Geschwister waren von dieser Nachricht so stark überrascht, dass sie kein Wort sagten, sondern nur weinen und niederknien konnten. Melgunow teilte ihnen mit, dass sie nach Dänemark zu ihrer Tante, der Königin Juliane Marie fahren, und dass sie von der russischen Zarin eine großzügige Apanage erhalten werden. Gleichzeitig drohte er ihnen, falls sie auf den Gedanken kämen, die Reise abzusagen, sie nicht nur die angekündigte Apanage, sondern auch „allerlei Hilfe und Schutz der Zarin" verlieren würden. Nachdem sie sich von ihrem Schock erholt hatten, versicherte Elisabeth, dass sie sich keineswegs dem Willen der Zarin, „ihrer Mutter und Gönnerin", widersetzen werden. Danach fragte sie, ob die Prinzen und Prinzessinnen am Hofe der dänischen Königin oder in einer anderen Stadt leben würden. Die Prinzessin gab zu bedenken, dass es für sie alle besser wäre, in einer kleinen Stadt zu leben, weil sie weder den höfischen Umgang gewohnt seien noch die fremde Sprache verstünden. Melgunow sprach ihnen Hoffnung zu, indem er sagte, dass die Tante vielleicht ihre Bitte berücksichtigen werde.

Einige Tage später, in der Nacht vom 7. auf den 8. Juni, brachte Melgunow die Prinzen, die Prinzessinnen und ihr kleines Gefolge auf das Flussschiff. Sie fuhren stromabwärts – fort von Cholmogory, fort von ihrem Gefängnis, dass das Einzige war, was sie in ihrem Leben bisher gesehen hatten. Die Prinzessinnen hatten Angst das Schiff zu besteigen, erschrocken baten sie Melgunow, auch seine Frau mit auf das Schiff zu nehmen. Katharina II. war später über diese Maßnahme sehr unzufrieden und erteilte Melgunow einen Verweis, indem sie ihm schrieb, dass davon „die Sache, die man vom Publikum geheim halten sollte, ruchbar werden könnte."

Am folgenden Tag passierten sie Archangelsk und legten an der Festung Nowodwinskaja an. Die vier Geschwister schliefen in ihren Kajüten. Als sie am Morgen die Festung erblickten, waren sie davon überzeugt, dass man sie in ein neues Gefängnis gebracht hätte. Melgunow versuchte sie zu beruhigen. Er führte sie in ein für sie vorbereitetes Haus des Kommandanten und erlaubte ihnen ohne Begleitung vom Haus zum Hafen und zurück zu gehen. Am nächsten Tag erschraken sie erneut, als ein Eilbote mit einem Paket aus St. Petersburg zu Melgunow kam. Es war ihnen bewusst, dass sich das Vorhaben der Zarin noch ändern könnte. Sie hatten vom Vater gehört, wie er vor 39 Jahren mit seiner Familie kurz vor der Grenze in Riga aufgehalten worden waren. Zum Glück bestätigte der Inhalt des Paketes die alten Befehle. Selbst Melgunow hatte noch Zweifel und richtete deshalb am 26. Mai aus Jaroslawl eine Anfrage an die Zarin. Seitdem wartete er auf die Bestätigung des Vorhabens. Obwohl er bis dahin noch keine Antwort erhalten hatte, beschloss er auf eigene Gefahr, die Prinzen und Prinzessinnen abfahren zu lassen, weil er „befürchtete, dass scharfer Gegenwind aufkommen werde."

Am Abend des 29. Juni brachte Melgunow die Geschwister an Deck des Seeschiffs „Polarstern", und berief sich dabei erneut auf die Gnade der Zarin. Die Unglücklichen dankten kniefällig, vergossen Tränen und beteuerten Melgunow, dass sie sich nur auf die Zarin – „ihre Mutter und Wiederbeleberin" – verlassen und außer ihr keinen Beistand in der ganzen Welt hätten. Am 30. Juni um 3 Uhr nachts lichtete die „Polarstern" die Anker, und Melgunow „verfolgte das Schiff mit seinen Augen, bis es am Horizont verschwand."

Im Hafen von Archangelsk wusste niemand wohin das Schiff mit den cholmogorer Häftlingen segelte. Auch Gouverneur Golowzyn wurde darüber nicht informiert, doch er hätte vielleicht darauf kommen können. Vor der Abreise hatte Melgunow Gerüchte in Umlauf gebracht, dass er eine Expedition an der Küste des Weißen Meeres durchzuführen beabsichtige. Als er nach der Abfahrt des Schiffes noch immer in Archangelsk war, erklärte er, dass er vom schlechten Wetter überrascht worden sei und darum seine Reise aufgeschoben hätte. Obwohl alles so streng geheim gehalten wurde, meldete der russische Konsul aus Elsenor nach St. Petersburg, dass „wichtige Passagiere" mit einem russischen Schiff aus Archangelsk abgefahren seien.

Melgunow sollte alle Spuren des Aufenthalts der Gefangenen in Cholmogory beseitigen. Auf seinen Befehl hin wurde altes Geschirr nach St. Petersburg abgeschickt oder vor Ort verkauft. In den Schuppen verblieben noch die Kutschen und Kaleschen, mit denen die Braunschweiger Familie vor 36 Jahren aus Oranienburg gekommen war. Die alten Wagen wurden in Stücke gehauen und als Brennholz genutzt und die eisernen Teile wurden verkauft. Möbelstücke und andere Habseligkeiten gab Oberst Polosow bei der Landespolizei ab.

Das Militärkommando von fast hundert Mann wurde entlassen. Offiziere erhielten Beförderungen um ein oder zwei Stufen, wurden mit Geld belohnt und verabschiedet. Sergeanten wurden zu Offizieren, Soldaten zu Unteroffizieren und Korporalen ernannt. Die Alten wurden verabschiedet, und es wurde ihnen befohlen, sich in Cholmogory oder in anderen vorgeschriebenen nördlichen Städten in der endlosen Taiga anzusiedeln. Die übrigen Personen wurden in der hiesigen Garnison angestellt. Fast drei Dutzend Diener sollten sich für immer in Cholmogory niederlassen. Sie bezogen kleine Pensionen für eine Miete von 30 bis 120 Rubel jährlich. Selbstverständlich ließ man diese Leute schwören, dass sie über alles, was ihnen in den Jahren ihres Dienstes bekannt geworden war, kein Wort zu verlieren hätten. Am 20. Mai wurden etliche persönliche Dinge des Prinzen Anton Ulrich von Braunschweig-Wolfenbüttel verbrannt. Abgenutzte Kleidung, Kreisel aus Bein, Würfel und „ein kleines Blechschächtelchen mit zwei Manschettenknöpfen und einem vergoldeten Silberring darin" gingen in Flammen auf.

Vergoldete Ketten

Die Reise von Archangelsk um die skandinavische Halbinsel bis zum norwegischen Hafen Bergen war sehr beschwerlich. Bei der Umsegelung des Nordkaps brach ein schrecklicher Sturm aus. Die „Polarstern" musste umkehren und lief in Worgous ein, wo das Schiff sieben Tage im Hafen vor Anker lag. Nach dem Wetterwechsel wurde die Reise fortgesetzt und am 10. September 1780 erreichten sie Bergen. Hier wartete schon das dänische Militärschiff „Mars" auf die Passagiere. Während des Umschiffens wurde aus den 15 Kanonen Salut geschossen. Der Kammerherr und Generaladjutant, Theodor Plöyart, der in Russland einige Jahre zur See gefahren war und gegen die Türken erfolgreich gekämpft hatte, empfing die Braunschweiger Prinzen und Prinzessinnen. Die Geschwister baten Ziegler, dass Frau Lilienfeld und der Sachverwalter Boschnjak, sie weiter begleiten dürften. Er war einverstanden.

Die „Mars" konnte aufgrund des schlechten Wetters erst mit Verzögerung in See stechen. So mussten sie erst einmal in Bergen bleiben. Nach einem weiteren Sturm erreichte das Schiff Flatstrand (Frederikshavn), und die Reisenden betraten dänischen Boden.

Die Prinzen und Prinzessinnen hatten die Überfahrt gut überstanden, obwohl sie für die erfahrenen Seeleute beschwerlich gewesen war. In einem Brief, den Prinzessin Elisabeth aus Dänemark an Gouverneur Melgunow schickte, schrieb sie: „Sie können kaum glauben, unser Wohltäter und echter Freund, wie viel schweres wir in diesen drei Monaten der Reise auf See erlitten haben, und es geht über meine Kräfte, das zu beschreiben."

Vom Flatstrand aus wurden sie nach Horsens gefahren. Damals war Horsens eine kleine Stadt mit etwa zweitausendfünfhundert Einwohnern. Sie erstreckte sich an der Küste entlang, wobei ebenerdige und einstöckige Häuser zwei lange und ein halbes Dutzend kurze Straßen bildeten. Die gelben Fassaden waren durch strenge geometrische Linien braunen Fachwerks unterteilt. In der Mitte des Marktplatzes stand eine massive Ziegelkirche mit einer grünen, zwiebelförmigen Turmspitze. In der Stadt befand sich das Schleswiger Kürassierregiment und es gab viele Kaufleute, aber nur kleine Schiffe mit niedrigem Wasserstand konnten in den Hafen einlaufen.

Der dänische Hof kaufte für die Braunschweiger Familie zwei Häuser auf dem Marktplatz, die nach dem Entwurf des dänischen Hofbaumeister Caspar Frederik Harsdorff, der extra nach Horsens abkommandiert worden war, umgebaut wurden. Hier konnten die Geschwister mit ihrem Hofstaat und ihrer Dienerschaft residieren. Harsdorff richtete im Haus auch eine kleine Kirche ein. Hinter dem Palast, wie es die Horsenser nannten, befanden sich die Unterkünfte der Dienerschaft und die Wirtschaftsgebäude. Der Eingang ins Haus befand sich auf der Hofseite. Um den Palast betreten zu können, musste man durch ein Tor hindurchgehen vor dem eine Wache stand. An die Spitze des russischen Hofes, der 44 Personen zählte, stellte Königin Juliane Marie von Dänemark den Kammerherrn Theodor Plöyart und seine Frau, Hofmeisterin Plöyart.

Alle Personen, welche die Prinzen und Prinzessinnen aus Cholmogory begleitet hatten, ließ man nach Russland zurückkehren, obwohl es der Wunsch der Geschwister war, dass diese Menschen für eine längere Zeit oder für immer mit ihnen in Horsens leben sollten. Besonders schwer fiel ihnen die Trennung von den Kindern ihrer Ammen, sie waren zusammen aufgewachsen und hatten miteinander wie Geschwister gelebt. An Katharina II. schrieb Elisabeth: „Ich muss Eurer Majestät offenherzig gestehen, dass es uns schwer fällt im Ort zu leben, dessen Sprache wir nicht verstehen und deshalb verbleiben wir hier sehr tränenüberströmt."

Nach der Ankunft in Bergen bat Elisabeth die Zarin, alle Begleiter, von Oberst Ziegler bis zu den Dienern, zu belohnen. Fast das gesamte Bargeld, das sie, ihre Schwester und die Brüder noch in Bergen erhalten hatten, verschenkte sie an ihre Begleiter, und weitere zehn goldene Münzen schickte sie nach Cholmogory als Almosen für Bettler. An Königin Juliane Marie richtete sie die Bitte, bei der

Zarin für den Soldaten Alexeew Fürsprache einzulegen. Sie bat um seine Begnadigung. Alexeew hatte früher einmal sehr vertrauliche Gespräche mit Iwan Antonowitsch geführt und war deshalb 1762 in das Ssolowetzky Kloster verbannt worden. Die Tatsache, dass Elisabeth nicht nur 18 Jahre lang an den Soldaten Alexeew dachte, sondern auch wusste, wohin er verbannt worden war, ist sehr bemerkenswert. Jedenfalls hatte diese Bitte der Prinzessin eine positive Auswirkung auf seine weiteren Haftbedingungen.

Im September befand sich Prinz Ferdinand von Braunschweig-Wolfenbüttel, ein jüngere Bruder Anton Ulrichs, zu Besuch bei seiner Schwester Juliane Marie in Kopenhagen. Bei dieser Gelegenheit führte ihn sein Weg, im Andenken an seinen verstorbenen Bruder Anton Ulrich, auch in das Haus nach Horsens. Prinz Ferdinand von Braunschweig war preußischer Generalfeldmarschall und einer der wichtigsten Heerführer Friedrichs II. im Siebenjährigen Krieg gewesen. Es ist eine Ironie der Geschichte, dass der Prinz gegen Russland ins Feld zog, während sein Bruder als ehemaliger russischer Generalissimus weit ab im Gefängnis saß. Erst jetzt in Dänemark, wo seine Schwester Juliane Marie das Zepter führte, konnte Prinz Ferdinand seine Neffen und Nichten begrüßen. Der russische Botschafter von Osten-Sacken hat darüber berichtet. „Die Geschwister haben den Onkel sehr stürmisch empfangen, küssten seine Hände, weinten vor Freude." Prinz Ferdinand verbrachte zwei Tage in Horsens. Am dritten Tage brach er in aller Frühe auf, um traurige Abschiedsszenen zu vermeiden. Er erzählte seiner Schwester in Kopenhagen, dass er die ganze Familie „in allen Hinsichten höher fand, als er bisher geglaubt hätte."

Die Prinzen und Prinzessinnen wollten sich unbedingt mit ihrer Tante, der Königin, treffen. Juliane Marie teilte aber über von Osten-Sacken mit, dass sie vorerst nicht nach Horsens fahren werde. Später, wenn sich die Geschwister an ihre neue Lage gewöhnt hätten, werde sie sie vielleicht besuchen. Die Königin versicherte aber dem russischen Botschafter, dass sie dieses jedoch nicht tun werde, ohne die Zarin davon in Kenntnis zu setzen. Doch

Juliane Marie fand niemals die Zeit, ihre Neffen und Nichten zu besuchen, obwohl sie immer mit ihnen in engem Briefwechsel stand. Die Prinzessin Elisabeth verstand nicht sofort, dass sie auch hier in Dänemark als Gefangene lebte, wenngleich auch in einer ganz komfortablen Verbannung. Einmal beklagte sie sich bei Juliane Marie, dass sie den Hof nicht nach ihrem Wunsch verlassen könnten und überhaupt alles, was sie wollen, nicht tun dürften. Die Königin antwortete, dass die echte Freiheit nicht darin bestehe, sich frei bewegen zu können. Sie selbst fühle sich als Königin auch nicht frei, wegen der vielen „lästigen Staatsverpflichtungen".

Einmal fragte die Königin den Botschafter, ob etwas über das Schicksal der Braunschweiger Familie in den russischen Zeitungen veröffentlicht worden sei, da sie schon solche Mitteilungen in einigen deutschen Zeitungen gelesen hätte. Die Frage war kein Zufall. Bald stellte auch der Staatssekretär H. Guldberg dieselbe Frage an den russischen Botschafter. Tatsächlich war der „Hamburger Correspondent" merkwürdig gut informiert. Er berichtete nicht nur über die Ankunft der Braunschweiger Familie, sondern zählte peinlich genau alle Belohnungen und Auszeichnungen auf, die die Teilnehmer dieser Expedition erhalten hatten: „Madame von Lilienfeld hat einen Ring von 2000 Reichstaler an Wert und das mit Brillianten besetzte Portrait der verwitweten Königin erhalten. Ihre beiden Töchter erhielten je einen Diamantring, Oberst Ziegler erhielt neben einem Ring den Danenberg Orden. Der Capitan von Bosniac bekam eine goldene Dose. Der Capitan Lütken, der das dänische Schiff „Mars" steuerte, auf welchem die Prinzen und Prinzessinnen geholt wurden, hatte 500 Reichstaler und eine goldene Dose erhalten. Die übrigen Officiere und die ganze Mannschaft sind mit sehr viel Geld beschenkt worden."

Obwohl die Fragen der Königin und des Staatssekretärs Guldberg an den Botschafter gerichtet waren, wurden sie selbstverständlich auch an St. Petersburg adressiert. Von Osten-Sacken täuschte fürs erste seine Unkenntnis vor, aber später leitete er die Anfrage an die Zarin weiter, und sie schickte ihm einen geheimen

Erlass. Es wurde dem Botschafter vorgeschrieben, auf diese Frage, wenn sie wiederholt würde, in eigenem Namen zu antworten und zu sagen dass „nach der Meinung Unserer Untertanen alle diese Prinzen und Prinzessinnen für Russland fremd sind, und niemand gewusst hatte, wo sie sich während der 39 Jahre befanden. Darum glauben Sie nicht, dass es in Russland möglich wäre, etwas über ganz unbekannte und für dieses Reich fremde Leute zu veröffentlichen. Jedenfalls setzen Sie alles dran, um zu zeigen, dass Wir und Unser Staat für die Prinzen und Prinzessinnen von Braunschweig, die die Privilegien ihres jetzigen Lebens unserer Menschenliebe verdanken, kein Interesse haben."

Außerdem verbot die Zarin dem Botschafter von Osten-Sacken sich mit den Mitgliedern der Braunschweiger Familie zu treffen. Er sollte auch keinen russischen Reisenden nach Horsens fahren lassen. Die Zarin verpflichtete ihn „bei Unseres Zornes Strafe", ein wachsames Auge auf die Braunschweiger Familie zu werfen, damit sie keinen Briefkontakt mit russischen Untertanen unterhalten könnten. Von Osten-Sacken sollte die Zarin regelmäßig und persönlich über alle Einzelheiten des Lebens dieser „für Russland fremden" Prinzen und Prinzessinnen unterrichten, dabei sollte er niemanden wissen lassen, dass er an diesen Einzelheiten Interesse hätte.

Die Königin verstand den Wunsch der Zarin und versprach die Verbannung der Unglücklichen aufrecht zu erhalten. In einem Brief versicherte sie Katharina II.: „Ich versuche ihre Ketten zu vergolden, alles wird so sein, wie ich es will und dem Wunsch Eurer Majestät nach." Die Braunschweiger Geschwister konnten nicht einfach auf einer Wiese spazieren gehen. Sie wollten ein Sommerhaus auf dem Lande mieten, aber die Königin hielt dies nicht für nötig. Von Anfang an hatten sie in Horsens weniger Freiheit als in Cholmogory. Außerdem war es für die Prinzen und Prinzessinnen nicht leicht, mit den Menschen, deren Sprache sie nicht verstanden in Kontakt zu treten. Die einzigen Russen in ihrer Nähe waren der Pope und zwei Kirchendiener. Alle russischen Diener wurden nach Russland zurückgeschickt. Unter den Dänen

Prinzessin Elisabeth   Prinz Aleksej

konnte nur Kammerherr Theodor Plöyart, der früher in Russland gewesen war, die russische Sprache verstehen. In Horsens lebte ein Mädchen namens Marfa, die russischer Herkunft war und darum am „russischen Hof" angestellt wurde. Ein wenig russisch sprach auch die Kammerjungfer der Prinzessin Katharina, Frau A. Krembs. Um ihre Situation in Horsens zu verbessern unterrichtete man die Prinzen und Prinzessinnen in der deutschen Sprache.

Bald nach der Ankunft in Horsens begann das Problem mit dem zugeteilten Popen Iljin. Obwohl Gouverneur Melgunow sehr lange nach einem vertrauenswürdigen Geistlichen gesucht hatte, gingen seine schlimmsten Befürchtungen in Erfüllung. Der Pope begann nicht nur selbst zu trinken, sondern verführte auch die Prinzen Peter und Aleksej zum Alkoholkonsum. Der Kammerherr Plöyart war nicht mehr in der Lage selbständig für Ordnung zu sorgen. Er beklagte sich bei der Königin, diese beklagte sich bei von Osten-Sacken, der schrieb an die Zarin, die Zarin wiederum benachrichtigte Gouverneur Melgunow von den Ausschweifungen des Popen. Der dänische und der russische Hof beschlossen gemeinsam, diesen Trunkenbold nach Archangelsk zu beordern, um ihn durch einen Geistlichen aus Kiel zu ersetzen. Aber die frommen Geschwister wollten keineswegs zulassen, dass der

Prinz Peter

Prinzessin Katharina

Gottesdienst für einige Tage bis zur Ankunft des neuen Geistlichen unterbrochen würde. Zum Glück verbesserte sich der Zustand des Popen Iljinn und er konnte in Horsens verbleiben.

Obwohl jeder Kontakt mit russischen Reisenden verboten wurde, besuchte ein ungebetener Gast einmal die Verbannten. Im Winter 1782/83 klopfte ein russischer Matrose eines vor der dänischen Küste gestrandeten Schiffes an die Tür. Es war ein gewisser Iwan Chitrow. Er hatte erfahren, dass in Horsens „Landsleute" wohnen, und beschloss sie um Hilfe zu bitten. Er wurde von Plöyart in der Stadt untergebracht. Königin Juliane Marie ordnete an, dem armen Teufel 60 Taler zu geben und ihn sofort nach Russland zu schicken.

Zwei Jahre nach der Übersiedlung wurde „der russische Hof" in Horsens vom plötzlichen Tod der Prinzessin Elisabeth überschattet. Nach kurzer Krankheit starb sie im Jahre 1783 völlig unerwartet. Eine dänische Zeitung veröffentlichte eine kurze Benachrichtigung über das Ableben der Prinzessin Elisabeth von Braunschweig-Wolfenbüttel. Der dänische Hof trauerte nicht, schickte aber eine offizielle Todesnachricht nach Braunschweig. Zuerst beabsichtigte man den Sarg nach Braunschweig zu überführen, doch dann befahl die Königin: „Aus Menschenliebe und Mitleid mit den Geschwistern vor Ort in Horsens ein Grabgewölbe für die ganze Familie zu errichten." Die Kapelle, die sich an der südöstlichen Seite der Klosterkirche anschloss, sollte diesem Zwecke dienen. Bisher befanden sich dort die Überreste der Familie des Kaufmanns de Lichtenberg aus Horsens, die jetzt an einen anderen Platz der Kirche verlegt wurden. Die Kapelle wurde „zum Eigentum des russischen Hofes in Horsens" erklärt.

Der Tod der Schwester wirkte auf die Geschwister deprimierend. Sie zogen sich zurück und zeigten lange kein Interesse für ihre Umwelt. Nach einem Jahr meldete von Osten-Sacken der Zarin: „In Horsens bleibt alles beim Alten, die Prinzessin Katharina ist ganz taub und lebt gottesfürchtig. Die beiden Prinzen verbringen ihre Zeit ganz müßig und untätig. Sie beschäftigten sich mit Billardspielen und unternehmen Ausritte und Spaziergänge." Sie machten der Königin also keine Sorgen. In kurzen Briefen sprach sie ihre Freude über die Braunschweiger Familie aus: „Meine Freude ist nicht zu beschreiben, die ruhige Zufriedenheit, welche Sie, meine geliebten Kinder in Dänemark genießen. Gott erhalte Sie in dieser Gesinnung und gebe Ihnen allen ein vergnügtes Herz und eine gute Gesundheit."

Im Hersbst 1787 starb Prinz Aleksej nach kurzer Krankheit. Im weit entfernten Braunschweig wurde getrauert. Seine Kondolenzliste zählte noch 117 Personen. Als 12 Jahre später 1798 Prinz Peter verstarb, war die Kondolenzliste viel kürzer. Bereits im Jahre 1796 verstarben die dänische Königin Juliane Marie und die russische Zarin Katharina II. – mit beiden war die taube Prinzessin Katharina in gewisser Weise eng verbunden. Nun blieb sie ganz allein in Horsens zurück.

Unterdessen summierten sich die Ausgaben des „russischen Hofes" auf eine beträchtliche Geldsumme. Die Rente von 32.000 Rubel, die von Katharina II. bestimmt worden war, verringerte sich auch durch den Tod der Familienmitglieder nicht. 1788 erhielten Prinzessin Katharina und Prinz Peter 5500 Reichstaler als Erbe von ihrem Onkel, Prinz Ludwig Ernst. Der Prinz war der einzige

Verwandte, der Katharina einst als Säugling im Winterpalast in St. Petersburg gesehen hatte. Er sah in gewisser Weise den Sturz ihrer Eltern in Russland voraus. Jetzt war Prinzessin Katharina die einzige Besitzerin der ganzen Geldsumme und des Palastes in Horsens.

Kurz vor ihrem Tod nahm Katharina II. ein Protokoll auf. Diesem Dokument zufolge wurde ihre Tante, Königin Juliane Marie, als Erbin des „russischen Hofes" und im Falle ihres Todes ihr Sohn, Prinz Friedrich, zum Erben bestimmt. Der russische Botschafter in Dänemark, Lisanewitsch, schickte ein Memorandum nach St. Petersburg, worin er schrieb: „Prinz Friedrich (der Sohn Juliane Maries) konnte die Prinzessin zum Unterschreiben ihres Testaments bewegen, dessen Erfüllung ihm einen großen Gewinn geben wird, weil diese Erbschaft ganz beträchtlich sein soll." Nach einer Berechnung der Botschaft befanden sich auf dem Konto des „russischen Hofes" nicht weniger als 220.000 Taler. Außerdem hatte die Prinzessin ihren Dienern lebenslänglich eine Rente zugesichert, die von diesem Konto bezahlt wurde.

1801 feierte Prinzessin Katharina ihren sechzigsten Geburtstag. Aus diesem Anlass gab es ein großes Fest im Palast. Freunde, Ehrenbürger und Abgesandte der Stadt Horsens wurden von Prinzessin Katharina empfangen. Das Bild, das diese Feier darstellte, hing im Zimmer der Prinzessin und befand sich auf der Liste der Gegenstände, die nach ihrem Tod im Palast hinterlassen wurden. Trotz der „vergoldeten Ketten" ging es der alternden Prinzessin, die taub und fast blind war, anscheinend sehr schlecht.

Im Brief vom 20. November 1802 beklagte sie sich bei ihrem Beichtvater Feofan, dass ihr Leben in Cholmogory tausendmal besser gewesen sei, als hier in Horsens. Ihren Worten nach, haben ihre Höflinge sie angeblich nicht geliebt, oft hintergangen, sie allein im Zimmer eingesperrt, und selbst hätten sie sich amüsiert und seien ausgegangen. Sie wollten von ihr ein Testament erpressen, nach dem sie die Renten der Höflinge erhöhen sollte. „Und jetzt weine ich bittere Tränen und bedauere, dass ich nicht schon früher gestorben bin."

Einen weiteren Brief schrieb die Prinzessin an den russischen Zaren Alexander I. . Die Prinzessin beschuldigte darin ihre Höflinge und Diener des Diebstahls, der Habgier und der Erpressung. Sie erinnerte sich an Cholmogory; sie schrieb, dass sie zurück in ein Kloster nach Russland möchte. Sie beschwerte sich dabei immer wieder, dass man ihr täglich nur ein Glas Bier gäbe. Sie erläuterte auch, dass sie ihr Testament gezwungenermaßen unterschrieben habe. Man habe sie im Zimmer eingesperrt und den Popen nicht zu ihr gelassen, bis sie unter dem für sie nicht verständlichen Text, ihre Unterschrift geleistet habe. Der Brief der Prinzessin wurde vom Beichtvater Feofan und beiden Kirchendiener, Peter Stefanow und Peter Polikarpow, beglaubigt.

Aber auch der Hofmeister Oberst Lilienskiøld, der Plöyart abgelöst hatte, beklagte sich über die russischen Popen, die mit ihren Ränkespielen das Leben der Höflinge erschwerten. Der schlimmste unter ihnen sei der Beichtvater Feofan, der alle, einschließlich die Prinzessin, durch „seine Gewinnsucht, seinen Dünkel und seine Unverschämtheit" terrorisiert hätte. Zu seinem Namenstag wollte ihm die Prinzessin 20 Taler schenken, er aber weigerte sich, das Geld zu nehmen, indem er sagte, in Russland bekäme er 100 Taler!

Tatsächlich lebte die schüchterne Prinzessin in ständiger Angst vor dem stolzen Feofan. Sie schmeichelte sich bei ihm ein und beschenkte ihn oft, um ihn zu besänftigen. Vor seiner Abreise nach Russland erhielt Feofan 150 Taler um Bücher einzukaufen, außerdem nahm er die wertvollste Tabakdose, die aus purem Gold und mit Brillanten geschmückt war, um sie angeblich als Geschenk der Prinzessin dem russischen Zaren zu überreichen ...

Im Jahre 1875 wurde ein Beitrag des Akademikers J. Grot in der Zeitschrift „Russkaja Sstarina" veröffentlicht, in dem er einerseits die Glaubwürdigkeit des Briefes der unglücklichen Prinzessin Katharina bestätigte, andererseits aber darauf hinwies, dass der Beichtvater Feofan auch nicht immer unfehlbar gewesen sei. Was allerdings die goldene Tabakdose betrifft, so gelangte sie tatsächlich in den Besitz Alexander I. mit dem kurzen Brief der Prinzessin, worin sie den Zaren informierte, was für ein guter Mensch Feofan sei und wie viel Gutes er für sie getan habe.

Nach einigen Jahren, am 21. April 1807, unterschrieb die Prinzessin noch einen Brief an Alexander I., der jedoch nicht eigenhändig von ihr geschrieben war. In diesem Brief bat sie um eine lebenslängliche Rente für ihre Höflinge und nach deren Tod – für ihre Witwen. Am selben Tag, nachdem sie mit zitternder Hand diese Bitte unterschrieben hatte, starb die Prinzessin. Der nicht abgesendete Brief wurde in ihrem Zimmer gefunden.

Der Sarg mit ihrer Leiche bekam in der Klosterkirche, neben den drei Särgen ihrer Geschwister, seinen Platz. Im Jahre 1818 wurden die vier Särge der Braunschweiger Prinzen und Prinzessinnen dann in der Gruft zwei Meter tief begraben. Hier in der „Russischen Kapelle" der Klosterkirche, in einer kleinen dänischen Stadt, ruhen sie jetzt in Frieden. An den Wänden der Kapelle hängen zwei ovale Marmortafeln mit lateinischer Inschrift. Die eine lautet: „Dieses Grabmal ist den zwei Prinzen und gleich viel Schwestern des strahlenden Hauses Braunschweig-Lüneburg geweiht. Dank der Güte Katharinas II. und der Fürsorge Christians VII. und Juliane Maries verbrachten sie in dieser Stadt ein ruhiges Leben."

Auf der zweiten Marmortafel stehen die Namen der Prinzen und der Prinzessinnen sowie das Geburts- und Todesdatum. Das Leben der Prinzessin Elisabeth wurde auf der Grabtafel um ein halbes Jahr verkürzt dargestellt. Es steht dort der 19. April anstelle des 20. Oktobers 1782. Ebenfalls unkorrekt ist das Datum des Todestages von Katharina, die am 23. April statt am 21. April 1807 gestorben ist.

Der größte Teil des Vermögens der Prinzessin fiel an den dänischen Prinzen Friedrich, der andere Teil wurde versteigert. Einige Gegenstände, wie Möbel und Geschirr, befinden sich heute im Museum in Horsens. Der Palast wurde Mitte des 19. Jahrhunderts umgebaut und im 20. Jahrhundert abgerissen.

Quellenübersicht

Materialien, auf deren Grundlage ich dieses Buch geschrieben habe, sind sehr umfangreich; eine ausführliche Beschreibung könnte eine selbständige Forschung ausmachen. Eine große Anzahl von Akten mache hier zum ersten Mal einem Leserkreis zugänglich. Ich beanspruche als Autor im übrigen keine volle Analyse aller Quellen, die die russische Geschichte des 18. Jahrhunderts zu Thema haben. Ich möchte hier nur ein kurzes und allgemeines Bild der von mir benutzten Materialien beziehungsweise Akten wiedergeben.

Archivalien

Das Datum des Umsturzes 6. Dezember 1741 teilt nicht nur die Biographie Anton Ulrichs des Jüngeren, sondern auch die ganze Masse der Dokumente, die sich auf diese Biographie mehr oder weniger beziehen, in zwei Teile.

Die Akten der so genannten „Petersburger Periode" von 1733–1741 befinden sich im Niedersächsischen Staatsarchiv in Wolfenbüttel (StA Wf). Die Dokumente, die sich auf die langjährige Gefangenschaft der Braunschweiger Familie in Riga, Dünamünde, Rannenburg (Oranienburg) oder Cholmogory sowie auf die Haft in der Festung Schlüsselburg und auf den Mord des ehemaligen Zaren Iwan VI. Antonowitsch aus der Zeit von 1756-1764 beziehen, sind jetzt im Russischen Staatlichen Archiv der Alten Akten (RGADA) in Moskau.

Die Dokumente des „dänischen Lebensabschnitts" von 1780-1807 der aus Russland ausgewiesenen vier Kinder Anton Ulrichs des Jüngeren, werden im Reichsarchiv in Kopenhagen (Rigsarkivet), im Archiv der Stadt Horsens (Dänemark) sowie im RGADA in Moskau aufbewahrt.

Die Dokumente aus dem RGADA umfassen die Korrespondenz der Braunschweiger Familie, die sie aus verschiedenen Gefängnissen geschrieben haben. Diese Dokumente befinden sich im Fond Nr. 6, der sich früher „Kriminalakten über die Staatsverbrechen" nannte. Darin gibt es Meldungen von Offizieren, die unmittelbar für die Bewachung der Häftlinge verantwortlich waren; Berichte des Archangelsker Gouverneurs, unter dessen Aufsicht die „Cholmogorer Kommission" stand, Listen des Personalbestands, Rechnungen, Inventarlisten u.s.w. Unter diesen Dokumenten gibt es auch von Anton Ulrich des Jüngeren und seiner Tochter Elisabeth eigenhändig geschriebene Briefe an die Zarinen Elisabeth Petrowna und Katharina II. Der Zustand, der heute noch existierenden Akten, ist unterschiedlich. Ein Teil davon wurde während eines Brandes der Archangelsker Gouvernementkanzlei im Jahre 1779 vernichtet.

Einige Dutzend Akten befinden sich auch in anderen Fonds des RGADA, größtenteils in den Fonds Nr. 2, 3, 4 und 5. Diese Unterlagen beziehen sich insbesondere auf die Thronfolge in Russland, Briefwechsel der Monarchen sowie Dokumente, die über die Vorbereitungen des Umsturzes von 1741 berichten. Die Akten von den tatsächlich durchgeführten Verschwörungen, welche die Befreiung Iwan VI. Antonowitschs zum Ziel hatten oder von den Personen, die mit solcher Absicht verdächtigt wurden, sind im Fond Nr. 7 enthalten.

Alle Dokumente, die während der 37 Jahre (1743-1780) in der „Cholmogorer Geheimkommission" und in der Archangelsker Gouvernementkanzlei verblieben waren, wurden im Jahr 1780 nach St. Petersburg gebracht. Deshalb wurden mehrere Unterlagen, die die Tätigkeit der Kommission direkt angehen, in Archiven im Archangelsker Gebiet nicht gefunden. Dort gibt es jedoch Akten, die sich mit dem Schicksal der ehemaligen Diener und Wachsoldaten und ihrer Nachkommen beschäftigen.

Die Akten über den Militärdienst Anton Ulrichs des Jüngeren, vom Dienstbeginn im Jahr 1733 bis zum Ende seiner

Tätigkeit als Vorsitzender des Militärkollegiums 1741, sind in den Fonds des Staatlichen Militärarchivs in Russland in Verwahrung. Dort gibt es auch Berichte des Feldmarschalls Graf von Münnich über die Feldzüge von 1737 und 1738.

Das Niedersächsische Staatsarchiv in Wolfenbüttel (StA Wf) verfügt über eine große Anzahl von Akten, die sowohl die Biografie Anton Ulrichs des Jüngeren als auch die Innen- und Außenpolitik Russlands erläutern. Hier befinden sich auch Briefe Anton Ulrichs des Jüngeren aus Russland an seine Verwandten. In der Regel sind diese Briefe kurz, enthalten jedoch interessante Details. Bemerkenswert ist, dass sich in Wolfenbüttel auch Briefe befinden, die Anton Ulrich der Jüngere in St. Petersburg von Familienmitgliedern, von gekrönten Häuptern und von Privatpersonen (z. B. der Brief des Pagen Karl Friedrich Hieronymus von Münchhausen aus Riga) erhalten hat.

Das Niedersächsische Staatsarchiv in Wolfenbüttel (StA Wf) verfügt auch über eine große Anzahl von Briefen, die Mitteilungen über Ereignisse aus dem Leben Anton Ulrichs des Jüngeren enthalten. Darunter befinden sich die Berichte von Christian Friedrich von Kniestedt, Gebhard Johann Graf von Keyserlingk, August Adam von Heimburg und Christian Friedrich Groß. Von Bedeutung sind die Briefe von Christian Friedrich Groß, weil er zwei Funktionen gleichzeitig ausübte. Er war zum einen Legationssekretär des Fürstentums Wolfenbüttel und zum anderen Sekretär von Heinrich Johann Friedrich Graf von Ostermann. Im Archiv gibt es ungefähr 400 Briefe, die größtenteils an den Geheimrat August Adolph von Cramm adressiert sind. Diese meist chiffrierten und vom Adressaten dechiffrierten Briefe enthalten nicht nur Nachrichten über das Leben Anton Ulrich des Jüngeren, sondern auch Informationen über verschiedene innenpolitische Ereignisse in Russland. Außerdem hatte Christian Friederich Groß deutsche Übersetzungen der in Russland veröffentlichten Erlasse, Manifeste bis hin zu Wetterberichte nach Wolfenbüttel gesandt. Hier befinden sich auch viele Briefe von Christian Friedrich Groß an die regierenden Herzöge von Braunschweig-Wolfenbüttel und an den Premierminister Hieronymus von Münchhausen.

Von Bedeutung sind die Briefe des Prinzen Ludwig Ernst von Braunschweig-Wolfenbüttel-Bevern, einem jüngeren Bruder Anton Ulrichs des Jüngeren, an seinen ältesten Bruder, Herzog Karl I., aus der Zeit vor dem Umsturz von 1741. Sie wurden von Historikern bisher noch nicht erwähnt oder veröffentlicht. Alle diese Briefe sind auf französisch geschrieben; der größte und wichtigste Teil eines jeden Briefes wurde chiffriert und später in Wolfenbüttel auf deutsch dechiffriert.

Im Landeshauptarchiv Schwerin in Mecklenburg-Vorpommern befinden sich in der Sammlung „Acta Externa" umfangreiche Briefwechsel des Herzogs Karl Leopold von Mecklenburg-Schwerin an seinen Gesandten in Russland, Johann Christoph Ditrich von Ostermann, dem Bruder des russischen Vizekanzlers. Hier lagern auch Briefe des Herzogs an die russischen Zarinnen Anna Iwanowna und Elisabeth Petrowna und an seine Frau Katharina Iwanowna.

Im Reichsarchiv von Dänemark in Kopenhagen befinden sich Dokumente, welche die Überfahrt der vier Prinzen und Prinzessinnen nach Dänemark und ihren Aufenthalt in Horsens erläutern. Darunter sind Briefe der Zarin Katharinas II. an die Königin Juliane Marie von Dänemark, Briefe der Prinzessinnen Katharina und Elisabeth an die Königin sowie Berichte der Hofmeister des „russischen Hofes" in Horsens.

Unter den veröffentlichten Dokumenten befindet sich auch ein Briefwechsel der diplomatischen Missionen in St. Petersburg samt ihrer Regierungen und Monarchen. Im Jahre 1836 wurden viele Berichte aus St. Petersburg der britischen, französischen und deutschen Botschafter veröffentlicht, die Informationen über die Braunschweiger Familie, sowohl vor als auch nach dem Umsturz von 1741 enthielten.[1]

In der mehrbändigen Ausgabe „Sbornik imperatorskogo russkogo istoričeskogo obščestva", Sankt-Petersburg, 1868-

1912 (142 Bände), wurde der Briefwechsel der sächsischen, französischen, österreichischen und englischen Botschafter in der Originalsprache, teilweise aber auch auf russisch veröffentlicht. Viele offizielle Dokumente (Manifeste, kaiserliche Erlasse und Verordnungen des Senats) sind in „Polnoe sobranie zakonov rossijskoj imperii" Sobranie 1. („Volle Sammlung der Gesetze des Russischen Reiches" 1.) Sankt-Petersburg, 1830 veröffentlicht. Die innenpolitischen Probleme sind auch in den veröffentlichten Materialien des Senatsarchivs dargestellt. Informationen über verschiedene Ereignisse und Vorfälle (z. B. Ankunft in Russland von dieser oder jener Person, Beschreibungen von Festlichkeiten, höfische Tageschronik, Mitteilungen von Kriegsschauplätzen) ist auf den Seiten der einzigen (bis zum Jahr 1756) russischen Zeitung „Sankt-Petersburgische Zeitung" und in den „Anmerkungen" in dieser Zeitung zu finden. Die Hofchronik ist in der „Kammer-Fourier-Journale" fixiert. In der zweiten Hälfte des 19. Jahrhunderts wurden viele Dokumente der inländischen und ausländischen Archive veröffentlicht.[2] Einzelne Dokumente sind auf den Seiten der historischen und literatur-historischen Sammlungen und Zeitschriften zu finden, die seit Anfang des 19. Jahrhunderts bis 1917 in Russland in großer Anzahl herausgegeben worden sind (Russkij Archiv, Russkaja Starina, Istoričeskij Vestnik, tenija v obščestve istorii i drevnostej rossijskich, Drevnjaja i novaja Rossija, Archiv knjazja Voroncova, Vosemnadcatyj vek, Sbornik voenno-istoričeskich materialov u. a.). Nach einer langen (beinahe hundertjährigen) Pause wurde eine bedeutende Anzahl Archivalien aus dem Niedersächsischen Staatsarchiv in Wolfenbüttel und aus dem RGADA zum ersten Mal in dem gemeinsam herausgegebenen russisch-deutschen Band veröffentlicht.[3]

Notizen und Memoiren der Zeitgenossen

Unmittelbar nach dem Umsturz im Jahr 1741 erschienen in der ausländischen Presse sowohl Artikel über die Umstände des Umsturzes als auch Artikel, welche das Schicksal der Braunschweiger Familie und der mit dieser Familie verbundnen Personen beschreiben. Mitteilungen dieser Art wurden mehrmals ohne Quellenangaben veröffentlicht. Später, von der Mitte des 18. Jahrhunderts an, wurden Erinnerungen der Zeitgenossen und -zeugen Birons[4], Mannsteins[5] und des Feldmarschalls Münnich[6] veröffentlicht.

An erster Stelle der objektiven Autoren wäre der deutsche Historiker Anton Friedrich Büsching zu nennen. Er hatte lange Zeit in Russland historische Unterlagen gesammelt und diese später in seinen historischen Werken verwendet.[7] Büsching besuchte Russland zweimal: 1752 und von 1762-1765. Die Tatsache, dass die von ihm veröffentlichten Berichte wahrheitsgemäß wiedergegeben worden sind, spricht dafür, dass er die Informationen aus erster Hand bekommen hatte. (Als Beispiel dafür dient seine ausführliche Erzählung von der Abfahrt der Kinder Anton Ulrichs 1780 nach Dänemark, wo er pünktlich die Zeit der Abreise angibt, die Landschaft aus den Fenstern des Bischofshauses beschreibt, oder einen Zrjachov, den Amtmann der General-Gouvernementkanzlei charakterisiert hat.)

Einige Jahre lang verbrachte der zukünftige Archivar des Herzogs von Braunschweig, Christian von Schmidt-Phiseldeck, in Russland unter Zarin Elisabeth als Erzieher der Kinder von Ernst Johann Graf von Münnich. Schmidt-Phiseldeck veröffentlichte Mitte des 18. Jahrhunderts auch mehrere Bücher über die Geschichte Russlands.[8] Seine Werke enthalten sehr interessante Einzelheiten vieler Hofintrigen.

Interessant sind auch die Briefe der Ehefrau des britischen Botschafters in St. Petersburg, Lady Rondeau. Sie wurden in den Jahren 1729-1739 geschrieben und waren an ihre Freundin in England adressiert. Lady Rondeau beschreibt verschiedene Hofzeremonien sehr pittoresk, schildert malerisch das äußere Erscheinungsbild von vielen Personen. Im Jahr 1775 wurden diese Briefe zum ersten Mal veröffentlicht.[9]

Historische Forschungen

Im Jahr 1814[10] erschien der erste Artikel, nämlich die Abreise der vier Häftlinge aus Cholmogory nach Dänemark, über die Braunschweiger Familie. Auch nach einigen Jahrzehnten wurden Artikel über das Leben Anna Leopoldownas und Anton Ulrichs des Jüngeren veröffentlicht.[11] Auf Grund der Tatsache, dass die Archivalien für die Autoren noch nicht zugänglich waren, mussten sie auf die Berichte von Anton Friedrich Büsching zurückgreifen.

Auf Befehl des Herzogs Wilhelm (1806-1884) von Braunschweig brachte der Landrat T. A. von Cramm in den Jahren von 1843-1844 in Wolfenbüttel Akten des Geheimrats August Adolph von Cramm, darunter auch die an ihn adressierten Briefe von Groß, in Ordnung. Er erstellte ein kurzes Verzeichnis über die Briefe. Auf Grund dieser Dokumente verfasste er eine kurze Zusammenfassung über den „Aufenthalt zu Petersburg, die Vermählung und die fernen Schicksale des Prinzen Anton Ulrich von Braunschweig"[12], die unveröffentlicht blieb.

1861 wurde in Russland das Verzeichnis der Dokumente der „Cholmogorer Kommission" veröffentlicht.[13] Der erste Forscher, für den alle Akten der „Kommission" zugänglich waren, war Wladimir Wassiljewitsch Stasow. Diese Akten dienten als Grundlage für sein späteres handschriftliches Werk „Die Familie Braunschweig", dass er in den Jahren 1863-1865 verfasste.[14] Stasow schrieb sein Manuskript unter der Leitung des Hofhistorikers Modest Andreewitsch Korf, der lange Zeit als Direktor der öffentlichen kaiserlichen Bibliothek in St.-Petersburg diente. Dieses Werk war für den Zar Alexander II. persönlich bestimmt. Die Veröffentlichung des Werkes war nicht geplant. Hier zitierte Stasow wichtige Dokumente oder gab mit eigenen Worten den Inhalt wieder. Die Texte, die auf deutsch geschrieben waren, übersetzte Stasow ins russische. 1917 machte man einen Versuch, das Werk von Stasow mit den Ergänzungen, die Korf vermutlich gemacht hatte, in der Zeitschrift „Starina i novizna" zu veröffentlichen. Als Autor des gesamten Werkes wurde Korf genannt.[15] Doch bald nach der Veröffentlichung des ersten Kapitels, wurde eine weitere Publikation untersagt.

Einige Kapitel aus dem Manuskript von Stasow wurden zum ersten Mal von mir 1993 veröffentlicht, kurze Zeit später wurde das ganze Buch in anderer Variante herausgegeben; der Herausgeber hielt ohne feste Begründung nicht Stasow sondern Korf für den Verfasser des Werkes.[17]

Auch in der Presse wurden viele Unterlagen sowohl aus russischen als auch aus ausländischen Urkundensammlungen von russischen Autoren veröffentlicht.[18] Dabei widmeten die Herausgeber und Autoren folgenden Punkten ihre Aufmerksamkeit: Thronbesteigung Anna Iwanownas, der Sturz Birons und die Umstürze von 1741 und 1762. Auf Grund der jetzt zugänglich gewordenen Unterlagen, erschienen auch Artikel über das Schicksal der Braunschweiger Familie. Darunter ist auch ein Beitrag des russischen Professors A. Brückner, von der Universität Dorpart, der im Jahr 1874 zuerst auf deutsch[19] und später auf russisch veröffentlicht worden ist. Selbstverständlich entging dieser Beitrag der Aufmerksamkeit in Braunschweig nicht. Im Auftrag des herzoglichen Staatsministeriums übte der geheime Archivrat Karl Schmidt (Urenkel des Historikers Christian von Schmidt-Phiseldek) 1878 Kritik am Werk von Brückner und folgerte, dass das Bild Anton Ulrichs des Jüngeren bis zur Unkenntlichkeit entstellt worden sei, und „die ärgste Entstellung der Wahrheit enthält, welches wohl jemals die Geschichtswissenschaft durch Fälschung sich hat zu Schulden kommen lassen." Auf Grund der Dokumente, die sich damals im herzoglichen Landeshauptarchiv befanden, verfasste Karl Schmidt ein Schriftstück, dessen Tendenz schon sein Titel leicht zu verstehen gibt: „Zur Ehrenrettung des mit der Regentin Anna Leopoldowna von Russland im Jahre 1739 vermählten Prinzen Anton Ulrich des Jüngeren zu Braunschweig."

Dem Schicksal des ehemaligen Zaren, Iwan (VI.) Antonowitsch, wurde von vielen Historikern besondere Aufmerksamkeit gewidmet. Doch, weil die Dokumente lange unzugänglich blieben, erschien die erste Veröffentlichung zu diesem Thema erst gegen Ende des 19. Jahrhunderts. Der berühmte russische Historiker Wassilij Alexeewitsch Bilbasow benutzte und veröffentlichte alle wichtigen Dokumente, die sich mit der Haft Iwan (VI.) Antonowitschs in Schlüsselburg und seinem Mord beschäftigten.[22]

In der Sowjetunion wurde die Periode zwischen den Regierungen Peters I. (der Große) und Katharina II. (die Große) wissenschaftlich beinahe gar nicht untersucht. Erst in den letzten zehn Jahren, als mit der Perestroika die Schranken der Zensur in der Sowjetunion bzw. Russland fielen, begannen wissenschaftliche Untersuchungen der Geschichte Russlands des 18. Jahrhunderts zu erscheinen. An oberster Stelle sind die Veröffentlichungen von E. V. Anissimow zu nennen.[23] In seinen Büchern geht er unter anderem auf das Schicksal der Braunschweiger Familie ein. Leider macht der Autor hier einige Fehler bei Daten und Namen. Weitere Biographien über Anton Ulrich des Jüngeren und Anna Leopoldowna sowie ihrer Kinder sind sehr knapp und bestehen aus einigen wenigen Beiträgen.[24]

---

[1] Beitrage zur neueren Geschichte aus dem britischen Museum und Reichsarchive / Hrsg. von F. v. RAUMER. Leipzig, 1836-1839.
[2] Z. B.: Istoričeskie bumagi, sobrannye K. A. Arsen'evym. S.-Petersburg, 1875.
[3] Braunschweigische Fürsten in Rußland in der ersten Hälfte des 18.

Jahrhunderts (Veröffentlichungen der Niedersächsischen Archivverwaltung. Heft 54). Göttingen, 1998

[4] Nye og forbedrete efterrätninger om det russiske rige. Kiøbenhavn, 1747.

[5] MANSTEIN Chr.H. Historische, politische und militärische Nachrichten von Rußland, von dem Jahre 1727 bis 1744... Leipzig, 1771.

[6] MÜNNICH B.Chr. Ébauche pour donner une idée de la forme du gouvernement de l'empire de Russie. Copenhague, 1774.

[7] Magazin für die neue Historie und Geographie. Th. I, Hamburg, 1767, S. 1-40; Th. VI, Hamburg, 1771, S. 517-556; Th. XXII, Halle, 1788, S. 415-424.

[8] SCHMIDT-PHISELDECK Chr. v. 1) Briefe über Rußland. Braunschweig, 1770; 2) Materialien zu der russischen Geschichte seit dem Tode Kaisers Peters des Großen. Riga, 1777-1788.

[9] [RONDEAU J.] Letters from a lady, who resided some years in Russia to her friend in England with historical notes. London, 1775.

[10] JAKOVLEV P. Žizn' princessy Anny, pravitel'nicy Rossii. Moskau, 1814.

[11] POLENOV V.A. Otpravlenie braunšwejskoj familii iz Cholmogor v datskie vladenija. // Trudy Imperatorckoj Rossijskoj Akademii Nauk. 1840, Bd. 1, S. 108-136; BANTYŠ-KAMENSKIJ D.N. Biografii rossijskich generalissimusov i general-fel'dmaršalov. Sankt-Petersburg, 1840, Th. 1, S. 216-232; VEJDEMEJER A. Obzor glavnejših proisšestvij v Rossii s končiny Petra Velikogo. Sankt-Petersburg, 1848; ŠIŠKIN I. Sobytija v Peterburge v 1740 i 1741 godach. // Otečestvennye Zapiski. 1858, Bd. 108, S. 257-352.

[12] StA Wf 1. Alt 22, Nr 792.

[13] ČOIDR. 1861, Bd. 2, Th. V, Smes', S. 1 ff.

[14] OR RNB. F. 780, Nr. 1.

[15] KORF M. A. Braunšveigskoje semejstvo. // Starina i novizna. 1917, Nr. 22, S. 148-203.

[16] Cholmogorskaja sekretnaja komissija. Grustnaja powest' ob užasnoj sud'be rossijskogo imperatora i ego sem'i, napisannaja Vladimirom Štasovym dlja drugogo imperatora i izvlečennaja s archivnoj polki dlja čitatelja Leonidom Levinym. Archangel'sk, 1993.

[17] KORF M A. Braunweigskoe semejstvo. Moskau, 1993.

[18] PEKARSKIJ P. P. Markiz de la Šetardi v Rossii 1740-1742 godov. Sankt-Petersburg, 1862; Istoričeskie bumagi, sobrannye K.A. Arsen'evym. Sankt-Petersburg, 1875; Vnutrennij byt rossijskogo gosudarstva s 17 oktjabrja 1740 goda po 25 nojabrja 1741 goda po dokumentam, chranjaščimsja v Moskovskom archive Ministerstva Justicii. Moskau, 1880; KORSAKOV D. A. Vocarenie imperatricy Anny Ioannovny. Kazan', 1880.

[19] BRIKNER A. G. Imperator Ivan Antonovič i ego rodstvenniki. // Russkij vestnik. 1874, Bd. 113, Nr. 10, S. 503-559; Bd. 114, Nr. 11, S. 102-191; BRÜCKNER A. Die Familie Braunschweig in Rußland im XVIII Jahrhundert. Sankt-Petersburg, 1876.

[20] StA Wf. 12 Neu 9, Nr. 96.
[21] Ibid. 36 Alt 165.
[22] BILBASSOFF B., v. Geschichte Katharina II. Bd. II, Berlin, 1893.
[23] ANISSIMOV E.V. 1) Rossija v seredine XVIII veka: Bor´ba za nasledie Petra. Moskau, 1986. 2) Rossija bez Petra. Sankt-Petersburg, 1994.
[24] KAMENSKIJ A.B. Ivan VI Antonovič. // Voprosy istorii. 1994, Nr. 11, S. 50-62; LEVIN L. 1) Anton Ulrich - persona izwestnaja? // Rodina. 1995, Nr. 9, S. 93-98; 2) Herzog Anton Ulrich der Jungere in Rußland bis zu seiner Verbannung (1733-1741). // Braunschweigisches Jahrbuch für Landesgeschichte. Bd. 77, 1996, S. 221-268. KURUKIN. I.V. Anna Leopol´dovna. // Voprosy istorii. 1997, Nr. 6, S. 28-40.

Ausgewählte Literatur

Die Gottorfer auf dem Weg zum Zarenthron. Russische-gottorfische Verbindungen im 18. Jahrhundert, Schleswig 1997

Handbuch der Geschichte Russlands, hg. von M. Hellmann, G. Schramm und K. Zernack,
Stuttgart 1991

Russland, hg. und verfasst von C. Goehrke, M. Hellmann, R. Lorenz, P. Scheibert,
Frankfurt a. M. 1972

Deutsch-Russische Begegnungen im Zeitalter der Aufklärung, hg. von L. Kopelew, K.-H. Korn, R. Sprung,
Köln 1997

Berglar, P.: Maria Theresia,
Hamburg 1980

Boetticher, M. von: Braunschweigische Fürsten in Russland in der ersten Hälfte des 18. Jahrhunderts,
Göttingen 1998

Donnert, E.: Russland im Zeitalter der Aufklärung,
Köln und Wien 1984

Dowies, N.: Im Herzen Europas. Geschichte Polens,
München 2000

Gitermann V.: Geschichte Russlands, 3 Bde,
Frankfurt a. M. 1965

Klueting H. und E.: Graf Ostermann, Urkunden und Regesten „Ostermania" aus Hannover und Wolfenbüttel,
Amsterdam 1974

Lewin, L.: Herzog von Braunschweig-Wolfenbüttel in Glanz und Gefangenschaft,
St. Petersburg 2000.

Neander, I.: Grundzüge der russischen Geschichte,
Darmstadt 1986

Neumann, H.: Peter der Große,
Hamburg 1993

Pipes, R.: Russia under the Old Regime,
New York und Oxford 1992

Rice, T. T.: Elisabeth von Russland. Die letzte Romanow auf dem Zarenthron, (aus dem Engl.) München 1973

Römer, Chr.: Braunschweig-Bevern. Ein Fürstenhaus als europäische Dynastie 1667-1884,
Braunschweig 1997

Scharf, C.: Katharina II. Deutschland und die Deutschen,
Mainz 1995

Schieder, T.: Friedrich der Große. Ein Königtum der Widersprüche,
Berlin, München 1983

Stender-Petersen, A.: Geschichte der russischen Literatur,
München 1993

Stökl, G.: Russische Geschichte. Von den Anfängen bis zur Gegenwart, Stuttgart 1993

Torke, H.-J. Hrsg.: Die Russischen Zaren 1547-1917,
München 1995

Zernach, K.: Russland und Polen. Zwei Wege in der europäischen Geschichte, Berlin 1994

Abbildungsverzeichnis

Zar Peter I. der Große
Seite: 21
Kolorierte Lithografie 1830-1840
ursprünglich Großherzogliches Museum zu Schwerin

Zarin Katharina I.
Seite: 25
Kolorierte Lithografie 1830-1840
ursprünglich Großherzogliches Museum zu Schwerin

Prinz Ludwig Ernst von Braunschweig-Wolfenbüttel-Bevern
Seite: 81
Ölbild um 1740
Braunschweigisches Landesmuseum

Die Verhaftung der „Braunschweiger Familie" 1741
Seite: 93
Kupferstich aus: Merkwürdige Geschichten Ihrer Majestät
Elisabeth Petrowna, 1759 (Titelbild)

Zar Joann III. / Iwan VI. Antonowitsch
Seite: 117
Münze, Kaiserreich Russland 1741
Inventarnummer 02.091.019
Niedersächsisches Münzkabinett der Deutschen Bank

Zarin Anna Iwanowna
Seite: 120
Kolorierte Lithografie 1830-1840
ursprünglich Großherzogliches Museum zu Schwerin

Zarin Elisabeth Petrowna
Seite: 121
Kolorierte Lithografie 1830-1840
ursprünglich Großherzogliches Museum zu Schwerin

Generalissimus Anton Ulrich
Seite: 124
Ölbild um 1740
Schloss Marienburg, Nordstemmen

Regentin Anna Leopoldowna
Seite: 125
Ölbild um 1740
Schloss Marienburg, Nordstemmen

Zar Peter III.
Seite: 155
Kolorierte Lithografie 1830-1840
ursprünglich Großherzogliches Museum zu Schwerin

Gefängnis Kloster Cholmogory
Seite: 181
Zeichnung um 1760

Zarin Katharina II. die Große
Seite: 205
Stahlstich um 1788
Niedersächsisches Staatsarchiv, Oldenburg

Prinzessin Elisabeth von Braunschweig-Russland
Seite: 220
Scherenschnitt um 1780

Prinz Aleksej von Braunschweig-Russland
Seite: 220
Scherenschnitt um 1780

Prinzessin Katharina von Braunschweig-Russland
Seite: 221
Scherenschnitt um 1780

Prinz Peter von Braunschweig-Russland
Seite: 221
Scherenschnitt um 1780

Personenverzeichnis

- **Abaturow**, Major in der Archangelsker Garnison.
- **Aderkas**, Frau von, Erzieherin der Prinzessin Anna Leopoldowna, (Elisabeth Katharina Christine Prinzessin von Mecklenburg-Schwerin).
- **Aleksej** (1746-1787), Prinz von Braunschweig-Wolfenbüttel-Russland, jüngster Sohn des Prinzen Anton Ulrich des Jüngeren und Anna Leopoldowna. *203, 220*
- **Aleksej Michailowitsch** (1629-1676), Zar von Russland seit 1645. Vater der Zaren Iwan V. und Peter I. des Großen.
- **Aleksej Petrowitsch** (1690-1718), Zarewitsch, Thronfolger Russlands. Er heiratet Charlotte Christine Sophie (1694-1715) Prinzessin von Braunschweig-Wolfenbüttel, zweite Tochter des Herzogs Ludwig Rudolf von Braunschweig-Wolfenbüttel. Weil er in politischer Opposition zu seinem Vater Zar Peter I. steht, wird er zum Tode verurteilt. *16, 18ff.*
- **Alexander I.** (1777-1825), Zar von Russland seit 1801. *197, 224, 225*
- **Alexander II.** (1818-1881), Zar von Russland seit 1855. *232*
- **Alexander III.** (1845-1894), Zar von Russland seit 1881.
- **Amwrosij**, Andrej Juschkewitsch, Bischof von Wologda.
- **Anissimow**, E. V. zeitgenössischer Historiker in Russland. *234*
- **Anna Iwanowna** (1693-1740), Zarin von Russland seit 1730. Tochter des Zaren Iwan V., Nichte Peters I. Sie heiratet 1710 Herzog Friedrich Wilhelm von Kurland. Anna Iwanowna wird im Jahr 1730 von den Mitgliedern des Obersten Geheimrats in Russland als Zarin ausgerufen. *12ff, 20ff, 50ff, 70ff, 90ff, 146ff.*
- **Anna Leopoldowna** (1718-1746), (Elisabeth Katharina Christine), Tochter des Herzogs Karl Leopold von Mecklenburg-Schwerin und der Prinzessin Katharina Iwanowna von Russland. Regentin von Russland in der Zeit von 1740-1741. Im Jahr 1739 heiratet sie Prinz Anton Ulrich den Jüngeren von Braunschweig-Wolfenbüttel-Bevern. 1740 bekommt sie ihren Sohn Iwan, der 1740 als Säugling zum Zaren Iwan VI. Antonowitsch gekrönt wird. *13, 45ff, 60ff, 70ff, 80ff, 90ff, 100ff, 125, 131, 133ff, 144, 162, 234*
- **Anna Petrowna** (1708-1728), Tochter des Zaren Peter I. aus zweiter Ehe. Seit 1725 Frau des Herzogs Karl Friedrich von Holstein-Gottorp. Aus dieser Verbindung stammt der Sohn Karl Peter Ulrich, der spätere russische Zar Peter III. *19, 21, 64, 93*
- **Antoinette Amalie** (1696-1762), Herzogin von Braunschweig-Wolfenbüttel-Bevern, Mutter Anton Ulrichs des Jüngeren. *37, 49, 50, 54, 99*
- **Anton Ulrich der Ältere** (1633-1714), Herzog von Braunschweig-Wolfenbüttel, Barockfürst, Dichter und Sammler. Großonkel von Prinz Anton Ulrich des Jüngeren. Anton Ulrich der Jüngere trägt ihm zu Ehren seinen Namen. *36, 37*
- **Anton Ulrich der Jüngere** (1714-1776), Prinz von Braunschweig-Wolfenbüttel-Bevern, zweitältester Sohn des regierenden Herzogs Ferdinand Albrecht II. aus Wolfenbüttel. Als Anton Ulrich der Jüngere im Jahre 1714 geboren wurde,

starb zuvor im selben Jahr sein berühmter Großonkel Herzog Anton Ulrich der Ältere. Ihm zu Ehren trägt Anton Ulrich der Jüngere seinen Namen. 1733 kommt er als Ehekandidat für die Prinzessin Anna Leopoldowna nach Russland. Er tritt als Oberst in den russischen Militärdienst ein und nimmt an den Feldzügen gegen die Türken teil. 1739 heiratet er Anna Leopoldowna Prinzessin von Mecklenburg und übernimmt ein Jahr später als Generalissimus den Oberbefehl der russischen Armee.
- **Apuschkin**, Oberkriegskommissar in Riga.
- **Argenteau, Merci d'**, österreichischer (kaiserlicher) Botschafter in St. Petersburg. *158ff, 165, 166, 168*
- **Arssenjew**, Kapitän zur See in Archangelsk.
- **August Wilhelm** (1662-1731), Herzog von Braunschweig-Wolfenbüttel, stirbt ohne männlichen Nachfolger. Ihm folgt sein Bruder Ludwig Rudolf in die Regierung in Wolfenbüttel. *37*
- **August Wilhelm** (1722-1758), Prinz von Preußen, jüngerer Bruder von König Friedrich II. (der Große) von Preußen. *33*
- **Azareti**, Arzt bei der Deportation der Braunschweiger Familie nach Westen.
- **Berednikow**, Iwan, Kommandant der Festung Schlüsselburg.
- **Besborodko** (1747-1799), Alexandr Andreewitsch, Graf seit 1785, Generalmajor seit 1780, Staatssekretär der Kaiserin Katharina II. seit 1775. *200, 207*
- **Bestushew-Rjumin** (1693-1769), Aleksej Petrowitsch, Graf seit 1742, Vizekanzler seit 1742, Kanzler seit 1744. *107, 109, 135, 136, 150, 152*
- **Bibikow** (1729-1774), Alexander Iljitsch, General.
- **Bilbasow** (1838-1904), Wassilij Alexeewitsch, russischer Historiker. *234*
- **Biron** (1690-1772), Ernst Johann, Graf von, Herzog von Kurland ab 1737, Oberkammerherr, Vertrauter der Zarin Anna Iwanowna. Er heiratet 1723 Benigna Trotta von Treyden. Regent unter Zar Iwan VI., wird gestürzt und muss ab 1740 in die Verbannung nach Sibirien. 1762 kommt er frei und wird in seine alten Rechte als Herzog von Kurland wieder eingesetzt. *25ff, 32ff, 39ff, 45ff, 55ff, 57ff, 70ff, 84, 90, 98, 99, 103, 111, 115, 147, 152, 162*
- **Biron** (1724-1800), Peter, Sohn von Ernst Johann Graf von Biron. *57, 63ff*
- **Boschnjak**, Karl, Sachverwalter in Jaroslawl.
- **Botta d'Adorno** (1693-1745), Antonio Ottone, Marquis, österreichischer (kaiserlicher) Botschafter in Russland 1737. *58ff, 75, 82, 87, 110ff*
- **Boyer**, von, Oberst, Schwiegersohn des Gouverneurs von Riga.
- **Bredel**, von, Oberkammerherr.
- **Brückner** (1834-1896), Alexander Gustawowitsch, Autor und Professor an der russischen Universität Dorpat. *233*
- **Brummer**, Hofmarschall des Herzogs von Holstein-Gottorp und Erzieher des Prinzen Karl Peter Ulrich von Holstein-Gottorp (ab 1762 Zar Peter III.). *153*
- **Büsching** (1724-1793), Anton Friedrich, deutscher Historiker, Priester in St. Petersburg 1761-1765. *231, 232*

- **Caroline Mathilde** (1751-1775), Königin von Dänemark, Frau des kranken und schwachen Königs Christian VII. von Dänemark, Schwester von König Georg III. von Großbritannien. Caroline Mathilde hat ein Liebesverhältnis zu dem Leibarzt ihres Mannes, Johann Friedrich Graf von Struensee, der zum Minister aufsteigt und Dänemark regiert. Es kommt daraufhin zur Staatskrise in Dänemark und 1772 zum Umsturz. Struensee wird hingerichtet und Caroline Mathilde muss Dänemark verlassen. Sie geht 1772 ins Exil nach Celle. *200ff.*
- **Carterets**, John, Earl of Granvill, Staatssekretär unter König Georg II. von Großbritannien. *118*
- **Charlotte Christine Sophie** (1694-1715), Prinzessin von Braunschweig-Wolfenbüttel, zweite Tochter des Herzogs Ludwig Rudolf von Braunschweig-Wolfenbüttel. Sie heiratet den russischen Kronprinzen Aleksej Petrowitsch (1690-1718). Es ist in der Geschichte Russlands die erste Ehe zwischen einem russischen Thronfolger und einer ausländischen Prinzessin. Diese Verbindung wird von Zar Peter I. von Russland gefördert, sie soll eine weitere Öffnung Russlands zum Westen und Österreich sichern. *18*
- **Chetardie** (1705-1758), Trotti Joachim Jacques de la, Marquis, französischer Botschafter in Russland. *68ff, 74ff, 83, 89, 101, 112, 118, 122, 126, 134, 135*
- **Chitrow**, Iwan, russischer Matrose eines vor der dänischen Küste gestrandeten Schiffes.
- **Christian VII.** (1749-1808), König von Dänemark. Seine Stiefmutter, Juliane Marie Königin von Dänemark, ist eine Schwester des Prinzen Anton Ulrich des Jüngeren. *200, 207*
- **Chruschtschow**, Verschwörer von 1762.
- **Cramm** (1685-1763), August Adolph von, Geheimrat in Wolfenbüttel, Gesandter in Russland von 1739-1741. *57, 61, 72, 83, 100, 228, 232*
- **Cramm**, T. A. von, Landrat in Wolfenbüttel im 19. Jahrhundert. *232*
- **Dershawin** (1743-1816), Gawriil Romanowitsch, russischer Schriftsteller und Dichter. *175*
- **Dolgorukow** (1667-1746), Wassilij Wladimirowitsch, Fürst, Generalfeldmarschall seit 1728. *20*
- **Elagin** (1725-1793), Iwan Perfil`ewitsch, Kabinettsekretär unter Zarin Katharina II., Geheimrat und Senator seit 1773. *201*
- **Elisabeth** (1743-1782), Prinzessin von Braunschweig-Wolfenbüttel-Russland, Tochter des Prinzen Anton Ulrich des Jüngeren. *173, 188ff, 202ff, 211ff, 220ff, 229*
- **Elisabeth Christine** (1715-1797), Prinzessin von Braunschweig-Wolfenbüttel, älteste Tochter des Herzogs Ludwig Rudolf von Braunschweig-Wolfenbüttel. Sie heiratet Karl VI. (1685-1740) Erzherzog von Österreich, König von Spanien, ab 1711 Kaiser des Römischen Reichs Deutscher Nation. *18*
- **Elisabeth Katharina Christine** (1718-1746), nennt sich ab 1733 Anna Leopoldowna und tritt zum griechisch-orthodoxen Glauben über. Sie ist die Tochter

der Katharina Iwanowna und heiratet 1739 Prinz Anton Ulrich den Jüngeren von Braunschweig-Wolfenbüttel-Bevern; 1740/41 Regentin von Russland.
- **Elisabeth Petrowna** (1709-1762), Zarin Elisabeth von Russland ab 1741. Tochter des Zaren Peters I. und der Zarin Katharinas I. Sie stürzt 1741 den Säugling-Zar Iwan VI. Antonowitsch und besteigt selbst den Zarenthron. *11ff, 21ff, 29ff, 40, 61, 64, 78ff, 85ff, 90ff, 103ff, 115ff, 130, 146, 150ff, 162, 178, 227, 229*
- **Emanüel** (1697-1766), Prinz v. Portugal, Bruder des Königs Johann V. v Portugal.
- **Feofan**, Beichtvater der Kinder Anton Ulrichs des Jüngeren in Horsens.
- **Ferdinand** (1665-1737), Herzog von Kurland, Onkel des Herzogs Friedrich Wilhelm von Kurland.
- **Ferdinand** (1721-1792), Prinz von Braunschweig-Wolfenbüttel-Bevern, jüngerer Bruder von Prinz Anton Ulrich des Jüngeren. *217*
- **Ferdinand Albrecht II.** (1680-1735), Herzog von Braunschweig-Wolfenbüttel-Bevern, Vater des Prinzen Anton Ulrich der Jüngere. Herzog Ferdinand Albrecht II. entstammt der Wolfenbütteler Nebenlinie Bevern und erbt 1735 kurz vor seinem Tod das Fürstentum Braunschweig- Wolfenbüttel, weil seine Vettern August Wilhelm und Ludwig Rudolf aus Wolfenbüttel ohne männliche Nachkommen bleiben. *37, 39, 41, 43, 47, 49*
- **Finch**, Edward, britischer Minister in Russland von 1740-1742. *78ff, 85, 96*
- **Friedrich August I** (1670-1733), Kurfürst von Sachsen und König von Polen, (August II. der Starke, König von Polen 1697-1633). *113*
- **Friedrich August II.** (1696-1763), Kurfürst von Sachsen und König von Polen, (August III. König von Polen seit 1734). *114*
- **Friedrich II. der Große** (1712-1786), König von Preußen seit 1740. Im Jahre 1733 heiratet er die Schwester von Prinz Anton Ulrich, Elisabeth Christine. *76, 114ff, 135, 151ff, 160ff, 173, 183*
- **Friedrich Prinz von Dänemark**, Sohn von König Friedrich V. von Dänemark und Königin Juliane Marie. *223, 225*
- **Friedrich V.** (1723-1766), König von Dänemark, seine 2. Ehefrau ist Juliane Marie von Braunschweig-Wolfenbüttel-Bevern, eine Schwester von Prinz Anton Ulrich des Jüngeren. *200, 201*
- **Friedrich Wilhelm** (1692-1711), Herzog von Kurland ab 1710 (Dynastie Kettler), Neffe von König Friedrich I. von Preußen. 1710 heiratet er in St. Petersburg die russische Prinzessin Anna Iwanowna. Diese Ehe entspricht dem Wunsch Peter I., der durch diese Heirat eine verwandtschaftliche Beziehung zum preußischen König Friedrich I., dem Onkel des Herzogs Friedrich Wilhelms, herstellen kann. Kurz nach der Hochzeit stirbt der Herzog auf der Reise von St. Petersburg nach Kurland. *114*
- **Georg II.** (1683-1760), König von Großbritannien und Kurfürst von Hannover seit 1727. *77, 107, 152*
- **Georg III.** (1738-1820), König von Großbritannien und Kurfürst von Hannover seit 1760. *201*

- **Golizyn** (1665-1737), Dimitrij, Michajlowitsch, Fürst, Mitglied des Obersten Geheimrats. *22*
- **Golowkin** (1699-1755), Michail Gawrilowitsch, Graf seit 1707, Vizekanzler von 1740-1741. *72, 87, 88, 89*
- **Golowzyn**, Egor Andreewitsch, Gouverneur in Archangelsk von 1763-1780.
- **Goltz**, Bernhard Wilhelm, Baron von der, preußischer Gesandter in Russland 1762. *166*
- **Gontscharow**, Michail, Fähnrich in der Archangelsker Garnison.
- **Graff**, Arzt in Dünamünde.
- **Groß**, Christian Friedrich, Professor. Legationssekretär des Fürstentums Braunschweig-Wolfenbüttel, seit 1741 Legationsrat in St. Petersburg. *42, 55, 57ff, 64ff, 72, 73, 80, 82, 101, 102, 105, 228, 232*
- **Grot** (1812-1893), Jakow Karlowitsch, Akademiker, Mitglied der Akademie der Wissenschaften in St. Petersburg. *224*
- **Guldberg**, Ove Høegh-Guldberg, dänischer Staatsminister, Vertrauter der Königinwitwe Juliane Marie von Dänemark. Er stürzt Graf Struensee und Königin Caroline Mathilde von Dänemark. Unter König Christian VII. leitet er die Regierung in Kopenhagen. *218*
- **Gurjew**, drei Brüder, Verschwörer von 1762.
- **Gurjew**, Major, Wachoffizier in Cholmogory.
- **Hadrian** († 1700), Patriarch Russlands. *17*
- **Hänichen**, Martin Albert, Sekretär des Prinzen Ludwig Ernst von Braunschweig-Wolfenbüttel-Bevern. *81, 82, 87, 91, 102*
- **Harsdorff** (1735-1799), Caspar Frederik, dänischer Hofbaumeister. *216*
- **Hasselmann**, Arzt in Cholmogory.
- **Heimburg** (1691-1767), August Adolph von, Adjutant Anton Ulrichs des Jüngeren. *38, 54, 107, 128, 181, 182, 228*
- **Hermann**, Priestermönch in Cholmogory.
- **Hynford**, Carmichael Earl of, britischer Botschafter in Russland von 1745-1749. *134, 137*
- **Iljin**, Pope in Horsens.
- **Iwan V.** (1666-1696), Zar seit 1682. Sohn des Zaren Aleksej Michajlowitsch aus 1. Ehe. Er besteigt 1682 zusammen mit seinem Halbbruder, Zar Peter I., den Thron um Familienstreitigkeiten innerhalb der Dynastie zu vermeiden. 1684 heiratet er Praskowja Saltykowa. Er hat mit ihr drei Töchter: Katharina Iwanowna (1691-1733), Anna Iwanowna (1693-1740) und Praskowja Iwanowna (1695-1731). *9, 22, 29*
- **Iwan VI. Antonowitsch** (1740-1764), Zar von Russland von 1740-1741, (Säugling). Sohn der Regentin Anna Leopoldowna und des Prinzen Anton Ulrich des Jüngeren von Braunschweig-Wolfenbüttel-Bevern, Großneffe der Zarin Anna Iwanowna, die ihn zu ihrem Nachfolger bestimmt. Infolge des Putsches von 1741 wird er von Elisabeth Petrowna gestürzt. *9, 70, 71ff, 84ff, 91ff, 106ff, 116ff, 123, 132ff, 141, 160, 171ff, 181ff, 186, 217, 226ff, 234*

- **Iwaschkin**, Fähnrich, Verschwörer von 1742.
- **Jeropkin**, Oberstleutnant.
- **Johanna Elisabeth** (1712-1760), Fürstin von Anhalt-Zerbst, Mutter von Zarin Katharina II. der Großen. *119*
- **Juliane Marie** (1729-1796), Königin von Dänemark, Tochter von Herzog Ferdinand Albrecht II. von Braunschweig-Wolfenbüttel-Bevern, Schwester des Prinzen Anton Ulrich des Jüngeren. Im Jahre 1752 heiratet sie König Friedrich V. von Dänemark. *201, 212, 216ff, 221ff, 229*
- **Jurjew** († 1766), Gouverneur in Archangelsk von 1745-1766.
- **Karl Friedrich** (1700-1739), Herzog von Schleswig-Holstein-Gottorp ab 1716. Bruder der Königin Ulrika von Schweden. Er lebt von 1721-1727 in Russland. Im Jahr 1725 heiratet er Prinzessin Anna Petrowna, die Tochter des Zaren Peter I. Seit 1726 ist er Mitglied des Obersten Geheimrats in Russland. *19*
- **Karl I.** (1713-1780), Herzog von Braunschweig-Wolfenbüttel-Bevern, ältester Bruder von Prinz Anton Ulrich des Jüngeren. Im Jahre 1733 heiratet er Prinzessin Philippine Charlotte von Preußen, eine Schwester König Friedrichs II. (des Großen) von Preußen. *38, 53, 64, 69, 76, 77, 80ff, 229*
- **Karl Leopold** (1678-1747), Herzog von Mecklenburg-Schwerin, ab 1713 regierender Herzog. 1714 heiratet er die Prinzessin Katharina Iwanowna, die Tochter des Zaren Iwan V. Aus dieser Ehe entstammt die im Jahr 1718 geborene Prinzessin Anna Leopoldowna (Elisabeth Katharina Christine). *29ff, 38, 46, 59, 136, 229*
- **Karl Prinz von Brandenburg-Bayreuth**, Ehekandidat der Anna Leopoldowna. *33*
- **Karl Prinz von Lothringen**, Bruder des Herzogs von Lothringen. *34*
- **Karl VI.** (1685-1740), Erzherzog von Österreich (bis 1713 als Karl III. König von Spanien), ab 1711 Kaiser des Heiligen Römischen Reichs Deutscher Nation. Verheiratet mit Elisabeth Christine von Braunschweig-Wolfenbüttel. *18, 30, 50, 60, 114*
- **Karl XII.** (1682-1718), König von Schweden seit 1697.
- **Katharina** (1741-1807), Prinzessin von Braunschweig-Wolfenbüttel-Russland, Tochter des Prinzen Anton Ulrich des Jüngeren. *96, 179, 188, 202, 221ff*
- **Katharina I.** (1684-1727), Zarin (geboren als Martha Skawronskaja), erbt 1725 den russischen Zarenthron. Sie ist die zweite Frau Peters I. und Mutter von Anna Petrowna, Herzogin von Holstein-Gottorp, und Mutter von der Zarin Elisabeth Petrowna. *20, 22, 25, 109*
- **Katharina II.** die Große (Sophie Friederike Auguste Prinzessin von Anhalt-Zerbst, 1729-1796), Zarin von Russland seit 1762. Sie heiratet 1745 Prinz Karl Peter Ulrich von Holstein-Gottorp, den späteren russischen Zaren Peter III. *128, 162, 163, 168ff, 177ff, 180ff, 197ff, 200ff, 219, 222ff, 227, 234*
- **Katharina Iwanowna** (1691-1733), Schwester der Zarin Anna Iwanowna, verheiratet mit dem Herzog Karl Leopold von Mecklenburg-Schwerin. *29, 30ff*
- **Kaunitz** (1727-1802), Wenzel Anton Dominik, Graf von, österreichischer

Staatskanzler unter Maria Theresia seit 1753, Leiter des österreichischen Außenpolitik, Fürst seit 1762. *151*
- **Keith** (1696-1758), Jakow Willimowitsch, im russischen Militärdienst seit 1728, General seit 1740, Oberbefehlshaber seit 1744, Gouverneur in Riga, Generalfeldmarschall in Preußen seit 1747. *86*
- **Keith**, Robert, britischer Gesandter in Russland von 1758-1762. *160*
- **Keyserlingk** (1699-1761), Gebhard Johann Graf von, Gesandter des Braunschweiger Herzogs in Kurland. *43, 48, 50, 51, 52, 54, 56, 58, 63, 76, 210*
- **Kljutschewski** (1841-1911), Wassilij Ossipowitsch, russischer Historiker. *12*
- **Kniestedt** († 1765), Christian Friedrich von, Legationsrat aus Braunschweig in Russland von 1727-1730. *38, 40ff, 48, 228*
- **Konstantin Pawlowitsch** (1779-1831), Großfürst von Russland, Bruder von Zar Alexander I.
- **Köppen**, Bernhard Ludwig, Botschafter aus Mecklenburg - Schwerin in Russland 1743. *116*
- **Korf** (1710-1766), Nikolaj Andreewitsch Baron von, Vertrauter und Kammerherr der Zarin Elisabeth Petrowna, Generalgouverneur von St. Petersburg seit 1760. *127ff, 134, 154, 167*
- **Korf** (1800-1876), Modest Andreewitsch, Baron von, russischer Hofhistoriker, Direktor der kaiserlichen öffentlichen Bibliothek in St. Petersburg. *232, 233*
- **Krasnoschjokin**, General der Kosaken, gefallen 1741. *85*
- **Krembs**, A., Kammerjungfer der Prinzessin Katharina.
- **Kurakin**, Fürst, Kabinettsminister der Zarin Anna Iwanowna. *69*
- **L´ Estocq** (1692-1767), Johann Hermann, in Russland seit 1713, Leibarzt der Prinzessin und Zarin Elisabeth Petrowna seit 1725, Präsident des Medizinerkollegiums seit 1741. *78, 79, 89, 90, 118*
- **Lacy** (1678-1751), Pjotr Petrowitsch, Graf seit 1739, irischer Adliger. Seit 1700 im russischen Dienst. Generalgouverneur von Livland 1740-1741 und 1743-1751, Generalfeldmarschall seit 1736 und Oberbefehlshaber seit 1741-1743. *86*
- **Le Fort**, Johann, sächsischer Botschafter in Russland von 1721-1734. *35*
- **Ledowskoj**, Kommissionsarzt in Cholmogory.
- **Leszczynski**, Stanislaus, König von Polen. *114*
- **Liebman**, Hofjuwelier in St. Petersburg unter der Regentin Anna Leopoldowna.
- **Lilienfeld**, Marfa Iwanowna, geborene von Keyserlingk, Witwe des livländischen Landrates.
- **Lilienskiøld**, Anton Jacob, Oberst und Hofmeister in Horsens, löste Plöyart ab.
- **Lisanewitsch**, Wassilij Grigo'ewitsch, russischer Botschafter in Dänemark von 1800-1815. *223*
- **Lobkowitz**, Josef Maria Karl Fürst von, österreichischer (kaiserlicher) Botschafter in Russland von 1763-1777. *175, 176*
- **Lomonossow** (1711-1765), Michail Wassil'ewitsch, Akademiker, berühmter russischer Poet des 18. Jahrhunderts. *84, 85, 86*

- **Lopuchin** († 1748), Stephan Wassiljewitsch, General, Oberkriegskommissar zur See. Vetter der russischen Zarin Ewdokija Fjodorovna. Er wird 1730 Kammerherr am Hofe der Zarin Anna Iwanowna. *110, 167*
- **Lopuchin**, Iwan, Oberstleutnant der Garde. 1743 wurde er nach Sibirien verbannt. *111*
- **Lopuchina** (1670-1731), Ewdokija Fjodorovna, Zarin. Sie ist die erste Ehefrau von Zar Peters I. Im Jahre 1699 wird sie ins Kloster verbannt. *116*
- **Lopuchina** (1699-1763), Natalie Feodorowna, geborene Balk, Staatsdame. 1743 wird sie nach Sibirien verbannt. *110*
- **Löwenwolde** († 1735), Karl Gustav, Graf von, Oberstallmeister in Wolfenbüttel seit 1732, Generaladjutant Peters I., russischer Botschafter in Österreich und in Preußen von 1731-1732. *32, 38, 39*
- **Löwenwolde** (1693-1758), Reingold Gustav, Graf seit 1726, Oberhofmarschall seit 1730. *33, 34*
- **Luders**, Gottfried Johann, Arzt.
- **Ludwig Ernst** (1718-1788), Prinz von Braunschweig-Wolfenbüttel-Bevern, jüngerer Bruder von Prinz Anton Ulrich des Jüngeren. Im Jahr 1739 wird er vom kurländischen Adel zum Herzog von Kurland gewählt. Er kommt als Ehekandidat für Elisabeth Petrowna nach St. Petersburg, um dadurch die politische Stellung seines Bruders, des Generalissimus Anton Ulrich in Russland zu festigen. *50, 73, 76, 77, 81ff, 90ff, 100ff, 107, 222, 229*
- **Ludwig Johann Wilhelm** (1705-1745), Prinz von Hessen-Homburg, im russischen Dienst seit 1723, Generalfeldzeugmeister seit 1735, Generalfeldmarschall seit 1742. *96*
- **Ludwig Rudolf** (1671-1735), Herzog von Braunschweig-Wolfenbüttel. Ludwig Rudolf tritt als Herzog 1731 die Regierung in Wolfenbüttel an, da sein älterer Bruder August Wilhelm ohne männliche Nachkommen stirbt. Aber auch Ludwig Rudolf hat keine Söhne. Mit seinem Tod 1735 fällt das Fürstentum Braunschweig-Wolfenbüttel an die Bevernsche Linie unter Herzog Ferdinand Albrecht II. (1680-1735). *18, 37, 38, 49*
- **Ludwig XV.** (1710-1774), König von Frankreich. *19, 151*
- **Luise Amalie** (1722-1780), Prinzessin von Braunschweig-Wolfenbüttel, Schwester von Anton Ulrich des Jüngeren.
- **Lund**, Peter, Kommissionsarzt in Cholmogory.
- **Lynar** (1702-1796), Moritz Karl, Graf von, sächsischer Botschafter von 1733-1736 und 1741, verheiratet mit Juliane von Mengden. *49ff, 75ff, 82ff, 98*
- **Macartney**, Georg, britischer Gesandter in Russland von 1765-1767. *183, 184*
- **Magnan**, Sekretär des französischen Botschafters in Russland von 1726-1733.
- **Mannstein** (1711-1757), Christoph Hermann von, Adjutant des Feldmarschalls Graf von Münnich, seit 1754 Generalmajor in Preußen, Adjutant Friedrichs II.
- **Manse**, Kommissionsarzt in Cholmogory.
- **Mardefeld** (1691-1748), Axel Baron von, preußischer Gesandter in Russland

von 1728-1746. *70, 71, 79, 100, 102, 114, 115, 118*
- **Maria Dorothea** (1684-1743), Schwester des Herzogs Friedrich Wilhelm von Kurland.
- **Maria Theresia** (1717-1780), Erzherzogin von Österreich, Deutsch- Römische Kaiserin seit 1745. *111, 151, 155, 165*
- **Marija Alexeewna** (1660-1723), Zarewna, Schwester Peter I.
- **Masepa**, Iwan Stepanowitsch (1644-1709), Kosakenhetman.
- **Melgunow** (1722-1788), Aleksej Petrowitsch, Senator seit 1765, Generalgouverneur von Jarosslavl und Wologda seit 1777.
- **Mengden** († 1760), Anna Dorotee Baronin von, heiratet 1760 Ernst Johann von Münnich. *67*
- **Mengden** (1706-1761), Karl Ludwig, Baron von, Präsident des Kommerzkollegiums. *74, 92, 138*
- **Mengden** (1719-1787), Juliane, Baronin von, Hofdame von 1736-1740, erstes Staatshoffräulein von 1740-1741 bei Anna Leopoldowna. *65, 73ff, 84ff, 92, 98, 108, 128, 132, 134, 138, 182*
- **Mengden** (1720-1767), Aurore, Baronin von, heiratet 1760 J. H. L.´Estocq. *67*
- **Mengden**, Jakobine, Baronin von, Hofdame bei Anna Leopoldowna. *138*
- **Menschikow** (1673-1729), Alexander Danilowitsch, Durchlauchtigster Fürst seit 1707. Mitglied des Obersten Geheimen Rates ("Werchowniki") von 1726-1727, Generalissimus seit 1727. Bedeutender Mitkämpfer des Zaren Peter I. *20, 22, 72, 123*
- **Mirowitsch** (1740-1764), Wassilij Jakowlewitsch, Unterleutnant des Smolenskij Regiments in Schlüsselburg. *169ff.*
- **Mjatschkow**, Wachoffizier in Cholmogory.
- **Mosscherin**, Fähnrich in Cholmogory.
- **Müller**, Wachoffizier in Cholmogory.
- **Münchhausen** (1680-1742), Hieronymus von, Premierminister im Fürstentum Braunschweig-Wolfenbüttel. Unter Herzog Ludwig Rudolf (1671-1735) leitet er ab 1731 als Premierminister die Regierung in Wolfenbüttel. In dieser Stellung verbleibt er auch unter den nachfolgenden Herzögen Ferdinand Albrecht II. (1680-1735) und Karl I. (1713-1780). *72, 229*
- **Münchhausen** (1720-1797), Karl Friedrich Hieronymus von, vorübergehend Page von Prinz Anton Ulrich in Russland in den Jahren 1738-1739. Von 1739-1750 Offizier des Kürassierregiments in Riga. Münchhausen ist wegen seiner unglaublichen Erzählungen später als "Lügenbaron" in die Geschichte eingegangen. *55, 119, 228*
- **Münnich** (1683-1767), Burchard Christoph von, Graf seit 1728, ursprünglich aus Oldenburg. Ab 1721 im russischen Dienst. Generalfeldzeugmeister von 1729-1735, Generalfeldmarschall seit 1732, Kabinettsminister, Oberbefehlshaber unter der Zarin Anna Iwanowna im Krieg gegen die Türken von 1735-1739. *54, 63, 67ff, 71ff, 82, 90, 92, 100, 103, 138, 157, 174, 228*

- **Münnich** (1707-1788), Ernst Johann von, Graf seit 1728, Sohn des Feldmarschalls. *138, 182, 231*
- **Naryschkin** (1726-1795), Alexandr Alexandrowitsch, Oberhofmarschall, Mitglied der Cholmogorer Kommission.
- **Natalja Alexeewna** (1673-1716), Zarewna, Großfürstin von Russland, Schwester von Zar Peter I.
- **Nepljuew** (1693-1773), Iwan Iwanowitsch, Senator seit 1760.
- **Nikitina**, Tatjana, Amme in Cholmogory.
- **Nikon**, Patriarch in der Regierungszeit von Zar Aleksej Michailowitsch. *126, 127*
- **Nochewschtschikow**, Nikita, Gefängnisarzt in Cholmogory.
- **Nolcken** (1694-1755), Erik Matthias von, schwedischer Gesandter in Russland von 1738-1741. *78ff*
- **Orlow** (1734-1783), Grigorij Grigorjewitsch, Favorit der Zarin Kathrina II. (der Großen). *161, 162, 165, 166, 167*
- **Orlow** (1737-1807), Aleksej Grigorjewitsch, Graf seit 1762, General seit 1769. *162, 163*
- **Ostein**, Heinrich Karl Graf von, österreichischer Gesandter in Russland von 1734-1739. *58*
- **Osten-Sacken** (1733-1808), Karl Iwanowitsch von, Graf seit 1797, russischer Botschafter in Dänemark von 1775-1784. *217, 219, 220, 222*
- **Ostermann** (1683-1743), Johann Christoph Ditrich Baron von, Bruder von Heinrich Johann Friedrich Graf von Ostermann, Gesandter des Herzogs von Mecklenburg-Schwerin in Russland 1716-1717. *229*
- **Ostermann** (1687-1747), Heinrich Johann Friedrich von, Graf seit 1730, ursprünglich aus Bochum, studiert in Jena und kommt 1704 nach Russland. Erzieher von Zar Peter II. und steigt zum Oberstallmeister und Vizekanzler auf. Ab 1726 Mitglied des Obersten Geheimen Rates. Er beeinflusst die Außenpolitik Russlands. Minister und Berater der russischen Regentin Anna Leopoldowna. *25ff, 32ff, 40ff, 50, 59, 65ff, 72ff, 80ff, 87ff, 92, 101ff, 112, 113, 228*
- **Owzyn**, Chef des Wachkommandos in Schlüsselburg, Hauptmann des Preobrachenskij Regiments.
- **Panin** (1718-1783), Nikita Iwanowitsch, Graf seit 1767, Oberhofmeister und Minister. 1762 nimmt er am Umsturz teil, bei dem Zar Peter III. entthront wird und Katharina II. den Thron besteigt. Er leitet von 1763-1781 unter Zarin Katharina II. das Auswärtige Amt. *164, 167, 170ff, 176, 183ff, 190ff, 200ff, 207*
- **Paul I.** (1754-1801), Zar von Russland seit 1796, Sohn von Katharina II. (der Großen), wird 1801 ermordet. *104, 153*
- **Peter** (1745-1798), Prinz von Braunschweig-Wolfenbüttel-Russland, Sohn des Prinzen Anton Ulrich des Jüngeren. *188, 203, 220ff.*
- **Peter I. der Große** (1672-1725), Zar von Russland ab 1682, ab 1722 Imperator. Jüngerer Sohn des Zaren Aleksej Michajlowitsch. Zar Peter I. ist in 1. Ehe mit Ewdokija Lopuchina verheiratet. Aus dieser Ehe stammt der Thronfolger

Zarewitsch Aleksej. In 2. Ehe heiratet er 1712 Martha Skawronskaja (Katharina I.). Aus dieser Verbindung stammt die Zarin Elisabeth Petrowna. *9, 16ff, 22ff, 29ff, 40, 59, 80, 102, 110, 116, 146*
- **Peter II. Aleksejewitsch** (1715-1730), Zar von Russland seit 1727. Sohn des Prinzen Aleksej Petrowitsch und Prinzessin Charlotte Christine Sophie von Braunschweig-Wolfenbüttel. Er regiert nur drei Jahre als Kind und stirbt bereits im Jahr 1730 an Pocken. *19, 21, 42, 119*
- **Peter III.** (1728-1762), Zar von Russland 1761-1762, ursprünglich Karl Peter Ulrich Herzog von Schleswig-Holstein-Gottorp, Sohn des Herzogs Karl Friedrich von Holstein-Gottorp und der Prinzessin Anna Petrowna von Russland. Nach dem Willen seiner Tante, der Zarin Elisabeth Petrowna, folgt er ihr auf den Thron. 1745 heiratet er Prinzessin Sophie Friederike Auguste von Anhalt-Zerbst, die spätere Zarin Katharina II. (die Große). Zar Peter III. regiert ein halbes Jahr und ist zeitlebens ein Bewunderer Friedrichs II. von Preußen. Peter III. wird von seiner eigenen Frau, Katharina II. 1762 gestürzt und wahrscheinlich in ihrem Auftrage getötet. *104, 128, 153, 154, 155ff, 160ff, 179*
- **Petzold**, Johann Sigismund von, Sekretär des sächsischen Botschafters in Russland von 1736-1749.
- **Pisklow**, Korporal in Schlüsselburg.
- **Plöyart**, Theodor, Kammerherr und GeneralAdjutant in Bergen, Hofmeister in Horsens.
- **Pokrowski** (1868-1932), russischer Historiker. *13*
- **Polikarpow**, Peter, Kirchendiener in Horsens.
- **Polosow**, Oberstleutnant, Wachoffizier in Cholmogory.
- **Poniatowskij** (1732-1798), Stanislaw, als Stanislaw II. August König von Polen von 1764-1795, sächsischer Gesandter in Russland von 1757-1762.
- **Potocki**, Stanislaw Graf von, polnischer Gesandter in Russland 1793.
- **Prokopowitsch** (1681-1736), Feofan, Bischof von Nowgorod. *31*
- **Puschkin** († 1775), Aleksej Michailowitsch, Archangelsker Gouverneur von 1744-1745, Senator in St. Petersburg.
- **Rondeau** (1699-1783), Frau des Botschafters Klaudius Rondeau. *28, 31, 60, 231, 232*
- **Rondeau** (gest.1739), Klaudius, seit 1728 britischer Generalkonsul, Resident und Botschafter in Russland. *33, 47, 48*
- **Saltykow** (1675-1755), Wassilij Fjodorowitsch, Onkel der Zarin Anna Iwanowna, General bei der Deportation der Braunschweiger Familie nach Westen. *95ff, 104, 108, 119, 120, 121, 123, 189*
- **Saltykowa** (1664-1723), Praskowja Fjodorowna, Witwe des Zaren Iwan V. Alexeewitsch.
- **Salz**, Oberleutnant in der Archangelsker Garnison.
- **Sawin**, General.
- **Schmidt** (1835-1895), Karl, Geheimer Archivrat in Braunschweig. *233*

- **Schmidt-Phiseldeck** (1740-1801), Christoph von, Historiker und Archivar in Wolfenbüttel. *231, 233*
- **Schtscherbatow** (1696-1761), Iwan Andreewitsch, Fürst, russischer Botschafter in England von 1739-1742 und 1743-1746.
- **Schtscherbatow** (1733-1790), Michail Michailowitsch Fürst, russischer Historiker.
- **Schubnikow**, Hauptmann, Kommandant der Festung Schlüsselburg.
- **Schuwalow** (1710-1771), Alexandr Iwanowitsch Graf, Generalfeldmarschall seit 1761, Chef der geheimen Kanzlei. *109, 147, 148, 159, 158ff, 167, 179*
- **Sherebtzow**, Major.
- **Skawronskaja**, (1684-1727), Martha, zweite Frau von Zar Peter I. Sie tritt unter ihrem neuen Namen, Katharina, zum griechisch-orthodoxen Glauben über. Mit dem Tod Peter I., im Jahre 1725, erbt als sie Zarin Katharina I. den Thron Russlands.
- **Snawidow**, Sergeant beim Ismailowsky Regiment, Verschwörer von 1742.
- **Sofie Antonie** (1724-1802), Prinzessin von Braunschweig-Wolfenbüttel-Bevern, Schwester von Anton Ulrich des Jüngeren.
- **Sophie Auguste Friederike** (1729-1796), Prinzessin von Anhalt-Zerbst, Katharina II. (die Große) Zarin von Russland.
- **Solms**, Viktor Friedrich Graf von, preußischer Gesandter in Russland von 1762-1779. *173, 183*
- **Spingel**, von, Major.
- **Stasow** (1824-1906), Wladimir Wassiljewitsch, Musik- und Kunsthistoriker. *13, 232, 233*
- **Stefanow**, Pjotr, Kirchendiener in Horsens.
- **Streschnewa** (1698-1781), Marfa Iwanowna, Frau von Heinrich Johann Friedrich Graf von Ostermann.
- **Struensee** (1737-1772), Johann Friedrich Graf von, Minister und ehemaliger Leibarzt am Dänischen Hof. Er hat ein Liebesverhältnis mit der Königin Caroline Mathilde, was 1772 zu seiner Absetzung und anschließenden Hinrichtung führt. *200, 201*
- **Suchotin**, Archangelsker Vizegouverneur.
- **Swart**, Johan Isaak de, niederländischer Botschafter in Russland von 1764-1765.
- **Sybin**, Wachoffizier in Cholmogory.
- **Teplow** (1717-1779), Grigorij Nikolaewitsch, Sekretär des Grafen Panin, Geheimrat seit 1767, Senator seit 1768.
- **Treyden**, Benigna Gottlieb Trotta von, Hoffräulein der Herzogin Anna Iwanowna von Kurland, Gemahlin von Ernst Johann Biron. *28*
- **Treyden**, von, Kammerjunker. *40*
- **Trifonow**, Sergeant, hat eine Romanze mit Prinzessin Elisabeth.
- **Trubez koj**, Fürst, Generalprokurator
- **Tschekin**, Luka Fjodorowitsch, Wachoffizier in Schlüsselburg.
- **Tscherkaskij** (1680-1742), Aleksej Michajlowitsch Fürst von, Gouverneur von

Sibirien von 1719-1724, Kabinettminister von 1731-1741, Kanzler von 1740-1741. *74*
- **Tscherkassow** (1692-1757), Iwan Antonowitsch Baron seit 1742, Kabinettssekretär der Zarin Elisabeth Petrowna.
- **Tschernyschow** (1712-1773), Pjotr Grigirjewitsch, russischer Gesandter in England von 1746-1755. *40, 115*
- **Tschertow**, Oberst.
- **Tschurmanteew**, Fürst, Offizier, Chef des Wachkommandos in der Festung Schlüsselburg.
- **Turtschaninow**, Kammerlakai, Verschwörer von 1742.
- **Ulrice** (1720-1782), Prinzessin von Preußen, Königin von Schweden seit 1744, verheiratet mit König Adolf Friedrich von Schweden. *19*
- **Ungern**, Baron von, Generaladjutant. *154, 158, 159*
- **Uschakoff**, General, Chef der Geheimkanzlei unter Zarin Anna Iwannowna.
- **Uschakow** († 1764), Apollon, Leutnant.
- **Voltaire** (1694-1778), Arouet Francois Marie, Schriftsteller und Philosoph. *168*
- **Warsonofij** (1694-1759), Erzbischof von Cholmogory.
- **Weimarn** (1722-1792), Iwan Iwanowitsch, Generalleutnant seit 1764. *173*
- **Wich**, Cirill, Baron. Britischer Botschafter in St. Petersburg von 1742-1744. *107, 118, 122, 126, 135*
- **Wilhelm** (1806-1884), Herzog von Braunschweig. *232*
- **Wlassjew**, Danila, Wachoffizier in Schlüsselburg.
- **Wolkow** (1727-1785), Dimitrij Wassiljewitsch, Mitglied der Cholmogorer Kommission, Geheimer Sekretär von Zar Peter III., Senator und Polizeimeister von St. Petersburg seit 1778.
- **Woronzow** (1714-1767), Michail Illarionowitsch, Graf seit 1744, Vizekanzler seit 1744, Kanzler 1758-1765. *109, 128, 152*
- **Woronzow** (1741-1805), Alexandr Romanowitsch, Graf, russischer Botschafter in England von 1762-1764. *109, 152, 168*
- **Wrangel**, Karl, schwedischer General.
- **Wratislaw von Mitrowitz**, Franz Karl, Graf, österreichischer (kaiserlicher) Gesandter in Polen.
- **Wymdonskij** († 1778), Maxim Dmitriewitsch, Wachoffizier in Cholmogory.
- **Ziegler**, Oberst in Cholmogory.